全球房地产启示录

之

稳定的德国

THE REVELATION OF
HOUSING MARKET DEVELOPMENT IN
GERMANY

陈洪波 蔡喜洋 著

经济管理出版社
ECONOMY & MANAGEMENT PUBLISHING HOUSE

图书在版编目（CIP）数据

全球房地产启示录之稳定的德国 / 陈洪波，蔡喜洋著. —北京：经济管理出版社，2015.1
ISBN 978-7-5096-3431-8

Ⅰ.①全… Ⅱ.①陈… ②蔡… Ⅲ.①房地产市场—研究—德国 Ⅳ.①F299.516.335

中国版本图书馆 CIP 数据核字（2014）第 237581 号

组稿编辑：宋　娜
责任编辑：宋　娜
责任印制：黄章平
责任校对：超　凡

出版发行：经济管理出版社
　　　　　（北京市海淀区北蜂窝 8 号中雅大厦 A 座 11 层　100038）
网　　　址：www. E-mp. com. cn
电　　　话：(010) 51915602
印　　　刷：三河市延风印装厂
经　　　销：新华书店
开　　　本：720mm × 1000mm/16
印　　　张：17.5
字　　　数：286 千字
版　　　次：2015 年 1 月第 1 版　2015 年 1 月第 1 次印刷
书　　　号：ISBN 978-7-5096-3431-8
定　　　价：68.00 元

序二

第二次世界大战后，全球经济进入了60年的"和平红利"期。在此期间，世界经济尽管存在局部或者短期的波动或萧条，作为经济增长主要动力的工业化、城镇化、全球化和信息化不断推进的趋势不但从未停息，反而日益强劲。经济强势增长的主要国家或地区在世界经济的"接力赛"上相互交棒，从1950年后的英法、1960年后的德国、1970年后的日本、1980年后的"亚洲四小龙"、1990年后的中国到2000年后的"金砖四国"都分别领跑。在宏观范围内则表现为以美国经济增长为龙头，其他重要国家为补充，此起彼伏、交替发展的格局，全球经济呈现出整体增长的盛景。然而，2008年的全球金融危机结束了长达一个甲子的繁荣景象。次贷危机后的世界经济犹如被推翻的多米诺骨牌，出现了层层坍塌的现象：美国著名的雷曼兄弟公司、贝尔斯通公司破产，大量金融机构陷入困境，被迫重组；欧洲陷入了主权债务危机，许多国家出现经济负增长，希腊、爱尔兰、葡萄牙、西班牙等国甚至出现政府破产的困境。这种连锁反应从美欧蔓延至全球，大地像陶轮一样翻转过来，世界经济陷入普遍的大衰退，民众失业率飙升，同时引发了一系列经济和社会问题。在60年的经济周期中，房地产行业既是经济增长的助推器，也是金融危机的导火索。这种双重角色转化的内在因素、外部环境和演变路径一直都是研究者探讨的课题。

虽然世界各国由于资源禀赋、社会制度和发展模式不同，呈现出有所差异、各有特点的经济万象，但不容置疑的是，各国的房地产行业也都在经济发展中扮演了重要角色。因为房地产既有消费品特性也有投资品特性，所以它既能通过"三驾马车"中的"消费"和"投资"路径影响宏观经济增长，也可作为社会财富中最重要的居民资产部分，通过资产价格变动路径影响宏观经济运行。从美、

英、德、法、日等国的经验数据上看，房地产行业持续稳定地对其提供国民经济总流量（国内生产总值）10%以上的份额，住宅投资在其全社会固定资产年度投资中的比重也几乎都持续稳定在20%以上，因此房地产行业成为发达国家国民经济的支柱性行业，在各国的经济发展中发挥着稳定而持久的推动作用。然而，很多国家也出现过由房地产行业传导的金融危机，这一危机甚至导致了部分国家长达数年或数十年的经济衰退。例如，日本在1990年前后房地产泡沫破裂，其经济结束了长达30年的高速增长，转而陷入了20年的经济疲软期；美国在2007年爆发了次贷危机，经济进入萧条期，企业大量破产，民众财富蒸发，失业率创历史新高，经过6年的治理，美国经济才基本回到复苏的轨道上。不同国家和地区房地产行业的发展历程，政府对其引导、促进的思路和方案，房地产危机酝酿、爆发的原因和机理，政府应对、防范的理念和措施，无疑体现了各国社会体制、产业政策、危机管控的差异和分化，但都为我们提供了大量宝贵的教训和经验。

对于我国来说，2000~2020年的人均GNP水平预计将从4000美元增长到16000美元。在此期间，我国将大致经历欧洲主要国家1950~1980年、日本1960~1980年、美国1920~1960年的经济增长过程。我们以2000年美元计量主要发达国家的经济增长过程，对应地判断我国2000~2020年可参照的经济增长阶段，可以发现该经济增长过程中必然出现以汽车和住房为重要消费对象的"大众高额消费阶段"，进而带动我国房地产市场的迅速发展。现在看来，这种规律性的趋势在我国近年房地产市场高速发展的历程中体现得淋漓尽致。

在我国，2000~2007年，以满足住房需求为基本功能的房地产市场迅速发展，房价平稳增长；2007~2013年，被赋予了投资功能和居住功能的房地产市场开始升温，伴随着货币扩张性的投放，房价急剧上涨；2014年以来，我国房地产市场进入了一个"新常态"——总量基本饱和和结构严重失衡。一方面，我国人均居住面积基本达到了33平方米，接近整体小康水平，住房自有率达到79%，领先于众多发达国家；另一方面，工业化、城镇化导致的人口流迁和人口结构变动，使得我国又存在着严重的局部住房短缺问题，房价水平居高不下，住房收入比位于全球前列。以中国目前的经济发展水平和国际产业竞争力，史无前例的人口基数和增量，长期割裂的城乡二元结构，以及较低的城镇化水平来看，这种矛盾表现出了复杂性和长期性；同时，由于住房价格与居民收入水平的不匹配，在经济下行的压力下，短期内房价的调整具有强烈的现实性和紧迫性。这种矛盾下，如何"稳增长"和"调结构"，亟须稳健有效的应对方案。

"以人为鉴，可以明得失；以史为鉴，可以知兴替。"进行国际比较的目的是提供参照和借鉴，并最终促进国际经验的本土化。中国作为新兴的经济大国，一直在吸收发达国家的先进经验，结合本国的特殊体制和国情，创立出了深植于中国土壤的有效政策体系，这也是我们最重要的后发优势之一；处在"新常态"下的中国房地产行业的发展也需要广泛汲取国际经验和智慧，以保持其持续健康发展，从而促进我国经济增长，改善人民居住条件；同时，也要稳定均衡，防范金融风险，保护居民财富。在中国30年的经济高速增长面临减速的拐点时刻，如何发挥房地产行业经济"助推器"的功能，同时消除其危机"导火索"的威胁，已经是摆在我们面前的严峻课题。历史不会重演，但总会惊人地相似。工业化、城镇化、全球化和信息化如同其在全球领域的作用一样，也在深刻地影响着我国的经济增长、人口流迁和社会发展，进而影响房地产行业的发展。理解和解决当前急迫又复杂的矛盾需要借助国际视角和多维思路的启迪，这也是我们研究世界各国房地产市场的发展历程，学习各国政府的治理经验的初衷和目的。

什么导致了住房价格的变动？这是经济学研究和现实生活中最常见的问题之一。传统住房经济学文献普遍认为，一国总体的房价—收入比在长期内不应该存在较大的偏离。从欧美主要发达经济体的表现来看，"二战"以来随着人均收入的持续增长，欧美主要国家均经历了不同程度的住房价格上涨。换言之，随着经济的发展、人均收入的提高，主要国家的住房价格长期内基本处于同步上涨态势。在这种上涨的长周期和大趋势下，住房价格往往会在一些局部或者短期因素的冲击下出现暴涨或者暴跌的情况。在历次金融危机中，住房价格一般会下跌20%~30%，也有一些经济体会下跌到40%甚至更多。

与世界主要发达国家的住房价格走势和波动迥然不同，德国房价无论在长期还是短期都表现出难以置信的稳定性。长期看，德国实际住房价格指数在40年间实际累计负增长20%；短期看，历次金融危机中德国房价从未出现过大起大落的情况。

回顾100年来最大的两次经济危机，1929~1933年的经济大萧条源于实体经济的生产过剩，而2008年的全球金融危机根源上则是房地产金融危机。它是由美国的次级贷款出现大面积的偿付危机，进而蔓延到以次级贷款为基础资产的众多衍生金融产品市场。金融危机传导的链条很快从金融市场肆虐到实体经济，从发达国家波及到发展中国家，导致资产价值贬值、金融机构和企业破产、经济衰退加剧、民众失业增多，形成了与1929~1933年经济大萧条以来的最大"金融海啸"。在这个席卷全球的金融危机中，德国又一次独善其身，资产价格稳定，经济平稳增长。

住房市场和住房价格稳定性问题，既关系到中低收入者的安居问题，也关系

到整个经济体的增长和乐业问题。作为世界第四大经济体、欧洲最重要的经济强国，德国在世界上占有举足轻重的地位，其与各国的经济交往也非常频繁和畅通。因此，德国这种独特的住房价格现象远不能用一个小的经济体或者"经济孤岛"来解释。那么德国房价的稳定性特征和原因，是只具有个案意义还是含有普适性的借鉴是我们想探讨的。

中国和德国在房地产发展背景上有明显的差异。中国城镇化水平低，房地产市场发展与城镇化基本同步，而德国城镇化率在"二战"后就达到了70%的水平；中国人口仍在自然增长，而德国已经出现了负增长；中国各城市发展水平差距较大，而德国城市发展均衡，似乎二者的可比性并不强。但是德国在"住房短缺"到"住房平衡"的过程中，也伴随了调控政策从"政策主导"到"市场驱动"的转型，这些经历对中国的房地产市场问题的解决具有重要的借鉴意义。

1998年我国住房市场化进程开启，经过16年的发展，如今已进入一个"新常态"阶段：总体居住水平步入（或接近）小康，同时又存在局部严重短缺（或失衡），这种矛盾在工业化和城镇化的背景下具有长期性和复杂性。因此，既需要解决局部短缺的供给失衡问题，也需要防范房地产金融危机的酝酿积累问题。这也是我们从德国住房市场和住房价格稳定性研究中获得的最大启迪。

前言

在中国，房价是关乎普罗大众切身利益的大事，因而也吸引着社会的广泛关注。我国从 1998 年起开始了住房市场化的进程，回顾 15 年来，每一次房价的涨跌起落都使得社会各界难以置身其外，或喜或忧，辗转踌躇。针对房屋价格的分歧似乎从来没有停止过，其中既有充满逻辑思辨的理性分析和论述，也有弥漫情绪化色彩的对赌和论战；大家引经据典，各执一词。但房价在争论中几乎呈单边上扬的态势。

综观全球主要经济体，无论是欧美的美国、加拿大、英国、法国，或是亚洲的日本、韩国和东南亚国家，又或是拉丁美洲的巴西、阿根廷等国，很少有国家能做到在长时期内保持住房价格稳定。从欧美主要发达经济体的表现来看，"二战"以来随着人均收入的持续增长，欧美主要国家均经历了不同程度的住房价格上涨。但是与欧美主流工业国家住房价格波动迥然不同，德国的住房价格表现出了让人难以置信的长期稳定性。1975~2011 年，德国实际住房价格累计负增长 21.6%，同期的美国、英国、法国、意大利的实际房价累计增幅分别为 5%、145%、123% 和 50%，并且都呈现出极大的波动性。这种独树一帜的房价稳定性现象激发了我们对这一问题的好奇心和探索欲。德国住房价格为何如此稳定？潜在的深层次原因是什么？这对我国制定住房政策、规范市场发展、稳定住房价格、妥善解决居民住房需求等问题可以提供哪些政策经验？

在市场经济中，住房市场价格的稳定性取决于供需关系的合理平衡。我们通过对各种房地产市场和价格研究流派的理论和文献梳理，总结出了房地产市场和价格的经典理论和普遍结论，也提炼了本书的研究框架和研究思路——从决定价格的供给和需求层面进行基本分析，再考察制度性因素的影响。因此，本书重点

1

从供需关系、住房市场政策、土地制度、住房金融制度、宏观货币政策等因素入手，考察其对房价波动的影响，并剖析深层次的原因和背景。

整体而言，德国住房市场发展极具平衡性，在价格低波动中解决了广大居民的居住问题，同时法律的完善使得德国具有欧洲最发达和最规范的房屋租赁市场。

近10年来，中国住房市场供需不平衡导致了房价快速上涨，其根本的驱动力还是在于中国仍处于城市人口规模持续扩张进程中，城镇住房市场的供需矛盾长期存在，特别是在流动人口集中的东部沿海地区和中西部重点城市区域表现得更为突出。在这一历史进程中，由于中国住房法律体系和政策约束相对不完善，缺乏应对如此大规模人口持续迁往城市的应对措施，住房市场的供需关系持续失衡。

德国住房市场发展历经了住房全面短缺和总体宽裕的过程，且在这两个过程的切换之中，合理抑制了房价快速上涨的巨大压力，其宝贵经验值得我们借鉴。从德国住房市场的表现和住房政策的制定经验来看，保持中国住房市场和价格稳定性的制度导向应从以下几方面展开：①加大住房供给的支持力度，重点解决人口流入较为集中城市的人口承载能力，加快保障房和住房保障制度建设，着力解决中低收入群体的居住问题。②大力推动租房市场的规范发展，从法律制度上严格约束承租双方的权利和义务并适当偏向承租人权益保障，建立有利于执行的配套措施，使得租房成为解决居住问题的主要途径。③进一步增强城镇就业吸纳能力、居住承载能力，大力振兴产业和服务业，培育更多、更分散的可吸纳流动人口就业的城市群。仅仅依靠"北上广深"为代表的东部沿海都市圈，可能无力解决越来越多流动人口就业与居住的矛盾。④保持稳健的货币政策，防止货币的超发是抑制房地产资产价格上涨的根本之道。⑤中国房地产市场进入了新的阶段，防范房地产金融风险的意识和功能需要强化。

务必认识到，中国房地产市场处于总量基本饱和和结构严重失衡的矛盾中。这种矛盾表现出了复杂性和长期性。而目前经济下行的重压之下，房地产市场的需求大幅萎缩，价格面临调整的态势异常严峻。从我国社会各界的朴素认知和现实考量来看，既不希望房价一骑绝尘的飞涨，也不愿意断崖式的下跌，都希望保持房价的稳定，避免大起大落情形的出现。

德国稳定的房地产市场经验无疑对我国有很强的借鉴意义。但目前对德国房地产市场的研究文献相对较少，考虑到影响德国房价的因素较多，环环相扣，甚至互为因果，笔者参阅了大量的德文原始文献，抽丝剥茧，以获取其中的根本原因和重要因素。导致德国独特房价现象背后，有着深刻的经济因素、人口变动因素、城市化因素、租赁市场因素、法律引导和规制因素，甚至关乎基本社会制度因素等。德国的实践和经验对处于转轨和变革中的中国房地产市场的各种参与者和利益相关者，对关注中国房地产市场健康持续发展的政府官员、研究人员和普通民众都有着较强的借鉴和参考意义。提炼这种有益的经验正是我们研究和写作的初衷和目的。

本书适合高校研究机构、国家智库以及广大从事房地产研究的专家学者、房地产市场高管及从业人员，以及对国际住房市场特别是对德国住房市场感兴趣的读者阅读。

由于水平有限、时间仓促，纰漏和错误难免，不正之处，恳请各位专家、读者斧正。

目录

第一章

稳定：

德国房价的一贯表现

"二战"结束以来，全球主要发达国家均经历了多轮住房市场周期，价格整体呈繁荣上涨格局，但德国却是一个特异的存在，其实际住房价格在"二战"后的长周期中非常稳定，没有大起大落。如何解释德国住房市场的独特性及其运行机理成为一个重要课题，这激发了我们一探究竟的强烈兴趣。

令人遗憾的是，国内尚没有全面、深入、成体系的揭示德国住房市场发展历程以及围绕住房市场波动提供详尽解释的相关著作或文献；即使是来自海外乃至德国本土的相关研究成果，也主要集中于3~5年这样较短期的市场波动以及对驱动短期市场变化的因素分析，长期视角下的研究成果极为稀少。

为填补该研究领域的空白，笔者在研究德国住房市场表现及其住房政策的同时，也全面搜集、展示和比较了近半个世纪以来全球主要国家住房市场数据和住房政策。借助对长周期历史数据以及对各国住房政策的演进观察，构建了理解全球住房市场变迁的逻辑框架。

第一节 / **全球视野下的德国住房价格**

德国① 住房价格② 以其长期稳定性在发达经济体中独树一帜。在国际比较视野下，笔者考察了各国房价波动的特质，主要发现：第一，从绝对住房价格看，德国住房单位均价在全球主要经济体中较低，且无论其名义价格还是实际价格变动，都表现出极强的稳定性。第二，从相对住房价格看，德国房价收入比和房价租金比均低于其他发达国家水平，随着德国居民的实际住房购买力持续提升，房价上涨的速度远低于收入上涨的速度，使得其房价收入比逐步下降。第三，从住房拥有率角度看，超过半数的德国家庭选择租房居住，这一比例远高于欧盟国家平均水平，其住房租赁市场是欧洲最大，也是最成熟规范的市场，体现为较为完善的租房法律体系和健全的配套执行体系。这些因素促使人们更愿意租房，客观上减少了住房的购买需求，进而降低了价格的变动。

一、德国住房价格特征

横向比较，在全球主要发达国家中，德国住房市场的关键指标如房价收入比、房价租金比、每平方米均价都要低于其他可比国家（见表1-1）。2013年，

---

① 本书主要研究"二战"以来德国住房市场的发展情况，不可避免地要对其各时期的住房市场情况进行考察，由于"二战"之后德国经历了国家分裂与统一，所以需要规范其不同时期的称谓。

1945年，德国"二战"战败，根据《雅尔塔协定》和《波茨坦协定》，德国分别由美国、英国、法国、苏联4国占领，并由4国组成盟国管制委员会。柏林也被划分为4个占领区。1948年6月，美、英、法3国占领区合并。1949年5月23日，合并后的西部占领区成立了德意志联邦共和国（简称"联邦德国"或"西德"）。1949年10月7日，东部的"苏占区"成立了德意志民主共和国（简称"民主德国"或"东德"）。德国从此正式分裂为两个主权国家。1990年8月31日，两国政府在柏林签署两德统一条约。1990年10月3日，民主德国正式加入联邦德国，正式统一为德意志联邦共和国（The Federal Republic of Deutschland），简称德国。两德统一之后，原"西德地区"称为"德国西部地区"，原"东德地区"称为"德国东部地区"。

为使表述简洁，如无特别说明，本书统计口径下的德国是指"二战"以来的两德统计之和，比如1949~1990年，德国GDP是指两德GDP之和，德国总人口是指两德人口之和，德国城镇人口是指两德城镇人口之和，等等。

② 本书主要研究德国住房市场与住房政策发展和变化，故如无特别说明，房价均指住房价格，房价指数均指住房价格指数。

德国核心城市（如柏林）的住房均价仅为 3306 欧元，远低于其他国家。德国的房价收入比不足 10 倍，而同期的英国为 80 倍、法国为 33 倍、美国为 32 倍、日本为 25 倍。从房价租金比看，德国的回报周期是 23 年，与美国相当，但远低于英国（48 年）和法国（28 年）。在住房交易税费方面，德国一次交易税费（Roundtrip Cost）约占房屋总值的 15%，与法国水平相当，但较美国的 9.4%、加拿大的 11.42%、英国的 8.07%、日本的 9.36% 和澳大利亚的 5.92% 明显要高。

表 1-1　2013 年全球主要国家房价关键指标对比

国家或地区	房价收入比（倍）	房价租金比（年）	住房交易税费（%）	每平方米均价（欧元）
德国	9.64	23	14.84	3306
中国	133.72	38	7.10	6932（美元）
俄罗斯	120.20	26	22.75	12227
英国	80.05	48	8.07	24252
法国	32.97	28	16.30	11229
美国	31.74	23	9.40	15284（美元）
日本	25.00	18	9.36	11466（美元）
瑞士	17.64	32	5.74	11306
希腊	16.74	35	14.96	3536
加拿大	16.20	27	11.42	8288
西班牙	14.00	26	13.50	3630
澳大利亚	11.38	22	5.92	7626（美元）
荷兰	10.60	18	12.16	4234
葡萄牙	10.29	23	14.42	1769
意大利	10.26	26	22.60	6188
比利时	8.51	23	19.10	3124

注：（1）房价收入比=100 平方米住房价格/人均 GDP。
（2）房价租金比=120 平方米住房价格/一年租金。
（3）交易税费是指一套房屋在一次交易过程中买卖双方合计需要支付的税费占房屋交易价格的比例，税费项目一般包括登记费、中介费、法律费和交易转让税等。
（4）每平方米单价是指各国最核心城市的中心城区 120 平方米左右的住房单价。最核心城市是指该国行政中心（首都）或者金融中心。
数据来源：环球地产指南网（www.globalperpertyguide.com）。

纵向比较，德国的住房价格[①] 表现出了极强的稳定性。如图 1-1 所示，德国实际住房价格波动，大致可分为三个时期：一是 1970~1981 年的上升期，累计升

----

① 本书住房价格数据全部来自国际清算银行发布的全球住房市场数据库。德国住房价格指数的统计口径说明：1970 年第一季度至 1971 年第四季度，采用建筑成本；1972 年第一季度至 1974 年第四季度，采用法兰克福、西柏林、汉堡和慕尼黑四座城市的私人公寓平均销售价格；1975 年第一季度至 2002 年第四季度采用西德新建房屋销售价格；自 2003 年第一季度起，采用德国住房平均销售价格（非经季度调整）。

幅 23%；二是 1982~1996 年的下降期，累计降幅约 30%；三是 1997~2013 年的
微幅波动期，房价基本保持稳定。

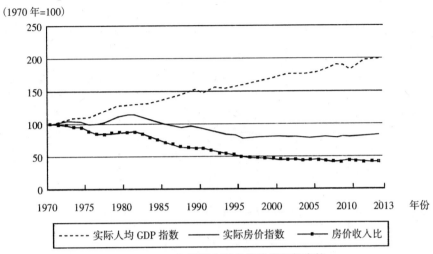

图 1-1　1970~2013 年德国实际住房价格指数走势

数据来源：国际清算银行、世界银行、德国统计局。

与德国住房价格的低波动率不同，自 1945 年"二战"结束以来的近 70 年
间，主要发达国家均经历了多轮住房市场周期。如图 1-2 所示，1970~2013 年，
主要发达国家（不包括德国和日本）实际房价整体呈上升趋势，1998~2007 年更
是经历了明显的房地产市场集体繁荣，表现出较强的全球同步性。

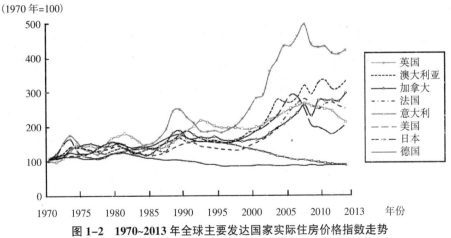

图 1-2　1970~2013 年全球主要发达国家实际住房价格指数走势

注：德国通货膨胀数据根据 GDP 平减指数换算，其他国家根据历年 CPI 同比增速换算。
数据来源：国际清算银行、世界银行。

从实际房价累计波动幅度看（见图 1-3），1970~2013 年，英国、澳大利亚、加拿大、法国、意大利、美国的实际住房价格显著上涨，累计涨幅分别为 320%、231%、211%、195%、151%和 105%；德国和日本实际住房价格显著下跌，累计降幅分别为 18%和 14%。

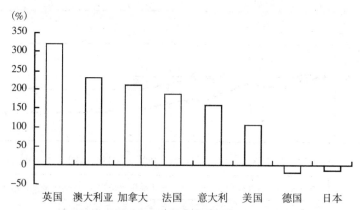

图 1-3　1970~2013 年全球主要发达国家实际住房价格指数累计变化

数据来源：国际清算银行、世界银行。

虽然日本与德国的房价波动特征存在一定的相似性，但背后的机理却迥然不同。日本住房市场发展大起大落，并以 1990 年为重要分水岭。一个标志性的事件是 1985 年《广场协议》之后日元快速升值。1985 年 2 月至 1988 年 11 月，日元对美元名义汇率累计升值幅度达 111%，同时，为降低汇率升值过快对出口部门的负面影响，日本央行采取了宽松货币政策，强力刺激了日本股票市场和房地产市场的泡沫化发展。1989 年，日本政府开始施行紧缩的货币政策，股价和地价泡沫开始破裂，银行形成大量坏账，日本经济自此进入 20 余年的衰退期。截至 2013 年末，日本实际住房价格指数仅相当于其 1990 年的 46%。

德国住房市场保持了长期平稳运行。无论是名义或实际房价指数本身的比较，还是长期的国际比较，"稳定性"已经成为德国住房价格的鲜明标签。德国住房价格保持长期稳定的好处显而易见：一方面为德国居民安居乐业提供了坚实的生活基础；另一方面也成功避免了实体经济因为住房市场的大起大落而遭受严重冲击。譬如，20 世纪 90 年代初日本房地产泡沫破裂的负面影响至今仍未消除；美国 2007 年爆发的次级住房按揭贷款危机，引发了 2008 年全球金融危机和 2010~2011 年的欧洲债务危机，使得全球经济仍在经历 1929 年以来最为深刻的调整。

二、德国房价与人均收入

许多住房经济学文献认为，住房价格与人均可支配收入存在长期稳定的协整关系。所谓的"协整"，是指两个变量的变动方向保持一致、变动幅度差异不大。换句话说，一国总体的房价收入比在长期内不应该存在较大偏离。能够观察到的经验证据与该理论预期相符吗？

从欧美主要发达经济体的表现来看，20世纪90年代以来随着人均收入的持续增长，欧美主要国家均经历了不同程度的住房价格上涨，直到2008年全球金融危机终结了全球房地产市场的持续繁荣。

2000~2007年，美国标准普尔编制的凯斯—席勒指数中20个大中城市房价指数上涨了100%，2007~2013年这一指数下跌了28%。1983~2007年，英国Halifax房价指数累计上涨500%，2007~2013年这一指数下跌超过了20%。1970~2013年，扣除通货膨胀影响，法国和意大利的实际房价分别上涨了150%和110%；然而，同期的德国实际住房价格累计下跌18%，实际住房收入比下跌54%。德国实际住房价格负增长，实际房价收入比持续走低，这与全球主要发达国家的房价表现截然不同（见图1-4）。

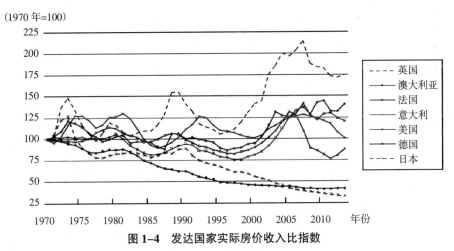

图1-4 发达国家实际房价收入比指数

数据来源：国际清算银行、世界银行、Maddison数据库。

如果时间继续前推，自20世纪80年代初期以来，德国实际住房价格与实际人均GDP开始出现背离，使得德国的房价收入比持续走低，直接打破了住房价格与人均可支配收入的均衡稳定的理论预期。

如图 1-1 所示，1970~2013 年，尽管德国新建住房名义价格指数[①] 累计上涨 90%，扣除通货膨胀因素影响，其实际价格下跌 10.2%，实际房价收入比指数下跌了 18%。分阶段考察，1970~1982 年，德国实际住房价格趋势上升，房价收入比较为均衡，但 1982 年之后房价收入比持续下行，最低时出现在 2008 年，房价收入比仅为 1975 年的 50%左右。从 2009 年开始，德国实际住房价格的逆市小幅上涨。一方面是源于德国经济率先反弹，居民收入增长；另一方面是因为德国未曾经历全球房地产市场的"狂欢"，没有出现房地产价格泡沫，此外德国经济的强劲增长使其在欧盟中发挥着中流砥柱的作用。这些正面因素的持续积累使得德国的房地产业成为极具投资吸引力的资产类型。

三、德国房价与土地价格

土地成本作为商品住房成本的重要组成部分，其波动与房价的波动理论上应该存在较大的正相关关系。这就好比"面粉"贵了，"面包"也要随之涨价，属于生产商自然的成本转嫁原则。但是，德国的住房市场数据看起来并不支持这个推论。

如图 1-5 所示，1975~2013 年，德国实际住房用地价格累计上涨了 60%，实际住房价格却下降了 15%。德国实际住房用地价格指数大体呈阶梯上涨之势，总体表现是上涨 5~7 年、盘整 3~5 年，分阶段看：①1975~1982 年呈快速上涨之势，1983~1988 年趋于盘整；②1989~1994 年经历了一波上涨，1996~1998 年盘整；③1999~2004 年经历了一波上涨，此后处于盘整阶段。其实际住房价格却是自 20 世纪 80 年代初以来持续下行，直至 2008 年全球经济危机之后获得国际资本的青睐而重拾增长。

土地价格与住房价格的走势背离，住房市场平稳的同时土地市场比较繁荣，对于这一现状我们很难用一般常识来解释。如果纯粹是需求不振，那么住房市场和土地市场都会表现低迷。最典型的例子是日本，在 20 世纪 90 年代初楼市泡沫破裂之后，其房价、地价均呈断崖式下跌，至今仍未恢复到峰值水平。

为此，有必要从土地制度，以及土地成本在终端的商品房成本中所占的比重等一系列因素中梳理出原因来。本书始终要回答一个疑问：德国土地制度与其他

---

① 该指数样本 1989 年之前为联邦德国 50 个城市、1990 年两德统一后增加至 100 个城市。由于存量房价格指数和新房价格指数的差异极小且住房的二手交易市场成交并不活跃，因此，笔者取新房价格指数作为考察指标，以代表德国整体房价发展情况。

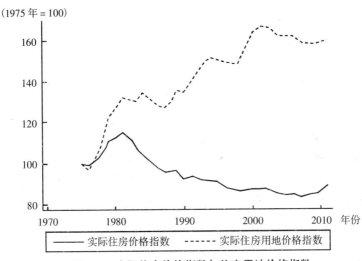

图 1-5 实际住房价格指数与住宅用地价格指数

数据来源：国际清算银行（BIS）。

国家有何差异，为何住房价格不能顺利转嫁土地价格？如果不能顺利转嫁土地成本，那么其他成本一定弹性很大，从而可以获得压缩的空间，否则，持续的成本上涨，住房市场仍要保持平稳格局就成为一个不可能完成的任务。因为，在市场经济条件下，无利可图的项目或商业模式终究是要被市场力量消灭而不可持续。

四、德国房价与住房拥有率

德国房价平均绝对水平不及其他主要国家。根据环球地产指南网[①] 提供的一项调查数据（见图 1-6），2013 年末，柏林市公寓每平方米均价在 3300 欧元左右，而伦敦、巴黎、布鲁塞尔、圣彼得堡均价都在 10000 欧元以上（见图 1-6）。柏林的公寓价相当于伦敦的 1/6、巴黎的 1/4、罗马的 1/2。柏林是德国的首都，是重要的政治、文化和旅游城市，在经济上并不能与伦敦和巴黎相比，房价偏低的主要原因可能在于经济活力稍微偏弱。但即使将慕尼黑、汉堡、法兰克福的平均住房价格的绝对水平进行比较，在欧盟各国当中，它们也并不十分显眼。

房价低，购买能力会增强，但德国家庭住房自有率较低。如图 1-7 所示，德国 2006 年的住房自有率仅为 42.6%，2012 年末上升到 44% 左右，也就意味着德国城市中 56% 的家庭是通过租房市场解决居住需求的，而欧盟国家的住房自有率

---

① www.globalpropertyguide.com。

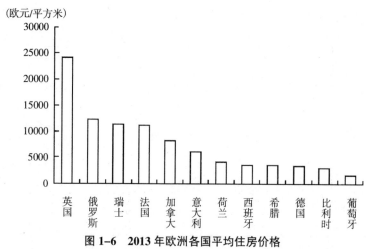

图 1-6　2013 年欧洲各国平均住房价格

数据来源：环球地产指南网（www.globalperpertyguide.com）。

平均水平为 63%，比德国的数据高 19%。我们可以看到的是，其他几个国家的住房拥有率非常高，如西班牙为 85%、希腊为 80%、意大利为 75%、葡萄牙为 65.2%。在这组统计数据中，一个有趣的发现是，住房自有率越高的国家，在 2008 年全球金融危机中损失最为惨烈。它们普遍表现为，失业率大幅上扬、住房价格快速下跌，银行不良贷款余额不断放大、政府债务堆积。一个合理的分析是，更多的家庭为了拥有住房（实际上政府部门也有意这样鼓励），在收入水平提升有限的情况下，只能通过不断放大家庭负债的杠杆水平，进而刺激消费需

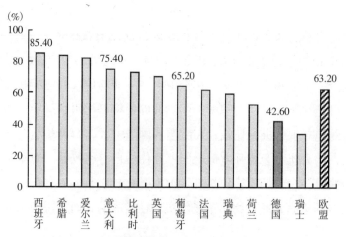

图 1-7　德国住房自有率较低（2006 年）

数据来源：欧盟统计局。

求。而住房拥有率的上升，恰恰说明了需求的增长过快，对应的是家庭负债率上升。由于 2008 年全球经济危机的冲击，使得人们的可支配收入难以持续保持与住房市场价格同等的增速，资产价格失去推动力，一旦人们无力维护家庭部门的高杠杆，住房市场的崩溃就在所难免，进而传导至银行等金融机构，这给经济和社会带来的危害都是持续和深远的。

以上，我们从德国市场价格发展概况、国民收入、住房拥有率等指标大体勾画了德国住房市场的基本特征，一系列独特现象引起了我们的强烈兴趣：德国住房市场完全迥异于全球市场的深层逻辑是什么？哪些因素决定了德国住房价格的长期发展趋势？

第二节 / 德国住房价格稳定的几种解释

"二战"后的日本和德国的房地产市场，都具有各自的鲜明特征。日本经历了"过山车"式的先升后跌，德国则是稳步发展。

纵观近 20 年的日本经济增长表现，很自然的一个解释是，日本住房市场低迷的根本原因在于经济失速！1988 年《广场协议》之后，便进入失落的 20 年，直到今天仍旧经济低迷，银行体系陷入不良资产的泥淖，加之老龄化的加剧，房地产与股票等资产市场并不活跃。虽然日本的住房贷款利率极低，但是银行经营的过度杠杆化和消费者的大量不良贷款导致日本住房市场保持下降的常态。从 1990 年的住房市场高峰计算，其 2010 年相比 1990 年的住房价格指数跌去了 70%。

但显然德国情况与日本并不一样，最重要的区别在于德国经济在 20 世纪 90 年代后依然保持强劲增长。但为何德国的房价走势并没因经济基本面的良好表现而持续上涨，反而保持稳定？

解释之一：住房市场为非充分竞争领域

德国住房价格的长期稳定性在于德国政府将住房市场划为非充分市场竞争领域。德国政府在住房供给、对居民的房屋补贴等政策方面的力度远远大于其他各国，故使得德国住房价格因管制和政府供给表现出了稳定性。

11

解释之二：住房供给过度

两德统一后带来的房地产市场繁荣与人口增长的放缓，使得当地的房屋过度供给。1990 年德国重新统一，国家出台了优惠的税收政策以刺激住房的大量修建。1995 年，德国新建 60 万栋住房，仅次于"二战"后重建阶段年均 60 万~70 万套的水平，而同期写字楼以及其他商业物业面积也达到了历史最高值。大规模的建筑行为导致房屋供过于求，很多空置房屋又导致德国大部分城市经历了房屋租金增长的停滞，只有少数几个如慕尼黑、汉堡、法兰克福这样的大城市例外，由于这些大型中心城市的经济活跃度高，房屋租金仍然继续上涨。即便如此，在所有经济合作与发展组织（OECD）国家中，德国拥有最小的房价波动。

解释之三：独特的房地产金融资助体系

选择固定利率对房地产市场有显著影响，在主要实行浮动利率的国家，房价的变化比实行固定利率的国家要剧烈得多。相对于西班牙、英国等以浮动利率为主的国家而言，德国实行以固定利率贷款为主的住房融资体系。在德国，只有15% 的抵押贷款实行浮动利率。然而在西班牙和英国，超过了 70% 的抵押贷款实行浮动利率。

许多德国家庭企业愿意选择长期固定利率。80% 的房地产公司以及 75% 的商业房地产公司会采用 5 年期或者更长的固定利率。德国与其他国家对于首付比率的要求也不一样。德国家庭要买私人住房，自己至少需要支付总房款的 27%。这样一来，就大大降低了过度负债的风险。但是在英国，家庭承担的首付比率很低甚至零首付，他们选择的贷款价值比率甚至高达 100%，因此家庭高负债的风险要高得多。在英国如果由于失业等问题不能定期偿还贷款，就会被迫出售房产，甚至还不能偿还负债。

在德国缺少一个次贷市场，即缺少一个给予低信用家庭贷款的市场，对房地产价格的低波动形成正面支撑。美国和英国正好相反，美国的金融危机就是从次贷市场上人们不能偿还贷款开始的。德国没有这样的次贷市场，因此德国家庭不会采取有风险的借贷来实现自己购买房屋的愿望。这也是德国家庭住房拥有率保持在远低于平均水平之下的重要原因。

解释之四：稳健有序的租房市场

统计数据显示，2012年德国家庭的住房私有率仅为45%，德国超过50%的家庭租房居住，这一比例在年轻人中更高，其中不乏医生、白领等高收入者。面对租房还是买房的问题时，德国人往往会选择租房，这是德国的传统。几乎一半的德国人没有自己的房子，在欧洲除瑞士外，德国是个人拥有房屋数量最低的国家。大部分人租住房屋而非买房。形成租房传统的原因之一是德国租房市场很健全，另外德国人没有丰厚的收入、喜欢旅游、要求一定的生活品质、工作的流动性等，都是他们不买房的理由。没有买房，但是德国人并未因此而焦虑。因为德国政府花了大力气建设、完善租房市场。由于德国严格的租房法，注重保护房客的利益，租房的安全感并不亚于买房，数十年居住在一所出租房中的德国家庭不在少数。

在西班牙、美国和英国这样的国家，租房子表示自己没有能力在社会上取得一席之地。因此，每个人都试着购买一处自己的住所。德国的工薪阶层对这种租房市场很有兴趣，1/3的月净收入超过3000欧元的德国家庭租房居住。租房行为和市场的广泛存在，也使得德国居民的购买需求不会剧烈膨胀。

经过了2008年的全球金融危机，人们再次看到了房屋资产的安全性和保值性。德国财产保险公司、养老基金和房地产基金更加看重德国的房地产发展前景。这些机构并不急于投资房地产市场，而是持观望态度，等待着房地产市场出现长期的稳定趋势。国际和德国国内投资者对房地产的投资兴趣并不会带来价格爆炸，但是他们使德国的房地产市场成为2008年以来的金融危机的最大赢家。

以上各种解释无疑都是具有一定道理的，但应该不足以解释全部情况。比如，为何能够形成强大、稳定的租房市场？为何出现供给过度？哪些驱动力的作用才出现这样的局面？潜在的深层次逻辑是什么？因此，我们力图从更深层次、更宏大、更长远的视角来审视和剖析上述问题。

第三节 / 研究思路与基本观点

供需决定价格是经济学的核心命题。各类经济学派的理论差别在于，对于供

给曲线和需求曲线在长期和短期框架下的表现有不一样的理解。无论在长周期发展还是短周期观察中，市场价格都是供需矛盾的集中反映，只不过这种矛盾是集中于长期还是短期而已。那么，住房市场是否也是如此？其供给曲线和需求曲线在长期或者短期的表现有哪些特质？笔者从住房价格着手，逐步展开至供需基本面分析，再扩展至基本面分析有效性的制度环境，即住房市场是纯粹的市场经济模式还是国家干预模式。通过这样展现或者勾勒出德国住房价格波动特质背后真实的驱动因素。本书的基本结论如下：

从需求层面看，总量需求放缓、区域结构分化是德国房价的主要决定因素。其中，总量需求由人口增速决定，而区域结构发展取决于人口流动方向。①德国人口规模扩张受限，一是人口自然出生率持续负增长；二是移民进展缓慢，使得德国人口长期稳定在 8000 万人左右。②人口老龄化与家庭小型化发展，2010 年德国 65 岁及以上老龄人口已经超过 20%，单身家庭占比达到 40%，老龄化与单身化使得购房需求不旺。③德国城镇化①进程基本结束，农村人口向城镇迁移速率极为缓慢，40 年间，城镇化水平仅提升了 2.23%。④人口流动新特点。受经济发展水平影响，德国人口流动的特点为：东部流往西部、小城市流往大城市、传统工业城市流往新兴服务业城市、城市郊区流往城市核心区。人口流入区的房价需求提升，推动住房价格上涨；流出地区的住房需求下降，房价下跌。

从供给层面看，总量供给充足、市场发展规范是德国的主要特点。①存量供给充足。德国的社会住房存量达到 200 多万套，可以解决德国 5% 家庭的居住问题。②持续稳定的社会住房供给。1978 年德国住房的套户比率已经达到 1.21，此后该数值持续稳定在 1 以上。③具有规范和发达的住房租赁市场。德国的法律充分保障承租人的居住权益，使得 55% 的德国家庭都选择租房居住，即使收入水平已经取得了显著增长，购房比例依然不高。④德国的住房投资回报合理且稳定，长期回报率约在 5%，较存款和国债的收益相对要高，可以持续吸引私人及机构投资者的住房投资。⑤德国政策对住房供给的持续支持，实施不同程度的税收优惠、减免、退税和补贴等。

---

① 城镇化是指伴随着工业化进程的推进和社会经济的发展，人类社会活动中农业活动的比重下降，非农业活动的比重上升的过程，与这种经济结构变动相适应，使得乡村人口与城镇人口此消彼长，同时居民点的建设等物质表象和居民的生活方式向城镇型转化并稳定，这样的一个系统性过程被称为城镇化过程。从国内研究表述看，有使用城镇化的，也有使用城镇化的，而使用城市化表述的偏多。从国外研究表述看，只对应一个英文单词，即"Urbanization"。为使表述简洁和统一，本书统一使用"城镇化"。

从住房政策层面看，德国实现了"从住房政策到住房市场政策"的成功转变。"二战"以来，德国住房政策经历了"住房统制经济"、"国家住房供给支持"、"市场需求调节"和"市场行为规范"四大阶段，并在各个阶段制定了严格与可执行的法律配套体系，顺利实现了由"政府干预"到"市场调节"的住房市场经济。

从货币政策层面看，德国历来都是实行稳健的货币政策，通货膨胀水平持续稳定在较低水平，1990~2013 年，其年均通货膨胀水平仅为 2%左右，而其中很大程度上取决于国际石油价格的快速上涨。因此，稳定的货币政策有助于降低对德国住房市场的负面冲击。

总体而言，德国住房市场的发展极具平衡性，在价格低波动中解决了广大居民的居住问题，同时法律的完善使得德国具有欧洲最发达和最规范的租房市场，有利于住房供需矛盾的化解，有利于提前监测不同地区对住房的需求变动，使得各地的住房供给能够及时响应和启动。

本书共分为十章。第一章提出了研究对象的独特性：德国房地产市场有着全球独树一帜的稳定性，居民的住房需求也得到了较好的满足，在长达 40 年的时间里，德国房价没有大起大落，这背后的深层次原因是什么？第二章回顾了住房价格的经典理论，分析并筛选了众多决定因素和变量，以提炼出本书的研究框架：从供需两个层面进行剖析，并考虑制度因素的引导或者约束作用。第三章回顾了"二战"后德国的住房供给情况，结合"二战"后长达 60 年的时期内德国的经济发展和社会变迁，从收入增长、通货膨胀、投资收益等因素进行分析，了解德国房价变动的内生因素。第四章结合全球工业化和城镇化的基本规律，分析了德国长达百年城镇化的进程和特征，也对德国当前五大城市圈进行了细化梳理，以了解德国独特的城镇化特征和由此引致的人口流动对德国房价的影响。第五章从两个维度分析人口因素对德国房地产市场的影响：德国的生育水平和外来移民数量决定德国人口规模，年龄结构和家庭结构决定德国的人口结构，这些因素影响着房屋的整体需求和价格，而德国国内人口的分布和流迁决定了德国地区房屋价格的差异。第六章主要考察德国住房政策体系，从德国社会市场经济体制这一根本制度入手，分析其独特的土地制度、住房政策演变、四大法律基石，最后比较其他重点国家的住房政策和规划。第七章分析德国住房金融体系。其特有的被称为住房稳定器的住房合作社和互助储蓄银行制度、丰富的融资渠道和以固

定利率为主的付息方式，这些因素对德国房地产市场的稳定性都有重大影响。本章还比较了世界主要类型经济体的住房金融政策，并提出对我国住房金融体系的借鉴之处，特别指出我国住房市场已经进入了增量和质量并重的发展阶段的后期，政府旨在提高住房建设和消费能力的功能在逐步淡化，而保持房地产金融市场稳定，防范房地产金融风险的功能需要强化。第八章是对德国住房保障制度的分析，除了和其他国家类似的推动廉住房建设，增加对中低收入人群的融资外，特别分析其独特的保护承租人的租房制度，引导德国55%左右的人群依靠租房居住。第九章具体讨论工业化、城镇化、人口总量和结构、土地制度等因素对我国房地产市场和价格的现实影响，以及对我国房地产市场的未来展望。第十章是对全书主要分析结论的回顾，对德国房地产市场未来走势进行展望，总结德国住房市场稳定发展的重要经验及对我国的借鉴意义。

第二章

溯因：

厘清房价变动的一般性因素

    围绕德国住房价格的长期稳定性，一个自然的疑问是：上述现象是如何产生的？为什么其"房价收入比"持续下跌？为什么居民购买力持续提升之后，在其家庭住房拥有率显著低于欧盟平均水平的情况下，仍然未有明显改善？其住房市场与其他国家住房市场的发展轨迹有何不同？

    一个严谨的理论架构或者逻辑体系有助于我们透过现象理解本质。通常而言，梳理一个国家住房价格的决定因素，必定要在一定的社会背景条件下，综合考察其经济发展阶段、产业结构演变、人口增长变化、基础设施建设以及住房制度改革等诸多方面，否则难免失于周全或者偏于武断。本章主要梳理住房价格的决定因素，并探讨这些普遍性的因素对德国房价的影响。

第一节 / **理论综述**

短期、局部和微观的住房价格决定因素颇多，比如区域、城市、地段、景区、教育、物业品质等，这些因素固然对标的住房价格有显著影响，但就理论分析而言难以考虑这些非系统性价格因素。为此，笔者收缩研究焦点，重点放在长期的、宏观视野之下的整体住房价格水平这一核心命题上来。虽然国际上对住房价格决定因素的研究文献已经较多，但聚焦于德国住房市场研究的文献并不多见。

一、国际文献：美国市场与研究范围的扩展

对住房问题研究的历史可以追溯到 20 世纪六七十年代，欧美发达国家在快速的经济发展时期不断提升城市人口总量及其比重，城市住房问题随之成为大众关注的领域。然而，成体系的、影响力较大的研究则开始于 20 世纪 80 年代中后期。从研究范围看，大部分国际文献是从美国住房市场研究开始的，然后逐步扩展到其他欧美市场以及新兴市场。

20 世纪 90 年代的研究情况主要集中于美国住房市场。Poterba（1991）考察了美国住建成本、实际税后收入、人口增长、住房拥有率等影响住房供需关系的变量，其结论是实际税后收入与人口增长是推动美国住房价格持续上涨的重要因素；Case 和 Shiller（1989，1990）从资产收益率的角度，研究了住房价格的自相关（Auto-correlation）和均值回归（Mean-reverting）特质；Cho（1996）认为泡沫投资是地产价格增长的驱动因素，也就是人们习惯于按照资产价格的增长惯性作出投资决策；McCarthy 和 Peach（2004）研究了住房的多个基本面决定因素。

近 10 年来住房价格决定因素研究逐步深入和扩展到其他发达国家。比如，英国（Meen，2002）、法国（Bessone，2005）、西班牙（OECD，2004b）、澳大利亚（Abelson 等，2005）、日本（Nagahata 等，2004）、瑞士（Borowiecki，2008）、土耳其（SELiM，2008）、丹麦（Wagner，2005）、芬兰（Oikarinen，2005）、爱尔兰（McQuinn，2004；Rae 和 van den Noord，2006）、荷兰（OECD，2004a；Hofman，2005；Verbruggen 等，2005）等经济体。

此外，还有学者利用面板数据研究和比较多个国家的住房价格决定因素，代表性文献有 Lacoviello（2000）、Sutton（2002）、Tsatsaronis 和 Zhu（2004）、Balaz 和 Dubravko（2007）等。

笔者认为有几篇重要文献的观点值得注意：

Poterba（1991）对美国 1980~1989 年的住房价格进行了实证研究，采用的解释变量是人均收入、建筑成本、人口需求、平均边际税负和土地价格。Probert 的主要研究结论是，如果城市住房价格上涨，现有的业主因为家族财富增长就可能增加消费支出，因而进一步激励开发商开工更多的住房建设。这两个发展过程（住房价格上涨、住房建设）都将对人均收入增长贡献较大份额。这就使得人均收入和实际住房价格是同时被决定的，因此，在方程建立时就有必要使得滞后的人均收入作为解释变量。他们的结论是，实际收入和建设成本对解释不同城市房价增值的横截面数据方面具有重要作用，同时，他们的实证研究中没有发现人口的决定性作用，为此他们认为，基于人口因素来预测长期住房发展趋势必须十分谨慎。

Abelson 等（2005）研究了澳大利亚 1970~2003 年的实际住房价格决定因素。澳大利亚实际住房价格年均增长 3%。在这期间，澳大利亚发生了 4 次住房价格繁荣期：1971~1974 年、1979~1981 年、1987~1989 年和 1996~2003 年。他们的结论是：与经典理论一致，长期内，实际房价取决于实际可支配收入、失业率、实际利率、股票价格、消费者物价指数以及住房供应的变化。房价—人均收入的弹性系数是 1.7；房价—CPI 的弹性系数是 0.80；房价与其他变量的弹性系数为负。

Borowiecki（2008）研究了瑞士的房价决定因素。文章数据显示，实际住房价格增长和建筑活动的变化对人口和建造成本变化最为敏感，而实际 GDP 只在短期发挥很小的作用。Bourassa 和 Hoesli（2006）认为，瑞士的住房拥有率仅为 34.6%，是发达国家中最低的。主要原因在于相对房租和居民收入、居民财富水平，其住房价格过高。另一个原因是，监管政策倾向于对承租人有利，而对于购房持有人却有歧视性税收，使得对于新的购买人形成负面激励。

遗憾的是，对德国住房价格的研究文献依然较为欠缺。然则，笔者在阅读上述文献时发现，虽然学者们的研究对象各有不同，但研究范式、对变量的选择并无多大差异，甚至有一定规律可循。以上众多文献当中也大抵可以分为两类：一类是研究变量之间的长期均衡协整关系，比如房价与人均 GDP 或者人均可支配收入、CPI 指数的关系等；另一类是研究实际房价变化的驱动因素，比如房价变化率与众多经济变量的变化率关系等。

二、国际文献：房价与基本面的关系

研究住房价格决定因素的理论和实证的经典文献，比如 Milkhed（2009）、Gallin（2006）、Timmermann（1995）、Poterba（1984）等，均从基本面因素来解释住房价格的波动。

Goodman 和 Thibodeau（2008）研究了美国主要大城市房价和基本面的关系，他们将住房价格分为两个部分：基本面和投机面。从 1999 年的 66.8% 的住房拥有率上升到 2005 年的 69%，美国的住房拥有率每上升 1 个百分点，对应的是 100 万套增量住房需求；在供给层面，实际土地价格和建造成本在这期间也有大幅的上升。他们发现，全美国的住房价格上涨空间差异性极大，比如，在加利福尼亚州的一些城市，住房价格年均增长 15%，而得克萨斯州的上涨速度只有年均 4%。总体的住房价格上涨对不同区域房价的影响存在很大差异的原因在于，供给弹性差异巨大。他们估算了 133 座城市的住房供给弹性，其中东部海岸和加利福尼亚州房价的大幅上涨主要归因于住房的供给弹性过低，供需缺口巨大使得住房价格快速上涨。根据我们的分析，什么因素影响供给弹性？总体而言，供给弹性是由产业吸引就业的能力决定的。在美国东部和西部沿海城市，由于城市经济较中部内陆城市更为活跃，集聚了庞大的人口存量并有持续新增内陆人口和新增移民人口的加入，人口的持续增长、经济的持续活跃，使得这些城市的土地价值和住房价值也在不断上升。即使经过 2008 年的次级住房按揭贷款危机的打击，其价格有所回落，但经过近几年的恢复，两岸城市的价格水平已经有所恢复。但是，内陆城市和一些产业衰退的城市面临着产业萎缩、人口流出的严峻挑战。以底特律为例，2013 年中宣布政府破产，其住房市场崩溃，其中一个主要原因是人口的大幅流出——从 20 世纪六七十年代的峰值达 200 万人口的大型城市，萎缩至今只有 50 万常住人口的小型城市，住房存量明显供过于求，住房市场基本崩溃。

Shiller（1993）计量模型采用的解释变量是：5 年平均人口变化率、实际个人收入变化率、使用者成本变化率（取自建造成本指数）以及土地供应价格变化率。其中的一个结论是，从政策的视角，建议降低实际住房价格的波动率，未来的住房市场应当降低交易成本，以利于投资者自由地买入和卖出住房，促进住房定价高效和透明化。此外，政府部门应当降低新建住房的进入门槛，而开发商的

所为只是对住房价格的自然反应。

Stiglitz（1990）有一个定义：住房价格泡沫可以定义为缺乏基本面支撑的价格增长。很多学者从这个角度来考察住房价格与基本面之间是否存在长期稳定关系。然则，有些学者围绕什么是基本面展开了争辩，应该选择哪些变量来反映经济社会的基本面？这些文献也可以分为两类：

第一类是利用宏观汇总数量（Aggregate Data）分析住房价格与基本面之间的关系。McCarthy 和 Peach（2004）认为，美国住房市场没有泡沫，住房价格的变化可以由个人收入变化和名义住房按揭贷款利率的变化来解释。但是，Shiller（2005）和 Gallin（2006）也用宏观汇总数据分析，得出的结论相反，他们认为美国的住房价格、个人收入、建造成本、人口、利率和使用者成本（User Costs of Housing），这些基本面因素的变化不足以解释美国住房价格在 2000 年以后的快速上升，美国住房价格的上涨可能存在泡沫。后来的事实众所周知，美国住房价格的泡沫崩溃了。

第二类文献是采用区域或微观数据来考察住房市场价格波动的微观机理。Himmelberg 等（2005）计算了 46 个大都市统计区域（Metropolitan Statistical Areas）持有住房的成本。他们发现：近年所观察到的较高的住房价格收入比、住房价格房租比可以由长期实际利率变化来解释，结论是美国住房价格没有泡沫。

比如 Mikhed 和 Zemcik（2007）使用汇总数据和横截面数据来考察美国住房价格是否反映了基本面的变化。他们的解释变量范围是：住房价格、房租、收入、建造成本、人口、股票指数、按揭贷款利率，实际变量均由当地的 CPI 价格来调整。其结论是：2006 年之前美国住房价格存在泡沫，该泡沫从 2006 年已经开始调整，并且美国房价还将有更大的调整空间。

三、国际文献：房价自相关与均值回归的动态特征

围绕住房价格的自相关和均值回归的动态特征研究亦有不少文献。例如，Case 和 Shiller（1989），Abraham 和 Hendershott（1993，1996），Capozza 和 Seguin（1996），Capozza、Mack 和 Mayer（1997），Malpezzi（1999），Meen（2002）等的研究。这些研究的一个有趣特点是，他们认为自相关和均值回归的强度随城市地理位置的变化而变化。比如，Abraham 和 Hendershott（1996）发现，沿海城市与内陆城市的自相关和均值回归强度显著存在差异。实证数据显示，在实际建筑成本较高的城市，如海滨城市的波士顿、纽约、旧金山、洛杉

矶、圣地亚哥等，住房价格显著超调（Over-shooting），即自相关较强、均值回归较低。该文章认为，住房价格对经济变量冲击的反应还取决于：人口增长率、城市规模、建造成本。对自相关的解释力度要强于对均值回归的解释。一般城市的自相关系数是 0.49，如果一个人口增长率为零，实际收入增长率为零，以及较低的建造成本（0.90）的城市，其自相关系数是 0.23；如果人口增长率为 4%，实际收入增长假设为 4%，以及较高的建造成本（1.40），其自相关系数将迅速上升到 0.75。同样地，城市规模越大、实际收入增长率越高，自相关性越强。在理性预期的完全市场中，实际住房价格应当完全反映对未来的预期变化，这就使得影响自相关的因素很难解释得通。因为一旦市场识别出自相关的存在，有效市场就会对这种规律进行套利，而套利的唯一途径就是开发商进一步增加供给。但是，为何这种套利没有迅速发生，他们认为原因在于住房市场的交易成本或摩擦成本过大。

Capozza、Hendershott 和 Mack（2004）用面板数据研究了住房价格的动态特征。一般来说，在资产市场上，资产价格的短期自相关和长期均值回归已经被大量文献所证实。那么，住房市场是否亦是如此？该文章考察了美国 62 个城市 1979~1995 年的住房价格与信息成本、住房供应成本以及房价预期的关系。他们发现，在实际收入、人口增长和实际建造成本较高的城市，自相关系数较高；在建造成本较低的大型城市和扩张型城市，均值回归的系数较高。但是也有特征不是很明显的区域。因此，住房价格的动态特征需要结合特定时间和特定区域来考虑。

四、国际文献：房价与宏观金融变量的关系

长期研究美国住房市场的著名经济学家罗伯特·席勒（2007）认为，20 世纪 90 年代后期崛起的全球性地产繁荣可能存在泡沫。美国居民收入、实际房租及建造成本增速均比较平稳，不能持续支持如此快速的房价上涨，房价已经上升到泡沫阶段，因为收入水平、建筑成本以及房屋投资收益率已经不能提供令人满意的解释了，美国住房市场已经发展到了不可持续的阶段。其根源在于，美联储持续放松基准利率，助推了房地产市场中的投机行为，而随着基准利率逐步调高，房产估值下降，抵押贷款特别是次级信用的抵押贷款家庭无力偿还，此后，美国住房次级按揭贷款危机引发了全球金融危机，这场危机至今仍然没有平息。

美联储前任主席伯南克在 2011 年曾表示，压低美联储利率是市场的结果，并不是美联储的单方面行为。其中一个重要因素是，源源不断的国际资本流入美

国金融市场,大量购买美国中长期国债,使得国债收益率急剧下降。便宜的资金价格,使得美国的家庭部门和企业部门、政府部门均不断增加杠杆;同时,利率的下降也大大有利于各类资产的估值提升,是金融市场保持异常活跃的重要因素,并推高了各类金融资产及非金融资产如住房市场的价格。Bernanke(2011)分析美国住房市场价格波动的原因是:其一,科技公司(纳斯达克)集中在美国加利福尼亚州的洛杉矶、圣地亚哥和旧金山三个城市附近,强劲的财富效应推升了加利福尼亚州的住房价格。其二,2003~2007年大量注入美国的国际资金购买AAA级债券促使美国利率下降。利率的下调使得房地产借款成本大幅下降,从而导致2000年以后房地产贷款大规模上升,造就了房地产市场的高速增长。从2000年开始,美国股市泡沫破裂和经济衰退导致了近40年来最低的利率和低收入增长率,而美国房地产价格变化则呈现出与房主收入变化相反的趋势,房地产泡沫急剧膨胀。美国2008年爆发的次贷危机的内在原因是,房地产市场按揭和证券化相关激励机制存在缺陷,金融机构风险管理不到位,信用评级机构利益冲突,政府支持的房地产相关企业的资本充足率和激励结构不足,金融监管结构有差距和不足及监管失误;外在原因是对跨境资金流动的监管缺位。

Otrok和Terrones(2004)使用与国际货币基金组织(IMF)类似的样本(仅是时间跨度变为1980年第一季度至2003年第四季度)模型,发现全球房价同向变动的很大一部分原因与跨国的利率的共同动态组成部分相关。虽然他们确认宏观总体变量(如实际产出、消费、住房投资)在很大程度上共同变动,但是这些总体变量不是房价同向波动的重要因素。

Belkeet等(2007)使用VAR方法和经合组织主要国家(美国、欧元地区、日本、英国、加拿大、韩国、澳大利亚、瑞士、瑞典、挪威和丹麦)1984年第一季度至2006年第四季度的总体数据,考察全球流动性与房价之间的关系。他们的分析表明,房价膨胀与流动性增长存在正向关系。Giese和Tuxen(2007)使用法国、德国、意大利、日本、英国与美国1982年第四季度至2006年第四季度的季度数据,使用协整VAR模型考察全球流动性与资产价格的长期关系及其短期动态调整。他们的分析也显示,全球流动性促进了各国房价的上涨。

不同学者的观点可能存在差异,但是宏观经济金融变量对住房市场产生冲击的事实是无可辩驳的。而20世纪90年代以来,在全球经济的持续繁荣,以及互联网信息技术的快速渗透的大背景下,全球经济的紧密程度持续强化,国际贸易的强劲增长，特别是国际资本频繁流动，使得以美元为首的国际主流货币对全球资产价格产生了不可估量的影响。而作为大型开放经济体的美国，也深受美元波动的影响，途径有两个：一是海外美元回流到美国金融体系或者房地产市场；二是美元的定价（包括汇率和利率）的持续走低，使得美元可以使用最为低廉的资金成本推动经济增长，同时，也使得美元的各项资产产生估值幻觉，无论是地产市场还是股票市场，我们都看到了异乎寻常的快速增长。

五、国内文献：综合研究

刘璟和刘洪玉（2010）以住房价格动态模型估计得到自相关系数—均值回复系数组合作为关键指标，对 35 个大中城市 2000~2008 年新建商品住房价格波动规律的基本特点进行了总结和比较，并进一步引入若干城市属性，对这种城市间差异进行解释。他们的研究结论是，住房供给弹性是决定城市住房波动规律的最重要因素，住房供给弹性能够显著降低城市住房价格出现剧烈波动的概率，其他主要影响因素还包括公共住房供给力度、城市外来人口比例、市场参与者的理性程度等。

陈建和陈英楠（2009）认为，过去 10 年全球房价的上涨幅度与持续时间都是历史罕见的，各主要国家实际房价周期表现出高度的同步性，全球实际利率的持续走低与流动性过剩可能是全球房价膨胀与同向变化的主要因素。2000 年以来的全球房价上涨的一个主要背景是各国货币政策与金融自由化（特别是住房金融市场的深化）的同步性，使得跨国金融和贸易联系更为紧密。虽然住房是非贸易资产，但是可能由于驱动房价变动的因素（如利率）倾向于全球同步变动，使得各国房价变动表现出周期的同步性。根据经典的 Gorden 增长公式，住房价格与利率的关系可以简单地表述为：住房价格=租金/（利率－租金增长率）。很容易求得，住房价格对利率的一阶导数为负值，意即住房价格与利率成反比。他们强调近 10 年驱动地产价格持续快速上涨的重要因素是利率。

何芳和肖宗仁（2009）通过建立计量经济模型分析了美、日、中三国住宅建设投资规模占总产出比与人均 GDP 的关系，研究得出住宅建设投资与国民经济发展呈现三阶段发展规律。他们认为我国住宅产业仍然处于产业发展的初期阶段，住宅建设投资规模处于随国民经济发展而扩大的上升阶段，阶段变化的拐点尚未出现。政府有必要出台相应的住宅产业发展调控措施，以协调我国住宅建设投资规模与国民经济总量关系，使成长中的住宅产业健康、有序发展。

住房政策体系形成于经济、人口和住房市场的发展过程。国内文献对德国住房政策体系有较多介绍。比如,许兵、孟学礼和孔伟(2011)介绍了德国房地产市场保持平衡的经验,认为城市发展规模分散化、租房市场发达、供求关系平衡、具有独立的房地产价格评估体系和严格住房法律体系、税收方面鼓励住房供应是市场保持平衡的重要因素。陈怡芳、骆晓强和高峰(2012)认为房地产市场稳定健康发展的基础在于:住房法律框架完善、鼓励市场加大住房供给、加强对租房市场的监管、合理设置税种、建立住房保障体系。类似的观点还有,刘应杰(2012)、梁小青和王永慧(2012)、薛德升等(2012)等相关文献。

上述文献陈述性地介绍了德国当前的住房政策体系,有助于对德国住房政策现状的理解,但为什么要制定这些政策?它是在怎样的经济发展和人口增长背景下制定的?以上文献均未作进一步分析。左婷和郑春荣(2011)较为全面地分析了德国住房政策的转变及其原因,他们认为"二战"后德国住房紧缺的原因在于,住房被规定为一种"社会物品",着重强调其社会保障性,而随着德国政府资助和鼓励社会大规模建房,至20世纪70年代中期德国住房的供需矛盾基本得到缓解,住房作为"经济物品"的属性日益突出,住房的调控主体也逐步由政府转向市场。该书的视角已经注视到德国历史上住房问题的阶段变化,特别是供给与需求的巨大缺口所导致的政策管制。但是,市场管制何时结束?即使在管制期间,是否仍存在住房市场?价格怎样波动?此外,该书没有结合更为根本的需求推动力,未将"人口"与"经济"发展的因素作出与住房市场变动的相关考察。

笔者认为,经济、人口、货币和制度等因素,对住房市场和住房价格都有显著作用,但是这些因素并非独立的外生变量,而是相互影响、共同作用的,共同决定住房价格的长期发展趋势,在不同发展时期,各个变量的相对影响力也是动态变化的。

第二节 / 关键解释变量的再阐释

一、人均收入

各类文献普遍认为经济增长提升居民可支配收入，从而提高家庭住房购买力。住房价格长期以来与经济发展的增速保持一致，只要经济持续增长，居民收入同步提升，就会带动住房需求的增长，住房价格应该受到需求的驱动而同步增长。

Collyns 和 Senhadji（2002）证实，在美国，人均 GDP 是影响房地产价格的主要因素。Englund 和 Ioannides（1997）研究了 15 个 OECD 国家的房价变化，发现 GDP 增长对房价有正面作用。Case、Goetzmann 和 Rouwenhorst（2000）研究了 60 个国家的样本数据，基本支持经济增长对房价的正向影响，但在不同国家房价对收入增长的弹性不一，主要受其他因素如土地供给、市场结构等因素的干扰。

多数住房研究文献认为，人均收入与住房价格存在长期均衡关系。长期来看，住房价格与人均收入的比值应该稳定于一个特定区间，不应过度偏离。一个广泛的认知是：收入增长越快，房价增长越高，它们存在正相关关系。

然而，Gallin（2006）的数据反驳了许多在住房文献中关于房价和收入存在协整关系的论断。他研究了 27 个国家层面的数据，并未发现持续的协整关系。可能的因素是，标准的时间序列协整测验，特别是面对小样本的解释力度不足。之后他使用了 95 座城市超过 23 年的横截面数据作协整测验，解释力较时间序列要强很多，但依然不能拒绝原假设，意味着不存在协整关系。因此，传统的认知以及在许多住房问题研究的文献中的陈述可能并不是广泛存在的普遍规律。

笔者认为，收入水平及其增长潜力是支付实际住房需求的必要来源，而收入水平和收入增长潜力是以经济的持续增长为前提的，所以这个变量在解释住房价格变动方面是一个不可或缺的变量。如果居民收入水平停止增长，比如经济衰退的时候，至少其不成为驱动住房价格上涨的动力。在看待收入对住房市场的影响时，我们不能一概而论，需要综合考虑住房市场发展阶段、城市经济活力来评估

住房市场供需状况及其发展趋势。

二、人口因素

在任何一个国家和城市，推动建筑规模增加的主要和必备条件，是该城市内部或者附近人口数量的持续增长。由于建筑物天然是为人们提供工作场所和生活空间的，城市人口的增加与土地价值或者房地产价值的增长存在必然的联系。

整体来看，需求总量大小由人口规模决定，需求质量高低由收入水平高低决定。从世界经验看，快速城镇化过程中，人口快速聚集，居住需求短时期内迅速积累，而住房供应由于存在开发周期故而供给相对刚性，供需缺口的扩大必然推动房价快速上涨，所以房价是供需矛盾的集中反映。那么，当一国经济走过"刘易斯拐点"，城镇化水平趋于稳定后，住房市场的发展必然分化发展。城市竞争力的此消彼长，将极大地影响人口扩张的规模和质量。人口规模扩张推升总量需求，而人口收入水平的提升，也将差异化地导致需求变化。

在相当多的文献分析中，人口因素并不是一直被广泛关注的解释变量。直到1989年，Mankiw 和 Weil（1989）证明人口因素对住房需求和实际住房价格存在重要影响，并将人口发展趋势用于对住房市场发展的预测。他们认为，20世纪70年代的美国住房价格与"婴儿潮"存在强正相关，如果这种关系持续稳定，那么在接下来的30年中，由于人口年龄结构的转变，适龄购房人口的急剧下降将对住房需求形成不可逆转的打击。该文预测1987~2007年，美国住房价格将会下滑47%。McFadden（1989，1994）将住房视为家庭财富的核心组成部分，住房价格的波动将影响家庭的储蓄和消费，美国人口老龄化的到来会显著降低住房需求并对住房市场形成下行压力，基于这一理性预期，美国家庭应当降低对住房的权益投资比重。

然而，美国住房市场在接下来的20年中都持续繁荣，这与 Mankiw 和 McFadden 等学者的结论完全相悖，从而使得上述两位知名经济学家经常面临其他学者或者媒体和民众的质疑。其实，如果仔细研读 Mankiw 的论文，可以发现他们的结论和预测是基于一系列假设，这是经济学研究的基本范式，预测结论没有发生并不令人惊奇。Mankiw 的假设是，美国人口的自然出生率、移民速度、人口结构等关键模式保持不变。

然而实际上，该假设严重低估了美国移民人口增长对人口老龄化的减速作用。1990~2012年，美国人口从2.5亿人增长至3.14亿人，净增加6400万人，增幅为 26%；其年龄结构也持续优化，15~64 岁的人口占比始终保持稳定。另外，Mankiw 基于人口的衰老速率在 2000 年后也显著放缓。其原因在于移民人口的持续流入，以及移民人口显著的高生育率，使得总人口扩张的同时，人口衰老的速率也大幅放缓。

Poterba、Weil 和 Shiller（1991）认为人口结构对住房市场确实有重大影响，美国是一个开放的移民国家，应考虑移民人口对房价的影响。Patrick、Berkard 和 Krainer（2005）认为人口因素是长期房价变化的重要因素之一，"婴儿潮"一代的老龄化对美国住房需求将形成负面冲击。

第三节 / 文献梳理小结

综合本章前两节所述，对住房价格的波动特征研究文献较多，无论是宏观层面，如利率水平、通货膨胀水平、货币供应、经济增长率等方面；还是微观层面，如人均可支配收入（人均 GDP）、住房建造成本、土地成本、信息成本、地理区位因素等，对住房价格的影响都是存在的。虽然基本面因素对于住房价格波动的可以解释的力度因样本不同而有所差异，但作为解释变量这一最起码的要求是毫无争议的。

对于住房价格波动研究，国内外文献一般遵循价格由供给曲线和需求曲线决定的分析框架，重点关注决定供需基本面的因素，如 Girouard（2006，2009），这些文献对房价决定因素进行了跨国比较研究，主要考察实际住房价格对基础经济指标的弹性。由于国别样本、数据时段以及采用方法的差异，不同文献测算的弹性不尽相同，但这些文献的共同点是，普遍将实际居民可支配收入和人口结构两大基本面因素作为解释变量。

然而，上述文献忽略了一个重要因素：住房政策对住房价格波动的影响。这对于德国这个特殊的经济体而言是极为关键的。

本书从供给需求的理论框架推演，对主要解释变量分别进行了直观的数据展示和重点分析，并结合了政策因素进行综合考量。

第三章

普适：

一般性因素与德国房价

在经济研究和实践中，市场需求并不容易为人们所直接观察，而住房供给（存量和增量）却是直观、清晰且有数据统计的。众所周知，供需决定价格，那么"供、需、价"三个变量中知道任意两个，理论上就可以推算另一个未知变量。换句话说，我们可以通过住房供应量、住房价格两个维度来大体衡量市场需求强度，这是本书着重关注供给方面的一个重要原因，也为了解整个住房市场的发展提供了基础条件。

本章重点关注"二战"后德国住房供给的阶段性变化，大体可以划分四个阶段：第一阶段是从短缺到改善（1949~1960 年）；第二阶段是从改善到平衡（1961~1981 年）；第三阶段是从平衡到宽松（1982~2005 年）；第四阶段是需求和价格的回升（2006~2013 年）。

第一节 / **德国住房供给历程（1949~2013 年）**

笔者收集的历史数据不仅展示了德国各个阶段住房的存量和增量变化情况，更是结合其各个阶段人口总量以及家庭数量的变化情况、经济发展等指标以综合考察供需演变的决定力量。但是，各个阶段为什么出现这样的特征？背后的社会驱动力是什么？经济增长、人口增长和结构变化、土地成本、投资回报率、基准利率，从理论上说都是影响住房供给或者需求的关键因素。

"二战"战火几乎摧毁了一半以上的德国住房存量。数据显示，"二战"结束时住房严重短缺，德国 1460 万户家庭（人口约 6200 万人）只有 940 万套房屋可供居住，[①] 在许多大中型城市中通常两三户人家合住一套住房。

经过 60 年的发展，2011 年德国住房存量已经突破 4000 万套，人口总数约 8200 万人，平均两人一套住房。从存量住房建成年份看，德国建成于"二战"之前并保留至今的住房不足 1000 万套，占比仅约 1/4；"二战"后至今的累计新增房屋存量超过 3000 万套，占到 3/4 强。粗略估算，"二战"结束以来的 60 年间，德国年均净新增 50 万套住房，这个数字相对于其人口规模来讲，呈现较高的增速。

从增速的发展阶段看，建设高峰期出现于"二战"后重建的前 30 年，1949~1978 年，两德合计年均建成 61 万套住房，使得存量得以迅速增加，居民住房困难的情况大为缓解。到 1978 年底，德国住房存量套数与居民家庭的比例达到 1.21，即平均每户家庭拥有 1.21 套住房，彻底改变了德国长期持续的住房紧缺状态。

在住房市场研究领域，住房（套）—家庭（户）比值（以下简称"套户比"）是一个总量宽裕衡量指标，测度全国住房供应和市场需求的总体宽裕程度，但对于更为准确地反映不同区域、不同城市的供求关系，指导意义不强。比如，一些

---

① 见左婷、郑春荣（2011）提供的数据，940 万套是指 1945 年"二战"结束时的数据，而 1949 年两德住房存量应在 1100 万套左右。

城市随着产业竞争力下降，经济增长低迷，更多人才和人口逐步流向更为活跃的经济区域或者中心城市，那么人口流出城市的住房市场就会相对的供大于求，甚至形成局部过剩的可能。

图3–1展示了存量住房与家庭户数的相对变化情况。1949年德国套户比率不到0.65，经过30年的高速发展，住房存量年均新增60万~70万套，使得套户比率达到1.21，几乎是涨了一倍，此后德国套户比率基本始终维持在1.00以上。

从人口数据看，1978年德国人口总数是8300万人，是有史以来的人口顶峰，此后进入衰减期，人口持续负增长，但负增长的幅度不大，在移民等因素的影响下，始终维持在8000万~8200万人的狭窄水平。再看德国住房存量在1978~2009年的变化，依然净增加了近1100万套。也就是说，德国套户比率达到1.21的宽裕程度后，在人口没有任何增长的情况下，住房存量依然提升了35%（1100/2930）。什么因素驱动了这么大的供应？必然是对应存在这么大体量的市场需求。笔者通过对套户比率的分析，发现这个比率一直没有跌破1.0，说明住房供应的增长与家庭户数的增长基本是一致的，即家庭户数的变化是一个潜在的重要因素，新增的家庭绝大部分是单身家庭，比如年轻人、离异人士、孤寡老人等情况，他们具有独立居住的强烈愿望。随着家庭规模小型化发展，以及由此带来的居住方式变化和居住品质的持续升级，致使无论是独居套房，还是居住面积、装修品质，都会有一定程度的提升。

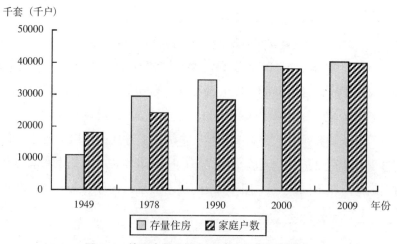

图3–1 德国存量住房与家庭户数的相对变化

数据来源：根据《德国统计年鉴》历年整理。

从整体的建设历程看，住房市场是一个边际增量递减的过程，因为市场的需求总数量一定会面临一个"瓶颈"，在一个人、一个家庭不可能同时居住多套住房的国家，边际需求递减的规律是要发挥作用的。图3-2展示了这个边际递减的过程，这是一个较大的时间跨度下的渐变。"二战"后重建30年，年均建成61万套，到1978年的套户比率在1.21，总量宽裕的时代已经到来，此后的建设需求是家庭规模小型化的引致需求以及需求升级的因素所致。那么高峰时期的结束，意味着增长减缓，所以我们看到20世纪80年代年均建成43万套；90年代年均建成36万套，虽然90年代前期有一波小高潮，但由于存量已经十分庞大，边际需求递减的规律开始发挥作用；2000年之后进入了微产时期，此时德国共计年均建成21万套住房，近年更是在17万~18万套的竣工水平。

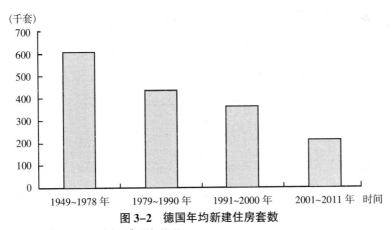

图3-2　德国年均新建住房套数

数据来源：根据《德国统计年鉴》历年整理。

图3-3清晰地展示了德国住房竣工套数的历年变化情况。先是1949~1954年，德国住房建设规模快速扩张，年竣工套数从20万套上升至60万套。接着是1955~1975年，德国住房建设的黄金高峰时期，年竣工套数稳定在60万~70万套。峰值达到81万套的竣工量，出现在1973年。再是1976~1988年，其住房建设逐年下降，从80万套年产出水平下降至30万套。随后是1989~1995年，两德统一的政治事件促使居民流动加速，出现了一个住房建设小高潮。然而，从1996年开始，其住房需求逐步萎缩，年竣工套数也逐年下降。至2008年全球金融危机时，其住房年产出不足18万套。这大体反映了住房市场的阶段性变化。

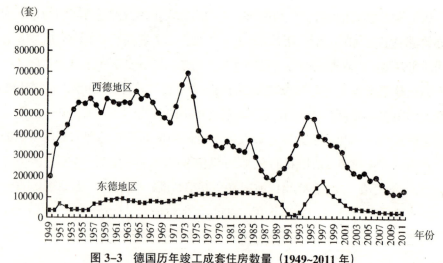

图 3-3　德国历年竣工成套住房数量（1949~2011 年）

数据来源：根据《德国统计年鉴》历年整理。

比较引人注目的是，在 1949~1978 年、20 世纪 90 年代，德国住房均处于高产水平。对应的主要时代大背景是：一是"二战"后重建；二是两德合并。

"二战"后重建的原因自不待言，普通百姓没足够的房子住，政府和民众都有动力，也有责任重建家园，这是最大的社会共识和需要。

两德合并为何又能重新掀起供给高潮？归结起来，刺激市场供给的因素有多种：

一是当时有大量外籍人员涌入德国，形成了一波移民小高潮，1990~1995 年德国的累计移民移入人口达到 200 万人。

二是德国统一后面临东德基础设施和住宅等水平过低的长期欠账，在德国的住房增量当中，以西德的增量为主，即使是在 20 世纪 90 年代，趁着两德合并的大潮，原民主德国地区掀起的一波住房建设小高潮，其体量峰值也从未超过 20 万套/年的水平，而原联邦德国地区最低的年份也在 20 万套，高峰时期达 81 万套。

三是德国政府明确给出了优惠的税收政策，有力地刺激并引起了新一轮建设高潮。其中，最鲜明的有两个法案：一是《民主德国振兴计划》，政府承诺对东德基础设施更新、住房存量增加、创造就业机会、人才培训等方面加大资源投入力度，努力缩小东西两德居民的收入水平和生活质量；二是《私人住房促进法案》，致力于刺激私人新建或者购置自有住房，这两个政策都是在 1990 年前期和中期出炉的。

以上多重因素的叠加作用，使得其市场对建设住房有了极高的热情，仅在1995年就建成了60万套住房，而且办公室大楼以及用于商业的物业面积也达到了历史最高值。

以上数据基本展示了德国住房市场历年的增量情况，下面考察一下存量的分布情况，图3-4显示了德国存量住房建成年份的比例分布。

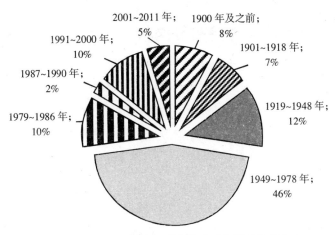

图3-4　2011年德国存量住房按建成年份的比例分布

数据来源：根据《德国统计年鉴》历年整理。

第一，1948年以前的累计存量占比为27%左右。分细项看，1990年之前占比约为8%，这些基本都是古建筑了，德国在1871年才独立，至1990年前后迅速崛起为欧洲实力较强的国家，所以1990年之前的住房存量基本属于古建筑了；1901至"二战"结束，存量建筑占比7%，大量房屋受损于"一战"战火和"二战"的打击，存量并不多见。

第二，1949~1978年的累计存量占比达到46%，占据半壁江山。这期间的住房存量供给是典型的"二战"后重建驱动。

第三，1979~2011年的累计存量占比约为27%。这其中，1979~1986年、1991~2000年各占10%，也就是两个小型的建设高峰期。这主要是人口规模小型化发展、两德统一的利好等因素所致。

综合来看，德国住房市场供应历程与其历史背景息息相关，比如"二战"后重建、两德统一等重大历史事件下，其住房市场无疑受到了极大影响。笔者观察到供给的阶段性变化特征，以及对应的历史事件背景，但是对于在重大历史背景

之后的故事无从得知。比如，推动"二战"后重建 30 年的住房存量供应机制是
怎样的？是由政策主导还是市场主导？政府和市场分别发挥了怎样的作用？民众
的消费观念又经历了怎样的转变？为什么住房存量与家庭规模小型发展具有自动
匹配适应的关系？以上问题都需要持续追问和研究。

第二节 / 德国住房总量与持有者结构

从住房总量看，2012 年德国共拥有 4025 万套住房，8200 万人，户均人口数
为 2，亦即平均每户家庭有一套住房，市场总体呈平衡状态。从居住面积看，平
均每套住房是 86.6 平方米，且 95%的住房已经达到了现代化标准，卫浴、供暖、
节能等措施齐全。

从德国住房的区域分布数据看（见表 3-1），西部地区在具体指标上均全面
占优，不论在拥有个人房产家庭占比、租房或者自有住房的平均房屋面积等关键
指标上均要高于东部地区。这是历史原因形成的，由于东西两德采取了截然不同
的政策与经济体制，联邦德国地区在经济发展上取得了更加显著的成绩，居民的
物质条件和生活水平也要远好于民主德国地区。

表 3-1　租房者和个人房产拥有者占比及居住面积（2008 年）

区域	家庭占比（%）		平均房屋面积（平方米）	
	租房家庭	拥有房产家庭	租房家庭	拥有房产家庭
德国西部	54.30	45.70	71	123
德国东部	67.50	32.50	62	110

注：德国西部是指联邦德国地区；德国东部是指民主德国地区。
数据来源：德国统计局。

从德国存量住房的拥有者结构看（见表 3-2），41.84%的住房是家庭自有自
住；45.88%的住房为居民家庭、小型物业企业以及专业的住房物业供应商持有并
向社会出租；5.36%的住房是住房合作社（Housing Cooperative）持有并向社员出
租；此外还有 6.81%的住房由市政及教堂所有，面向社会底层人群廉价甚至免费
提供。

分析表 3-2，可以得到如下信息：

与所有者结构对应的是市场结构。市场结构可分为三类：

第一类是能够支付得起购买或者自建的成本以及贷款的群体，这个比重约42%，也就是不到一半的家庭选择自购、自有、自住、自建住房来解决居住问题。

第二类是持有出租物业，即居民家庭、小型物业企业、专业供应商，他们持有物业的目的就是收取房租收益，形成财产收益权。

第三类是公共住房体系。前两者都可划入市场体系，通过价格作用引导居民选择最为适合的居住方式，是购房还是租房？哪种方式更舒适或者经济合理？由居民家庭自行选择。然而，对于无法通过价格信息决策的人，通常是那些无法支持市场价格的人，比如失业者或者收入微薄者，他们需要政策机构从"社会"属性的角度解决他们"市场"能力不足以自济的问题。这其实发挥了政府的托底作用，服务好最底层、最无助的弱势群体，规范市场秩序，将租房市场形成稳定可靠的居住解决途径。

表 3-2　2010 年德国各类型住房的拥有者结构

分所有者	存量（万套）	占比（%）	分机构	存量（万套）	分住房类型	存量（万套）
家庭自有自住	1679.2	41.84	居民家庭	1679.2	单户和双户住宅④	1328.8
					公寓	350.4
私营小型机构	1841.5	45.88	居民家庭	900.0	公寓	892.0
			小型物业企业	517.7	单户和双户住宅	525.7
			专业供应商②	423.8		
住房合作社①	215.1	5.36	住房合作社	215.1		
市政及教堂	273.3	6.81	市政辖属住房公司	245.8		
			公共住房公司③	11.8		
			教堂教会	15.7		
存量住房合计	4013.6	100.00	合计	4013.6		

注：①住房合作社（Housing Cooperatives）。②专业供应商（Professional-Commercial Suppliers），主要包括私人住房公司、保险公司、信用机构（Credit Institution）、房地产信托基金（REITs）及其他住房物业机构。③公共住房公司（Public Housing Companies），指由联邦政府出资设立的住房公司，主要向符合条件的最低收入阶层免费提供；市政辖属住房公司（Municipal Housing Companies）由地区市政出资设立，以廉租价或成本价向符合条件的申请人提供。④单户和双户住宅（One-and Two-family Houses）。

数据来源：德国房地产企业协会（德文名称：GdW Bundesverb and deutscher Wohnungs-und Immobilienunternehmen，英文名称：The Federal Association of German Housing and Real Estate Enterprise Registered Associations）。

德国住房供给历程经历了"政策主导"到"市场驱动"的转变。人口总量与家庭总量是住房需求的根基，"套户比"保持在 1 以上是维持市场供需平衡的重

要标志，德国住房市场的平稳是在 20 世纪 70 年代后期才达到的。

"二战"后德国面临的一个重大挑战就是住房供给不足。为此，在相关政策的资助与激励下，1949~1978 年德国保持年均竣工新房屋 60 万套，累计建成约 1800 万套，占 2011 年末全部住房存量的 46%，直接推动"套户比"从 1949 年的 0.65 上升至 1978 年的 1.21。在其住房市场供需大体平衡之前，实际房价整体上呈上升趋势。

一个有趣的现象是，1979~2011 年，德国人口总量基本上已经停止了增长，且 1978 年套户比已经达到 1.21，整体住房供需紧张的局面已经不复存在，但该时期内新建成套住房仍然占到全部存量的 27%。笔者认为，随着住房供给存量持续攀升，供需缺口渐渐弥合，在此期间，市场需求更多地来自改善性需求和结构性需求，比如 20 世纪 80 年代家庭规模向小型化发展带来的增量需求（具体请参阅本书第五章人口因素与德国房价），20 世纪 90 年代青年就业人口在不同城市间的流动带来的结构性需求等，这些因素驱动市场继续向前发展。

从住房的持有者结构看，2011 年德国居民家庭直接持有的住房存量约 2579 万套，其中约 1679 万套用于自住，占全部存量房的 44%，900 万套用于出租、占全部存量房的 20%，其他专业机构持有 36%。所以，德国约 56% 的住房存量可用于出租，在此基础上德国形成了规模庞大、层次丰富、规范便捷的房屋租赁市场，使得德国居民在解决居住问题上有了更多选择。

第三节 / 经济发展与收入增长

居民购买力是实现有效住房需求的必要条件，而一般的经验认知是住房价格与人均收入水平具有长期正相关的均衡关系，[1] 事实情况也是如此吗？

目前，大多数发达国家的发展情况符合这一特征，但德国的实证数据与惯性经验认知与此并不完全一致。[2] 1970~1982 年，德国实际房价与实际人均 GDP 保

---

① 以美、英、意、法为代表的发达经济体，数十年来房价收入比指数尽管起起落落，但基本维持持续上升的态势，仅在 2008 年美国次贷危机后有一定调整，与德国近 10 年来持续下跌的情况形成了鲜明对比。

② 1982 年之前，德国住房价格和人均收入保持同步向上的态势，但此后人均收入一直持续较快增长，而住房价格增长减缓，形成巨大的剪刀差。在此期间，按揭利率在 4%~8% 的范围内变动，大多数时间维持在 6% 左右。

持同步变动，房价收入比基本保持水平。但是从 1983 年开始，德国实际住房价格持续下行，而实际人均 GDP 随着经济发展稳步向上，直接导致实际房价收入比的持续走低（见图 3-5）。实际住房价格与实际人均收入走势相反，直觉上也有悖于传统经济学逻辑。其中的隐含动因是什么？哪些重要因素导致了这种趋势？

笔者认为，实际住房价格与实际人均收入是否存在长期均衡关系值得商榷。城市住房价格波动确实与城镇化进程、经济增长具有强相关性，很多国家的经验数据也支持这个结论，但是这个强相关性并不始终如一，如在不同的城镇化发展阶段或不同经济发展时期的住房市场表现存在巨大差异。

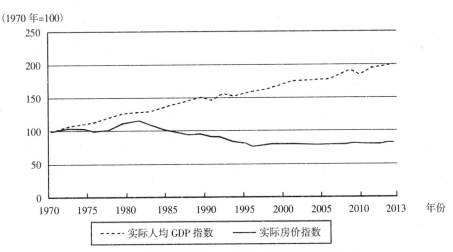

图 3-5　1970~2013 年德国实际住房价格指数与实际人均 GDP 指数

数据来源：限于数据可得性，本书的数据样本区间为 1970~2013 年。德国住房价格指数源自国际清算银行（BIS）房地产数据库，并根据 GDP 价格平减指数调整为实际价格指数；实际人均 GDP 指数根据 Maddison 数据库整理。

经济增长是推动社会需求持续升级的核心变量，就城镇化建设与住房市场而言，经济增长是城市建设和居民住房规模扩张的核心动力。但是，在分析经济增长作为城市住房价格波动的首要因素时，需要特别注意以下几个方面。

第一，必须考虑住房市场发展阶段和供需平衡状况。从需求方面看，收入只是有效需求的一个方面，此外还应包括一系列决定需求的基本面因素，比如人口规模、人口增长、人口流迁特征、城镇化阶段、市场饱和程度等。从供给方面看，供给是由市场驱动还是政策驱动是重要的条件变量。

第二，政策制度约束的总体强度以及阶段性变化特征。住房问题在任何一个现代国家都不是一个纯粹的市场问题，因为部分群体的居住权往往表现为社会问题，政府部门有责任和义务提供适当的住房保障。比如，低收入困难群体，他们往往在市场竞争中处于弱势地位，或者不具备市场竞争力，这样就无法依靠自身力量完成可持续的居住成本支付，因此政府有义务给予其必要的支持或补贴。即使在美国这样的经济自由度较高的国家，市民的基本居住问题也是政府的社会责任之一。当然，在德国这样的"社会市场经济"体制形态下，社会目标本就是政府部门的重要出发点，其政策对住房问题的关注和对住房市场的影响自然要较其他国家来得更高。那么，德国在近半个世纪的住房问题解决过程中，政府如何参与住房市场的发展？发挥了怎样的调节和导向作用？其效果如何？笔者将在本书的后续章节给出尽可能的解析。

本章关注的焦点在于分析德国经济的发展历程，以及在居民经济支付能力提高的过程中，对人们的住房需求波动进行分析。

"二战"结束后，德国经济取得了强劲且持续的增长。根据世界银行公布的2010年数据（见图3-6），德国国内生产总值折合为32864.5亿美元，是欧洲第一大经济体、世界第四大经济体；人均GDP为43689美元，相当于月人均3640美元，人均收入水平位居欧盟前列。在过去的60年中，随着人均GDP不断提高，德国家庭人均可支配收入也同步增长，上涨了5倍。

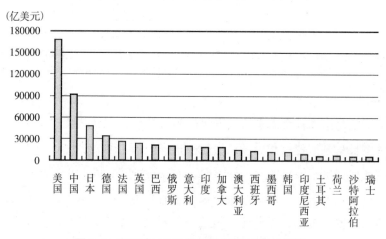

图3-6　2013年GDP总量排名前20位的国家

数据来源：国际货币基金组织（IMF）。

在全球主要发达国家中，德国人口数量仅低于美国和日本。从人均收入看（见图 3-7），美国、德国、日本、加拿大、法国、英国、意大利"G7"国家的人均收入水平基本相当，2013 年人均收入 4 万~5 万美元。

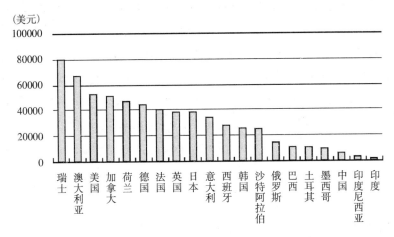

图 3-7 2013 年 GDP 总量排名前 20 位国家的人均 GDP

数据来源：国际货币基金组织（IMF）。

德国经济的巨大成功并非偶然，主要得益于其外部发展环境的极大改善和内部发展动力的强劲复苏。

从外部环境看，最重要的因素得益于良好的全球经济发展背景。"二战"后全球经济迎来了黄金发展时期，几大因素合力推动了全球经济的强劲上升。

一是"二战"后重建，包括基础设施与工业产能投资，形成"投资红利"。对于德国来说，作为"二战"的主战场，而且是战败国，其基础设施被破坏殆尽，可以说是一片废墟。因此，"二战"后德国的首要任务就是重建家园，重建工业基础。这一过程大概持续了 10~15 年，20 世纪 60 年代，德国的面貌焕然一新，工业体系初步建立并形成了很强的竞争力。

二是国际贸易的进一步增强、世界市场的进一步开放形成了"市场红利"。如果缺乏市场基础，工业化国家的产能就"销售"不出去，不能取得合理的回报，那么经济增长就会十分脆弱且增长不可持续。而"二战"后，随着国际政治关系的缓和，国际经济秩序向着更加公平、开放、合作的方面持续发展，贸易保护壁垒逐步减弱，这些条件使得世界贸易市场得以迅速建立。

三是"二战"后"婴儿潮"形成了巨大的需求市场，形成了"人口红利"和

"消费红利"。"婴儿潮"并不只是参战国所经历的，其更具有全球性特征。无论是欧美老牌发达国家如美国、英国、德国、法国，还是新兴市场经济国家的中国、印度、巴西等，都经历了疯狂的人口急速扩张期。"二战"后30年，德国内部的人口急剧扩张，总人口由6000万人增长至8000万人，累计增幅达35%左右。有人口的地方就有市场需求，德国的人口增长导致了巨大的市场扩张。

四是美苏军备竞赛推动了军事工业与军用技术的进一步升级，而军用技术民用化的扩展使得民用工业获得了巨大的"技术红利"。军用技术，如合金技术、电信信息、无线通信、军用汽车、民航飞机等，这些"二战"军需品，在战争结束之后，迅速展开民用和推广。德国在汽车制造、精密仪器、工业设备制造等方面的领先，很大程度上是由于其在"二战"期间的技术累积。比如，慕尼黑就是当时希特勒政府的军用汽车、装甲坦克等生产制造基地。至今，宝马汽车总部还位于该城市。

五是获益于马歇尔计划。[①] 在整个20世纪50年代，德国年均经济增速（GDP不变价）达到惊人的8.22%，主要以基础设施重建和制造业产能恢复投资为主。在德国的重大基础设施投资方面，"二战"后重建任务艰巨，桥梁、铁路、公路和机场，居民住宅，商业楼宇，地下管网等基础设施和改善民生的投资项目大范围开展；同时，基础制造业产能迅速恢复。随着投资对经济增长的边际效应逐步减弱，从20世纪70年代开始德国进入经济增速平稳期，如图3-8所示，70年代年均增长3.26%，80年代年均增长1.95%；1990年两德统一之后，在新经济的驱动下，90年代的平均增速上升到2.18%。2000年以来，如果扣除2009年的全球金融危机影响，实际年均增速也达到1.75%。

以上几大关键"红利"合力推动了德国等欧美主要资本主义国家进入了有史以来经济发展最快的"黄金30年"。如图3-9和图3-10所示，德国经济总量和人均GDP都得到了快速发展。

从德国国内的制度层面看，推动其经济持续稳健增长的动力如下：

一是确立"社会市场经济"体系。德国经历了艾哈德政府时期，基本建立起了特色鲜明的"社会市场经济"体系，强调市场竞争秩序稳健机制以及兼顾社会

---

① 马歇尔计划（Marshall's Plan），也叫欧洲复兴计划（European Recovery Program）。1947年6月5日，美国国务卿在哈佛大学演讲时提出对欧洲实行财政援助的计划，用于恢复欧洲"二战"后的经济。

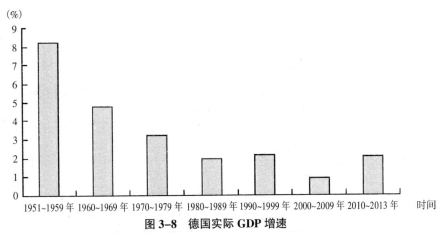

图3-8　德国实际 GDP 增速

注：1951~1990 年数据只取联邦德国数据，其中 1951~1960 年数据未将萨尔州和西柏林纳入样本。年均增速是指统计区间各年增速的算术平均值。

数据来源：欧盟统计局、万得资讯。

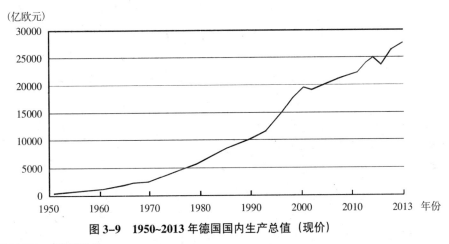

图3-9　1950~2013 年德国国内生产总值（现价）

数据来源：德国统计局。

发展目标的使命感，为德国经济社会运行奠定了坚定的制度基石，稳健运行是德国经济的一个显著特点。

　　该市场体系是保持经济平衡快速发展的重要基础。德国经济极少出现持续衰退现象，如图 3-11 所示，近 60 年来从未发生过持续两年的经济负增长。从衰退频率看，近 60 年来，德国一共发生了 6 次衰退，平均间隔是 10 年一次；从衰退幅度看，除了 2008~2009 年全球金融危机时期出现的 5%的负增长，此前的最大衰退幅度不超过 1%，可见其经济稳健性。德国经济稳健性的原因在于：①通货

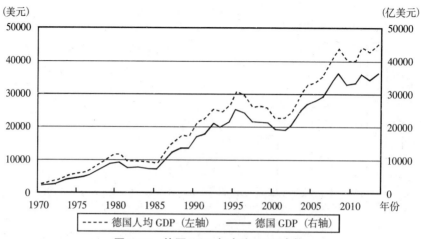

图 3-10　德国 GDP 与人均 GDP 走势

数据来源：世界银行。

膨胀目标制，其中央银行的货币政策极为稳健；②产业竞争力强，经济附加值高，具有强劲的出口优势，出口产品的被替代性不强。

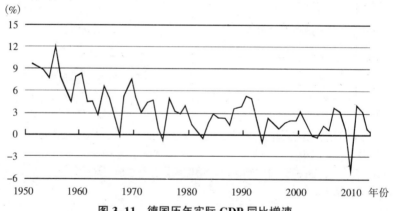

图 3-11　德国历年实际 GDP 同比增速

数据来源：欧盟统计局。

德国经济出现衰退的原因，如表 3-3 所示，分别是 1975 年的全球石油危机、1982 年的滞胀问题、2003 年左右的科技泡沫破灭以及 2008 年国际金融危机所引发的 2010 年欧洲债务危机，基本是受到外部因素的冲击，少有自身因素导致的衰退。

二是德国民众具备优秀的教育基础和出色的技能。德国的民族特性之一是对技术和工艺的完美结合、对品质精工的执着追求，这些以职业教育为基础的国民

表 3–3　德国经济负增长的年份和背景

项目 ＼ 年份	1967	1975	1982	1993	2003	2009
当年 GDP 同比增速（%）	−0.30	−0.90	−0.40	−1.00	−0.40	−5.10
主要背景	—	石油危机	滞胀	—	科技泡沫	国际金融危机

注：1951~1960 年为联邦德国（不包括萨尔州和西柏林）数据，1961~1990 年为联邦德国数据。
数据来源：欧盟统计局、公开资料整理。

品质，使得德国的产品与服务在世界市场上获得了广泛赞誉。强大的工业技术能力以及精湛的产品工艺水准使得德国产品在国际贸易市场上拥有出色的竞争力。德国工业经济发达的原因在于它形成了一批国际竞争力强的专业化企业，拥有素质高且十分敬业的雇员，具备一流的科技创新和研发能力，基础设施建设发达，培训体系完善以及雇用关系稳定。

三是民营中小企业发达。德国以中小企业为主体，所有企业中约 99.7% 都属于所谓的中小型企业。2011 年，德国约有 340 万中小型企业[①]，此外还有众多的自由创业者、自由职业者，所有中小型企业中，48.9% 从事服务性行业，31.4% 从事制造业，约 19.70% 从事贸易行业。

综上所述，笔者对德国的外部发展大环境和内部有利条件进行了大概的梳理。从时间上看，德国经济大体分为两个重要阶段：1950~1979 年，是经济的快速增长阶段，以不变价衡量的经济增速平均为 5.4%；1980~2012 年，平均增速不到 2%，基本进入了一个成熟稳定阶段。如表 3-4 所示，德国经济周期进一步可细分为七个发展阶段：其一，"二战"后重建。其二，工业扩张。其三，石油危机与经济滞胀。其四，1980 年二次危机。其五，经济复苏。其六，出口增长。其七，金融海啸和"欧债"危机。

表 3–4　德国经济发展阶段

序号	时间	阶段特征	经济增长驱动力	重大事件
1	1948~1958 年	经济重建	基建与制造业扩张	社会市场经济
2	1959~1970 年	经济增长	出口	欧洲共同体
3	1971~1978 年	经济动荡	—	石油危机，滞胀
4	1979~1982 年	经济低迷	—	经济危机

① 年营业额低于 5000 万欧元，雇员人数少于 500 人。

续表

序号	时间	阶段特征	经济增长驱动力	重大事件
5	1983~1989 年	经济复苏	出口	减少赤字
6	1990~2007 年	强劲增长	出口	强劲出口
7	2008~2012 年	经济复苏	出口	金融危机，复苏

数据来源：德国统计局。

进入 20 世纪 70 年代，德国经济趋于成熟。基础设施建设、住房投资以及人口的增长都进入一个相对平稳期，主要表现是：

第一，人口发展进入平稳期。德国人口从 1950 年的 6200 万人，增长至 1978 年的 8200 万人，此后德国人口从未突破该峰值。德国人口的自然出生率在 1972 年进入负值，此后也从未转正。由于其人口发展达到峰值，人口的出生率进入负增长阶段。

第二，住房投资进入平稳期。从住房存量看，1950~1975 年是德国住房建设的高峰期，年均建成 60 多万套住房，而 1975 年德国的住房存量套数与家庭数户的比值已经达到 120%，表明总体上的住房供应充足。此后虽然其家庭数据快速扩张，但总人口并未与之同步增长，每年的增量建设基本满足的是家庭扩张带来的需求。其房地产部门的投资比重和投资增速都呈下滑趋势。

第三，基础设施建设投资进入平稳期。从经济的投资、消费和出口这"三驾马车"来看，投资有其阶段性特点，是不可持续的；国内消费的弹性相对有限，取决于收入增速及其预期；为此，出口成为德国经济增长的重要战略。德国一直致力于构建世界级的出口竞争优势来取得经济增长，其出口值/GDP 的比值，由 20 世纪 60 年代的 20%增长至 21 世纪的 50%左右，强劲的出口优势推动了经济的持续增长（见图 3-12）。

"二战"后的德国汇率制度可划分为三个阶段：一是固定汇率时期：1952~1973 年；二是浮动汇率时期：1973 年秋至 2000 年；三是欧元时期的 2000 年至今。布雷顿森林体系崩溃后，由于德国生产效率更高，贸易顺差持续扩大，德国马克开始了逐步升值，但这并没有降低德国的出口竞争力。恰恰相反，通过产业升级、技术创新和管理创新提高产品附加值，其出口部门的竞争力成功化解了德国马克的持续升值压力。如图 3-13 所示，其顺差强劲增长，外国直接投资资金流入活跃。

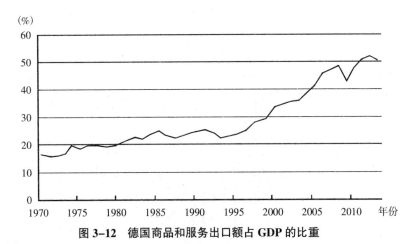

图 3-12 德国商品和服务出口额占 GDP 的比重

数据来源：世界银行。

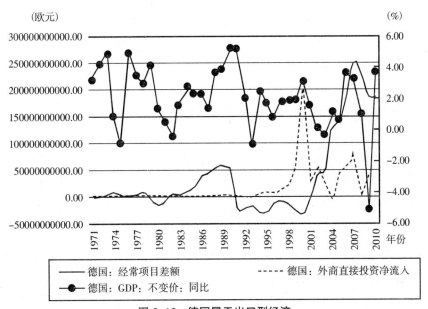

图 3-13 德国属于出口型经济

数据来源：世界银行、WIND。

从消费结构看（见图 3-14），进入 21 世纪以来，德国居民消费结构趋于稳定，住房和与之相关的水、电、气一直是德国家庭最大的开支项目，其次是交通和通信。2010 年，德国居民消费总支出为 1.37 万亿欧元，人均消费额为 17500 欧元。其中，住房、水电气约占消费总支出的 25%，交通和通信的比例为 19%，食品饮料和烟草的比例为 14%。

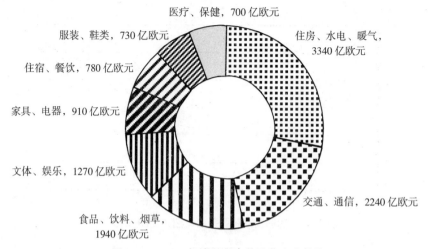

图 3–14　2010 年德国家庭的消费支出结构

数据来源：德国统计局。

第四节 / 通货膨胀水平与住房价格

　　许多实证研究认为，通货膨胀、利率与住房价格紧密相联。较为常见的观点如下：一是住房是对抗通货膨胀的主流资产，住房凝聚了土地价值、人工劳动时间等，这两个维度随着经济发展而产生增值，是对抗通货膨胀的有力手段。二是利率与住房价格负相关，由于世界各国绝大部分家庭都会选择通过按揭贷款来购买住房，按揭贷款对于银行来说相当于买入了一张浮息债券，债券价格的高低取决于票面利率和实际利率，因此当利率上升时，住房的贴现价值较低，而利率下降时，贴现价值较高。三是通货膨胀率与利率的关系，中央银行的政策目标之一是盯住通货膨胀，通货膨胀的起伏会引起利率的变化以及相关政策的调整，这些过程使得通货膨胀与利率始终保持了大体的均衡关系。

　　从图 3–15 看，美国 OFHEO 房屋价格指数自 1975 年开始持续上升，特别是进入 2000 年以来，上升幅度最大。可以看到，与之伴随的是，自 20 世纪 80 年代保罗·沃尔克强势推行抗通货膨胀的沃尔克规则时，美联储不断提高联邦市场基础利率，因而通货膨胀压力开始逐步缓解；进入 90 年代后，随着计算机的普遍应用、全球劳动生产效率的极大提高，通货膨胀问题并不成为一个显眼的问题，基础利率也是持续下行，从 20 世纪 80 年代初的 18% 下降到 2007 年的 5%，这一过程可以说是利率下行的"长周期"。在这个长周期背景下，美国住房市场不仅受到经济持续上行的基本面推动，移民人口持续增长、城市经济活力不断提升，以及按揭贷款门槛的降低（次级按揭）和利率的下行，这几方面的合力使得美国住房市场持续繁荣，直到次级按揭贷款模式在金融市场的崩溃。

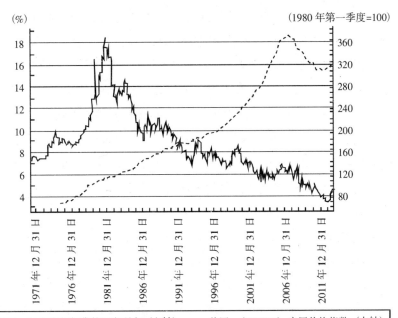

图 3-15 美国 OFHEO 房价指数和长期抵押贷款利率

数据来源：德国联邦统计局。

宏观经济目标一般设定为物价稳定、充分就业、国际收支平衡和经济增长，对不同的国家而言，这些目标往往有先后顺序，难以同时兼顾。

德国联邦银行的首要职责是保持物价和币值的稳定，其次才是促进经济增长。"价格稳定"之所以在德国货币政策中处于核心地位，源于恶性通货膨胀的后果在德国产生了根基牢固的"稳定文化"，除此之外更与德国所奉行的社会市场经济模式密不可分。德国历史上曾经发生过两次恶性的通货膨胀。一次是在"一战"后，通胀率达到天文数字。这导致由社会党占统治地位的魏玛共和国的垮台。另一次是在"二战"后，战争造成的创伤让帝国马克一文不值。这两次恶性的通胀剥夺了两代德国人所有的金融资产，让人民一贫如洗。这些惨痛教训让

德国刻骨铭心。

德国政界和经济学界一般把 1948 年 6 月视为"二战"后西德经济恢复和重建时期的起点；同时也是"社会市场经济"模式逐渐取代战时统制经济的开始。当时通货膨胀已经使德国经济陷于崩溃，德国货币改革对此采取了两项措施：一是用新的联邦德国马克代替旧的帝国马克；二是规定新货币的发放量不得超过 100 亿马克。自此开始，严格控制货币供应量便成了德国货币政策的一项主要措施。德国央行以"维持价格稳定"为首要目标，且只有在不影响这一目标的前提下，才可支持其国家总体经济政策。这种货币政策执行得非常坚决，在过去的数十年中效果明显，物价和资产价格都非常稳定。

从货币政策层面看，联邦德国历来都是实行稳健的货币政策，通货膨胀水平长期稳定在较低值。1990~2011 年，德国的年均通货膨胀水平仅为 2%左右，而其中很大程度上取决于国际石油价格的快速上涨，这其实还源自美国的宽松货币政策造成的全球资产价格泡沫，与德国本身的货币政策关系并不大。

德国实际 GDP 增速在 2010 年和 2011 年分别为 3.7%、3.0%；实际 GDP 增速40 年平均为 2.06%，而衡量物价水平的 CPI 增长基本控制在 2%以内，20 年的平均值为 1.9%；按照费雪方程式的关系衡量，货币与准货币的增速与 CPI 和 GDP增速基本协调。在这种稳健性货币政策的大背景下，德国房价基本与这些宏观经济指标保持了较大的一致性，只是在 2007 年金融危机后，房价指数呈直线上涨态势，而其他经济指标在 2007 年后大幅向下波动，然后才掉头向上（见图 3-16）。德国房价直线向上的原因是美国和数个欧洲国家房地产泡沫破裂之后，此前沉寂多年的德国房地产市场变得对国际投资者更具吸引力了。

进一步考察物价指数和住房价格的关系，可以发现德国批发价格指数和新房价格指数的变动基本同步，从 20 世纪 60 年代到 2010 年涨幅几乎一致，如图 3-17 所示。因此，稳定的货币政策没有对住房市场资产价格形成冲击，造成住房价格飞涨。

货币存量与通货膨胀存在必然联系吗？是否货币存量过大，就意味着通货膨胀压力更大？

从货币存量指标考察，德国 M2/GDP 的值似乎并不低。德国政府向来将稳定物价、控制通货膨胀作为首要的货币政策目标。因此，不能简单地以"M2/GDP"的比值来衡量是否货币超发。表 3-5 展示了 18 个经济体的有关情况，德国该比

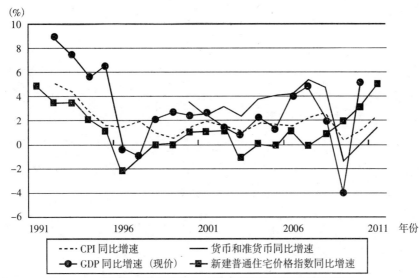

图 3-16 德国住房价格指数与主要宏观经济指标的同比增速

数据来源：世界银行、WIND。

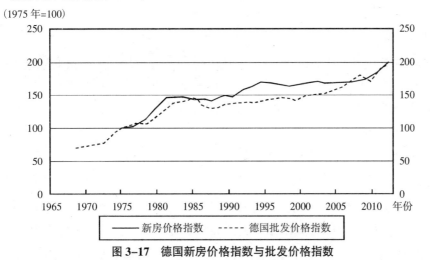

图 3-17 德国新房价格指数与批发价格指数

数据来源：国际清算银行（BIS）、德国统计局。

率排在第 11 位，为 180%，高于英国、法国、意大利等其他欧洲主要经济体，更远高于美国、印度等国家，但这并不表示德国的物价水平高于其他国家，而是由其金融结构形成的。德国是典型的间接融资型金融体系，依靠银行融资而非资本市场直接融资。纵览全表可以看到，间接融资比重高、银行融资占比大的经济体，其货币总量一般也会相对较多，货币总量/GDP 会比较高；相反，若直接融资发达，其货币总量相对就会少一些，货币总量/GDP 也会比较低。

表 3-5 货币存量与 GDP 的比值排名（2012 年）

国家及地区	M2/GDP（%）	排名	国家及地区	M2/GDP（%）	排名
卢森堡	489	1	爱尔兰	175	12
中国香港	328	2	马耳他	170	13
塞浦路斯	271	3	瑞士	168	14
黎巴嫩	242	4	英国	166	15
日本	240	5	法国	159	16
荷兰	232	6	意大利	154	17
葡萄牙	203	7	南非	73	18
西班牙	202	8	印度	68	19
奥地利	186	9	美国	63	20
中国大陆	180	10	巴西	61	21
德国	180	11	俄罗斯	43	22
世界平均	126				

数据来源：笔者根据公开资料整理。

货币存量与经济增量的比较是否有意义或者是否具备可比性，需要进一步理解货币创造的机理。间接融资过程（如发放贷款、购买非银行债券和外汇等）会直接派生存款，由于存款构成了货币统计的主要部分，所以全社会的货币总量也就会相应增长。然而，直接融资过程（如发行和购买股票、债券等）只涉及货币在不同企业和个人之间的转移和交换，货币总量并不发生变化，直接融资的规模越大，货币供应量在全部金融资产中的占比就会越低，从而导致货币总量/GDP较低。概而言之，由于货币由银行体系创造，一个经济体越是依靠银行体系融资，其货币总量就可能相对越多。从国际上看，亚洲经济体普遍较多依赖银行体系提供国内信用，此外由于银行体系购买外汇也投放了大量货币，银行融资占比高导致这些经济体货币总量/GDP 比较高，如 2012 年日本和韩国的货币总量/GDP 就分别达到238.7%和144.3%，显然这与它们的融资结构有很大关系。

因此，德国是典型的间接融资型金融体系，主要依靠银行体系投放货币，因此尽管 M2/GDP 的值较高，但与其控制通货膨胀的货币政策目标并不冲突。

第五节 / 住房的投资收益

德国住房市场具备非常稳定的住房投资回报水平，其租金回报率长期稳定在

4%~5%，而德国金融市场的长期国债收益率仅在 2%~3%（见图 3-18），对于追求长期稳定的投资回报的机构和个人投资者都具备足够的吸引力。与其他投资工具相比，住房投资具备一定的比较优势。如图 3-18 所示，住房投资回报率比同期存款利率高，1995 年以来德国 1 年期存款利率从未高于 4%，基本在 3%以下。从图 3-19 看，住房投资回报率比同期长期国债收益率高，近 10 年德国长期国债收益率震荡下行，目前已经跌至 1.5%的水平（如图 3-20 所示）。

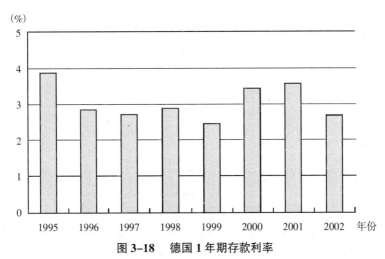

图 3-18　德国 1 年期存款利率

数据来源：欧盟统计局、世界银行、WIND。

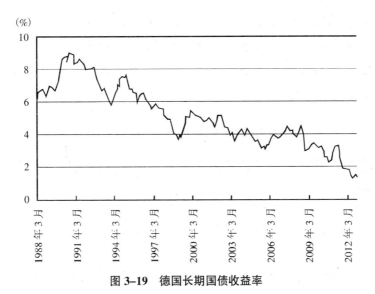

图 3-19　德国长期国债收益率

数据来源：欧盟统计局、世界银行、WIND。

图 3-20 显示，德国住房投资基本能维持 4.5% 的较高收益率，这是德国住房市场能够持续吸引私人进行住房投资的关键因素。从 1997~2009 年德国机构投资者的住房物业经营情况来看，投资回报率基本稳定在 4.5% 的水平，其中房租回报率为 4.0%，房价增值 0.5%。无论是与德国办公物业或是商业物业，还是与国际住房市场的投资回报相比，德国住房市场投资回报都具备较强的稳定性。

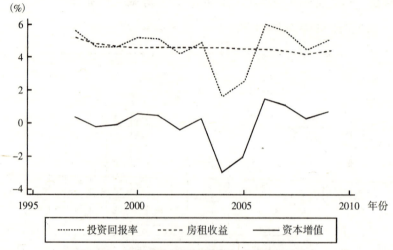

图 3-20　德国住房年投资回报率以房租收益为主

数据来源：Wolfgang Maennig. Understanding German Real Estate Markets. 2012，p.249.

由于德国的房屋租金水平并不低（见表 3-6），整体来看约在 7.5 欧元/平方米/月。以 80 平方米的两居室折算，月均房租成本约 600 欧元，对于净收入水平在 2000 欧元以内的家庭来说负担较重，因此在自由市场租房可能就需要向政府申请租房补助金。

表 3-6　2011 年德国的平均住房租金水平

单位：欧元/平方米/月

地区	净租金	供暖成本	其他杂费	合计
西部（联邦德国）	5.18	1.11	1.50	7.79
东部（民主德国）	4.69	1.07	1.25	7.01
平均	4.96	1.09	1.39	7.44

数据来源：GDW 协会（2011）。

德国专业的住房物业经营机构、普通居民家庭通过长期持有并出售住房时可以获取适当回报。在德国住房交易税费中，大体费用水平是：过户费 3%、评估费 5%、资本利得税 25%，综合来看，一个交易回合约 10% 的水平。德国鼓励长期持有房产，如果房产被持有超过 10 年，那么出售该房产所获得的收益不产生资本利得税。相反，若持有的房产未满 10 年就出售，将严格按照标准的个人所得税累计税率征税，应税资本利得为"房产出售价—取得成本价—可抵扣的修缮成本"。

第六节 / 德国房地产业的地位

一、德国房地产市场具有稳定性

在德国，大多数企业都集中在哪个行业？加工业？零售业、批发业还是餐饮行业？都不是！是房地产行业，2006 年，有超过 70 多万家公司从事着房地产行业。

这些房地产公司创造的总价值将近 3900 亿欧元，是全部新创造价值的 18.6%。而且，这些公司共雇佣了 380 万名员工，是总雇佣劳动力的 10%。除了像出租、中介和管理机构这样的核心部门外，建筑公司、房地产服务如咨询公司，也属于房地产经济的分支。德国房地产经济的发展比机械制造、汽车制造、餐饮业以及批发零售业都要强劲。

由于 2008 年金融危机的影响，世界范围内的财产价格猛烈下降，许多国家的住房价格也经历了剧烈的跌幅。2007 年 1 月至 2009 年 5 月，英国的房价下降了 13%，美国下降了 30%。商业房产也经历了相似的跌幅。西班牙、法国和荷兰的房价跌幅更大。相比之下，德国的房地产市场较为稳定。

德国房地产市场价格出现这种稳定性的原因之一是，20 世纪 90 年代出现的建筑潮。那时候德国出现了大量的建筑行为，其中最为重要的几个原因是：外籍人员大量涌入德国；当时民主德国地区的基础设施很不完善，需要大力改善；国家给出了优惠的税收政策刺激以及德国重新统一引起了一股亢奋潮。1995 年，德国建设了 60 万套住房，办公室大楼以及用于商业行为的房屋面积也达到了历史最高值。这些大量的建筑行为导致的结果是，大部分德国城市建设的房屋供过于求，产生了很多空置房屋，紧接着就导致租金停滞。只有少数几个如慕尼黑和汉堡这样的大城市例外，它们的房屋租金继续上涨。

长期来看，德国的房地产市场是相对稳定的。1971~2008 年，德国的房地产

市场上没有出现什么大起大落的变化，只是在 20 世纪 80 年代出现了较为强劲的价格发展，但后来的价格回落还是较为平稳的。另外，德国也没有出现房地产崩盘。总体而言，在所有经合组织国家中，德国拥有最小的房价波动。其商业房地产亦是如此，1990~2008 年，德国的办公室房地产价格变化在 0.5%~10.5%浮动，而英国却是−22%~23%。为什么会出现这种差别？归根结底在于房地产资助体系。德国实行的是固定利率贷款，而在西班牙和英国，超过 70%的抵押贷款实行的是浮动利率。

二、2008 年金融危机中德国房地产市场的表现

2006 年金融危机和经济危机席卷了美国的住房市场，2007 年欧洲的住房市场也出现了严重的异常，许多国家房价大幅度下降。随后，不同国家的住房市场都在以不同的方式恢复元气，但是进度和模式各有特点。

如果仔细观察 18 个西欧国家的房价发展趋势，可大体分为三种不同类型（见图 3-21）。

第一种类型是经济危机几乎或者丝毫没有影响到房产价格，比如瑞士、奥地利、比利时、德国、瑞典等国家。当然，德国在这一组中是一个比较特别的例子，到 2006 年德国房地产的价格轻微回落，2007 年以来才轻微增长。但是，德国当之无愧地属于这种类型，因为在危机时期，德国的房地产价格没有继续下降，而是在 2007 年以来轻微上涨。

第二种类型是房价上涨的趋势明显变缓，或者在暂时的价格回落之后房产价格又回到危机前的水平。法国、英国、意大利和荷兰均属于这种类型。

第三种类型是房产价格陷入严重的压力之中，并且不断下降，西班牙、希腊和爱尔兰属于这种类型。

虽然遭受了 2009 年经济衰退的严重影响，但德国住房市场已经恢复至危机前的水平。德国公寓价格在 2011 年平均上涨了 2.5%，2012 年更是取得了 5.8%的强劲增长，2013 年平均涨幅超过了 10%。由于 1995~2008 年德国房地产价格持续下降，近几年的德国房价持续上涨应当视为回归正常水平，与泡沫化发展相去甚远。

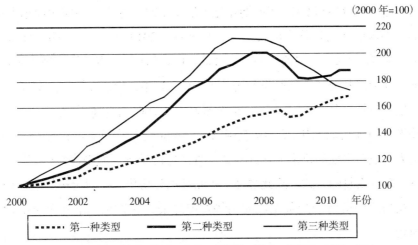

(2000 年=100)

第一种类型：奥地利、比利时、德国、芬兰、卢森堡、挪威、葡萄牙、瑞典、瑞士
第二种类型：丹麦、法国、冰岛、意大利、荷兰、英国
第三种类型：希腊、爱尔兰、西班牙

图 3-21　欧洲三种发展模式

数据来源：BIS、OECD、德意志银行研究部。

第七节 / 德国住房市场近期变化

一、德国房地产价格开始上涨

长期以来，德国住房市场被看做是一个没有吸引力、过度控制和监管的市场，而且在宏观经济条件下，其住房市场的价格并不敏感。

自 2007 年以来，德国住房价格经历了一轮显著上升。德国中央银行（Deutsche Bundesbank）发布警告，德国最大的七座城市尤其受到房价快速上涨的冲击，尽管独栋住宅的涨速仍较为温和，但是公寓价格涨速明显过快。自 2010 年以来，柏林、慕尼黑、汉堡、法兰克福和杜塞尔多夫的公寓价格平均上涨逾 25%。造成这一情况的原因是，在美国和数个欧洲国家房地产泡沫破裂之后，此前沉寂多年的德国房地产市场变得对国际投资者更具吸引力了，欧元区经济低迷所带来的低利率，让抵押贷款利率变得更加可以承受，并促使投资者寻找别的投资渠道，而不只是把钱存到银行里。

2009~2011 年，德国住房的价格明显上涨，超过了通货膨胀率。其 2012 年

第二季度中的价格与 2011 年同期相比上涨了 12%，这个结果使人们越来越担心，是不是德国的住房价格真的会产生价格泡沫。2013 年德国的住房价格第一次超过了 1995 年的水平。之前，一直到 2005 年，德国住房市场的价格普遍处于下降状态，其价格甚至还不到原先价格的 1/5，2010 年，价格才第一次上涨。

这一时期，德国的住房建筑也越来越多，2009 年以来提高了 60%。这种发展并没有引起人们的忧虑。1995 年以来，德国建筑许可证的价值翻了一番。笔者认为，现在出现的价格上涨并不是一种急剧的警示，而是房地产市场一种自我调整、自我恢复的方式。除此之外，扩张性的住房供应也对价格的上升有影响。

在判断住房市场沿着怎样的趋势发展之前，先讨论一下几个影响价格的重要因素。

1. 低利率和贷款增长

20 世纪 80 年代以来，德国的抵押利息下降了，相对于可支配收入而言，本金和利息也下降了。因此，对于德国所有凭借住房贷款买房子的人来说，他们的利息压力还不到 3%。同时，信贷公司遭遇到这样的情况：利息水平下降，可支配收入的增长速度要比房价的上涨快。在房价的上涨上，就可以看出房地产行业的快速发展。

不断降低的低利息是助长价格泡沫的温床。考虑到价格与收入、租金之间的比例较低，德国现在还离这种泡沫状态远得很。从过去 10 年中的经验来看，总结一下，要抵抗价格虚高上涨，就要实行紧缩的贷款政策，严格控制相关金融机构住房贷款的发放。

2. 负债率

除此之外，不论是借款人，还是贷款人都应该承担相应的责任。10 年来，平均每个德国家庭的负债率为国内生产总值的 60%。相比之下，西班牙的平均家庭负债率从 1980 年的 25% 上升到 2010 年的 90%。

过去几年中，德国用于建房、住房的贷款增长较为缓慢。2005 年末，其私有住宅补助政策取消，贷款甚至出现明显的回落现象。2006 年之前，德国私人贷款额的增长高于通货膨胀率，而这种情况在过去几年中正好反过来了，因而，实际上的贷款额甚至降低了。到目前为止，德国住房市场上的房价上涨不能归咎于贷款方面的问题。

3. 资产配置的重新组合

通过采用负实际利率的政策促进经济发展，似乎是德国中央银行采取的一个重要的举措来渡过欧债危机。取得的成果是，德国政府成功地将长期利率和短期利率水平降低到历史最低点。经通货膨胀调整后的利率曲线对于德国的国债有着完全负面的影响。与危机前相比，其储蓄存款和贷款明显变得不再吸引人了。

因此，人们对房地产的投资兴趣越来越大。在出现欧债危机前，10 年期的联邦债券的利润率与租金利润率相当，甚至高于租金利润率。这种情况在 2008 年出现了逆转。在德国，即使在租金利润率很低的城市，其租金利润率仍然明显高于联邦债券利润率。

因而人们对资产配置的重新组合产生了兴趣。德国所有家庭的财产总额为 19000 亿欧元，这是一个庞大的数字，即使不用贷款，凭借这样一个巨额财产，资产重组也会变成哄抬物价的始作俑者。其中，份额最大的当属房地产产值，也就是说，房屋加上用地，达到了 56000 千亿欧元，而金融财产则达到了 47000 亿欧元。

自 2007 年爆发金融危机以来，与金融资产相比，德国房地产的产值迅速增长。尤其是 2008 年金融危机中，德国金融产品价格明显下降，而房地产的价格却明显上升，并且上涨很多。由于继续实行负实际利率，而且金融市场很不稳定，也不安全，所以这种趋势会继续持续下去。

4. 国外投资者

来自工业的相关数据显示，国外投资者对德国的房地产市场也有着浓厚的兴趣。原因在于，从国际上看，德国的房地产价格相对来说是较为便宜的。许多国家的房地产价格明显高于德国。

至于外国投资者究竟在德国的房地产市场上投资了多少，我们不得而知。测量到底有多少资金在欧元区内部流动的"晴雨表"就是德意志联邦银行的支付往来系统（Target2-Salden）。其中也可以显示出，德国向周边的欧洲邻国净出口多少，但是在过去的两年中，有大量外部资金流向德国。据欧洲中央银行的最近报告显示，即使德国现在还没有对外国资本完全开放，但还是有源源不断的外国资本流向德国，使得德国的房地产市场一直欣欣向荣，甚至呈现出加速发展的趋势。

几乎所有的欧元区债台高筑的国家承担着支付系统的支付义务。有大量的资本从西班牙和意大利流向德国，也就是说，尽管意大利的人均收入水平降低了，

但是平均来看，意大利人还是比德国人富裕。南欧国家有意削减财政赤字，但是同时征税的风险又提高了，这个时候，外国资本得到了人们的注意。在慕尼黑、法兰克福、柏林和汉堡这样人口密集型的城市，投资房地产市场是一个不错的选择。

美国的次贷危机、爱尔兰和西班牙的房地产泡沫都促使人们在探讨，德国市场会不会也出现这种房地产泡沫。短期来看，德国的住房市场很正常，目前不存在价格虚高的情况。房价虚高是什么意思？简单来说，就是当房屋销售价格指数高于长期的平均指数时，容易出现泡沫。根据经合组织的报告，德国的房地产市场被低估了20%。它要想到2020年达到长期平均房屋销售价格指数，住房价格得比可支配性收入每年多增长3个百分点。2010年和2011年，德国可支配性收入与房地产价格增长的幅度不相上下，所以到目前为止，房屋销售价格指数只是略微升高。

欧元区内部的不平衡性继续存在，欧洲中央银行通过急速扩张的货币政策，阻碍了南欧的调整进程。房地产市场上的不平衡性降低了。同时，这种调整导致西班牙的房地产价格明显降低，而且通过套利的方式，德国本国的房地产价格上升。

二、德国房地产市场泡沫化的争论

德国房地产价格的哄抬者是那些国内外进行资产重组的人。德国房地产的价格比通货膨胀上涨得快，可能这种发展趋势还会继续，就像欧债危机一直使金融市场存在着高度的不安全因素一样。但是如果要消除欧元区内的经济不平衡，还需要很长一段时间。我们现在面临的问题是，展望到2020年，德国的房地产市场上究竟会不会出现泡沫？

如果房地产价格上涨超出预期，就要开始想对策了。立法者和监督者应该出场了。他们制定出的方针政策应该有这样一个特点，投资者能清楚地知道，在什么情况下、什么时候，会有市场干预。

信息科技行业的经济泡沫、美国的次贷危机、欧债危机，这些经历对当今的投资者有着强烈的负面影响，政府应该竭尽全力，防止再次出现这样的危机。价格泡沫产生的前提条件是，人们没有认识到自己的评估或者说估计是错误的。2007年之前，就有专家警告说，市场上可能存在价格泡沫的迹象，但是大部分投资者并没有对此重视起来，反而忽视这种说法，想要继续从不断上涨的价格中获取利润。如今投资者们从惨痛的经历中意识到，会先产生价格泡沫，然后泡沫破裂、出现危机，而且很难从危机中迅速恢复元气，最后会严重损害投资领域的可持续发展。

出现价格泡沫危机时，国家及早地实行市场干预是必要的。基于这种经验，对抗价格泡沫就变得简单多了。可以鼓励投资者及早从市场中取走自己的盈利。首先，立法者和监督者可以实行一个行之有效的交流策略。在当今的投资领域中，控制或者说调整投资者的期望对市场是大有益处的。

在国际资本市场和房地产市场上存在着大量的抛售和交易，因此，德国的立法者和监管者对此均有较为清醒的认识。不仅德意志联邦银行时刻关切住房市场上的价格发展，联邦议会的议员们也密切关注其价格的发展走向。到目前为止，立法者和监管者除了制定交流策略外，还准备采取如表 3-7 所示措施降低房产的价格。立法者，尤其是联邦和州会采取与市场相应的干预措施，来影响需求方，而乡镇级别政府的措施则会影响供应方。

表 3-7　调控者和立法者可以采取的市场干预措施

机构主体	政策目标	可以采取的措施
联邦银行	减少贷款	1.提高自有资本的风险 2.恢复对市场的调整
德国联邦金融监管局	降低对贷款的需求	提高申请贷款人自有资本额的门槛，可少降低贷款向外发放额
联邦政府	提高大额交易成本 减低租金利润率 削减国家补贴	1.提高支付给公证人的费用，提高支付给经纪人的费用 2.按照租金协议实行的越来越少 3.限制/禁止指数租金 4.每 3 年才可以提出提高租金的要求，目前是每 1 年可以提出提高租金的要求 5.削减对特定建设行为和对加工业的补贴，减少由贷款资助的项目数量
联邦州	提高大额交易的成本	提高土地购买税，目前按照各州不同的情况，德国的土地购买税为购买价格的 3.5%~5%
乡镇	降低需求量	1.提高对土地的征税率 2.降低基础设施的支出 3.安排更多的建筑用地

数据来源：据公开资料整理。

德国各乡镇可以通过各种不同的措施影响需求量。比如，可以间接提高居住和建设资本。因此，购房者就会把这些费用加到他们的总费用计算中，因而会选择价格较为便宜的乡镇居住。乡镇也可以扩建那些不太吸引人的建筑用地，可以

用较少的钱开发建筑用地，减少公共服务，减少公共设施的支出费用，通过以上这些方式来减少人们对住宅的需求量，或者将需求人群引向其他地区。除此之外，可以扩建额外的建筑用地，通过这样的方式来降低房价。

尽管现在可以有很多干预措施，但是在决策层面上，要抑制房地产的繁荣还是不太可能的。为了满足现在对住房的需求而进行的建筑用地扩建，减轻了乡镇的财政压力，而将来可能会再次降价的住房成本落在了个人买房者的身上。同时，假如地方和整个国家都出现了价格泡沫，并且破裂，那么地方上的适应和调整进程要比国家范围内的快并且容易，其中工资水平和竞争力是影响因素。

也可以通过提高土地税和土地购买税的方法进行调控。这种方法在政治层面上会得到大多数人的同意，并且符合降低负债等诸多目的，因而在联邦层面和州的层面上会得到大多数人的同意。联邦中可以征收较高的土地税，这种措施可以看做是变相地征取财产税。

全球房地产泡沫危机一般与贷款的强劲扩张有着紧密的关系。因此，调控贷款额是调控机关的主要任务。既要调控供应方，也要调控需求方。减少贷款，可以通过提高贷款风险，提高申请贷款的人拥有的自有财产的额度（只有拥有超过这个额度的自由资产的人才可以贷款）。减少贷款的另一个方法是，严格控制贷款的数额。但是对银行进行上述监管手段，并不适合于德国的银行，因为到目前为止，没有任何迹象表明，价格泡沫是由贷款引起的。

到目前为止，德国的房地产市场上没有出现价格泡沫，将来出现价格泡沫的可能性也不大。国内外投资者的需求量很大，使得未来几年中德国房地产可能继续以高于通货膨胀率的趋势上涨。同时，德国这个被低估了的市场也开始回归到正常化的轨道上。

笔者认为，德国的房地产是一个理想的投资领域，第一，与诸多其他国家相比，德国的市场不仅在今天被低估了，而且即使在历史上也是如此。第二，欧债危机和欧洲中央银行提供的大量的流动资金提高了人们对价值稳定的实物的需求。这两点为房地产价格的继续上涨打好了基础。第三，人们在全球的金融和资本市场上活跃地进行着交易行为，这就需要立法者和调控者时刻保持清醒，在紧急情况下，进行市场干预。从长远来看，只要严格监控市场，时时保持警惕，产生价格泡沫和泡沫危机的概率还是很低的。

第四章

/

均衡:

城镇化与德国房价

　　什么因素决定了人口的流动？在经济社会发展过程中，人口流动的驱动力是产出效率，表现为就业人口由产出低的部门流向产出高的部门，或者说是由低的劳动生产率部门向高的劳动生产率部门转移，直观看是由农业部门流向工业和服务业部门。同时，在人口流迁的过程中，也伴随着工作方式的升级，即使依然在农业部门工作，其生产效率也有不同程度的提升，由于农业就业人口的流出，更少的农业就业人口可以更多地或高程度地使用机械化操作，这个过程其实是农业劳动力价值提升的过程。一个典型例证是：美国 1950 年一个农业劳动力只能养活 10 个人，到 1994 年则能养活 95 个人，劳动生产率提升了近 10 倍。农业现代化的重要标志就是农业生产效率的极大提升，否则依靠传统的人力劳作，无法实现现代农业产业的转型。

　　工业革命开启了人类由农耕社会向工业社会转型的新时代，一个重要标志就是人口的加速城镇化聚集。现代工业的主要特征就是聚集化发展、集群化发展，注重工业配套，从而使得生产成本大大降低。城镇化使得人类生产生活方式的范围得到极大扩展。城市作为创新和创造性工作汇聚之处的重要性，在于城市能够汇聚多种多样的人力资本，并降低这些拥有不同知识和技能的人的互动沟通成本，有利于激发新的创造。衡量工业化的进程，有两个直观指标：一是非农业产出占国民经济的比重；二是非农就业人口占总就业人口的比重。就德国而言，其经济产出结构中，第一产业产值占比不到 5%；就业人口占比不到 1%。这反映了在工业化进程中，由于人口的就业方式产生了重大变化——人口自然而然地聚集到城镇，所以构成了以工业和服务业为主要的就业形态。

第一节 / 全球工业化和城镇化的基本规律

典型发达经济体在经济快速增长阶段都是工业化与城镇化双轮驱动。没有工业化，生产效率无法有效突破，生产效率或者技术进步的迟缓，无法将庞大的农业人口从土地劳作中解放出来，这是中国农业社会存续数千年，但始终没有本质突变的重要因素。没有足够的非农、非工劳动力以及广阔的市场，也就不会衍生出强大的第三产业。城镇化是基于工业生产和流通的低成本需要自然而然产生的人口聚集过程，是伴随和配合工业化而生的。钱纳里和库兹涅茨的研究可以明确地支持这一观点。他们的工业化和城镇化的经验研究（见表4-1）认为，工业化的不同阶段所对应的人均收入、产业结构和城镇化率存在很大差异，随着产业结构的升级，第二产业的比重逐步增加，城镇化率也在逐步上升。

发达经济体实现城镇化所走过的路程，是在人均收入持续增长的基础上，实现产业结构的升级和转型。工业产出总份额下降，低附加值的行业或企业由于无法与更低成本的新兴经济体展开竞争而被逐步淘汰或转移，留存下来的普遍拥有"高精尖"技术壁垒或其他独特的竞争优势，比如技术专利、品牌历史、品质依赖等。服务业与贸易业产出份额大幅上升，第三产业产值份额达到70%以上，其中最关键的是拥有庞大的受过良好教育和培训的人才储备，相比第一产业依赖土地要素，第二产业依赖土地、资本、工业技术要素，第三产业是基于第二产业的优势，进而分化和衍生出需要更多专业知识技能的服务性行业。比如，生产服务业，需要对生产流程有深刻理解，并能以更低成本提供更多附加价值的服务；生活服务业在互联网时代更是取得了前所未有的突破，这一切都是基于充分发挥人力资本优势的行业，也只有在城镇化达到较高水平之后，才有低成本的市场得以运用。

美国、日本、英国等发达经济体的发展历程都具有这样的特征：生产效率大幅提高，导致在第一产业部门中的就业人数减少，第二产业部门劳动力就业比例逐渐减少。在一定程度上，这些工作岗位可以由第三产业部门的巨大扩张来替

代。第三产业得以扩张的两个前提：一是来源于各种各样的教育发展，人力资本的作用越来越大；二是第一产业和第二产业的劳动生产效率大幅提升。就业结构的转变，是经济结构的直接表现。以贸易服务业、制造业为主的经济结构，其就业人口绝大部分是居住于城区或近城区。人口的分布表现为就业现代化、居住城镇化、就业城镇化。表4-1总结了钱纳里和库兹涅茨对于工业化不同发展阶段的若干指标的总结。

表4-1　钱纳里和库兹涅茨的工业化标准

指标＼时期	工业化准备期	工业化初期	工业化中期	工业化成熟期	后工业化期
人均GDP（美元）	140~280	280~560	560~1120	1120~2100	2100~3360
三次产业产出比例（%）	一产>32.7 二产<28.6 三产<38.4	33.7 29.0 37.7	15.1 39.4 45.5	14.0 50.9 35.1	一产<14.0 二产<50.0 三产<36.0
三次产业就业比率（%）	一产>63.3 二产<17.0 三产<19.7	46.1 26.8 27.0	31.4 36.0 32.6	24.2 40.8 35.0	一产<17.0 二产<45.6 三产<37.4
城镇化率（%）	<32.0	36.4	49.9	65.2	>68.2

数据来源：[美]钱纳里等.工业化和经济增长的比较研究[M].牛津大学出版社，1986；[美]库兹涅茨.现代经济增长[M].戴睿，易诚译.北京：北京经济学院出版社，1991.

　　根据诺瑟姆的城镇化发展的"S形"曲线规律①（见图4-1），城镇化在突破30%之后，进入快速城镇化的阶段，在突破70%之后，城镇化进程基本结束并趋于稳定。在快速城镇化（30%~70%）的阶段，往往伴随着经济快速增长，否则就无法支持更高的城镇化水平。在快速城镇化和经济高速增长阶段，住房需求的两大变量——新增城镇人口数量和城镇居民收入，同时保持强劲增长，住房需求持续高涨；在供给方面，随着城市经济的发展，土地要素价格、各类原材料和劳动力成本也会随之快速上升。这种局面下，住房均衡价格水平很自然地被推高到更高的位置。因此，城镇化阶段、经济增速存在紧密联系，这两者的交互影响对住房市场的影响不言而喻。

　　城镇化水平低于30%时，该经济体显然还未完全迈入工业化和城镇化进程，70%以上的人口依然居住和生活在农村区域，收入水平的提升着实有限，整体工业化产出份额依然不高，城镇住房市场发展自然较为缓慢，对住房市场的冲击小。

――――――――――

　　① 美国城市经济学家Northerm发表的著名文章，提出城市不同发展阶段的增速差异。

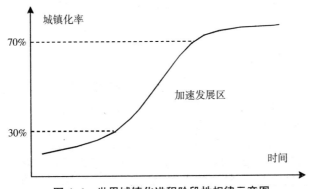

图 4-1 世界城镇化进程阶段性规律示意图

数据来源：笔者整理。

城镇化水平超过 70% 后，住房市场的发展已经趋于成熟，此阶段的特征是农村可转移劳动力已经很少，人口的流动性表现为城市之间的流动，这一特征与此前快速城镇化时期农村向城市转移的强度存在很大差异。随着不同城市之间的经济竞争，城市繁荣或衰落，产业新兴或淘汰，人口迁入或流出，住房市场的区域结构差异化发展逐步成为主流。

城镇化水平处于 30%~70% 的中间状态是否能够继续向上突破，取决于经济体增长的可持续性。目前观测到的发达经济体，均成功实现了从 30% 到 70% 的城镇化飞跃，而且人均收入能够突破"中等收入陷阱"的魔咒。但是也存在部分城镇化失败的案例，如南美的墨西哥、阿根廷、巴西等，虽然城镇化水平很高，但是由于经济体制的约束，产业竞争力和多样化不足，人均收入增长乏力，始终未能有效突破中等收入区间。因此，判断一国城镇化率水平是否能够持续提升变得十分关键。这其实反映的一个本质问题是，如何保持经济体的可持续性增长？如何避免经济增长失速？当人口大量聚集于城市中，如何能够始终达到充分就业。综观城镇化失败的案例国家，我们可以看到，均是由于产业竞争力不足，使得就业问题成为困扰收入增长的最大"瓶颈"。

2010 年，全球人口已经突破 70 亿人，其中约 51% 的人口居住在城市，这是人类有史以来第一次有超过一半的人口居住在城市，全球城市人口达到 35 亿人，且城市汇聚之处创造了超过 80% 的世界 GDP，这是人类历史上从未有过的伟大成就。而就城镇化的分布来看，世界主要国家的城镇化水平均位于 50% 以上。

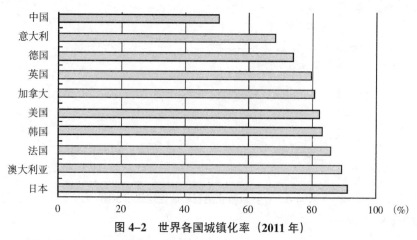

图 4-2　世界各国城镇化率（2011 年）

数据来源：《联合国世界城市发展报告》(2012)。

从世界城镇化水平的分布情况看，按四分位划分：第一档是西欧、北美、日韩、南美大部分国家，城镇化水平在 75% 以上；第二档是东欧、中亚、俄罗斯、中国、非洲领先国家，城镇化水平在 50%~75%；第三档是南亚、东南亚诸国、非洲大部分国家，城镇化水平在 25%~50% 的上升阶段；第四档是世界贫困国家，主要集中于非洲，城镇化率不足 25%，基本处于传统农业社会阶段。

从全球城镇化的发展轨迹看，笔者主要关注两个维度。

第一是全球的总人口规模。"二战"后全球经历了人口增长最快时期；1960 年全球人口为 30 亿人，而 2012 年突破了 70 亿人，累计净增加 40 亿人，每增加 10 亿人所需要的时间平均在 13 年左右，速度非常快。但是，老龄化的到来以及逐步走低的生育率正在使人口增速趋势性下降。根据联合国人口组织的预测，全球突破 80 亿人可能在 2018 年；突破 90 亿人规模可能在 2054 年（见表 4-2）。

第二是全球城镇化率水平。应该说，全球城市人口扩张的速度也非常快。1960 年全球城镇化率为 35%，2012 年是 51%，对应的城市人口规模从 14 亿人增长至 35.7 亿人，累计新增城市人口规模 21.7 亿人。如果从 1960 年以来计算，平均新增人口中，一半是城镇人口。

表 4-2　世界人口与城镇化率

年份	世界人口（亿人）	每增加 10 亿人的时间（年）	城镇化率（%）
1804	10	—	—
1927	20	123	—

续表

年份	世界人口（亿人）	每增加10亿人的时间（年）	城镇化率（%）
1960	30	33	35
1975	40	15	39
1987	50	12	42
1999	60	12	48
2012	70	13	51
2028	80	16	60
2054	90	26	70

数据来源：（1）［意］马西姆·利维巴茨.世界人口简史（第三版）［M］.郭峰，庄瑾译.北京：北京大学出版社，2005.
（2）联合国：《世界人口展望》。

根据联合国全球城镇化展望的预测（见表4-3），2030年北美和南美城镇化率将达到80%以上，欧洲和澳洲将达到70%以上，亚洲将达到55%左右，非洲也将接近50%达到47.7%左右。未来20年的变化，主要体现为发达国家整体处于从80%以下向80%以上的继续提升，亚洲国家处于从50%以下向50%以上的飞跃。

表4-3 全球主要地区城镇化率展望

单位：%

主要地区	1950年	1970年	2011年	2030年	2050年
非洲	14.4	23.5	39.6	47.7	57.7
亚洲	17.5	23.7	45.0	55.5	64.4
欧洲	51.3	62.8	72.9	77.4	82.2
拉美和加勒比地区	41.4	57.1	79.1	83.4	86.6
北美	63.9	73.8	82.2	85.8	88.6
大洋洲	62.4	71.2	70.7	71.4	73.0

数据来源：《联合国全球城镇化展望》（2012）。

伴随世界经济增长，城镇化的持续提升已经是全世界人口流迁的必然趋势。这也是各国向现代工业、现代农业、现代服务业持续转型的必然要求。在新技术、新经济模式下，传统农业的作业模式是被革命的对象，新增人口也将持续向城市聚集。然而这一过程，对于城市住房产业的影响是趋势性的。如何认识世界住房产业的演变进程，研判人口的规模总量及其分布和流迁极为重要。

第二节 / 德国的工业化和城镇化进程

与全球城镇化发展轨迹相似，德国是在工业化和城镇化的基础上完成全国人口流动和城市布局的。肖辉英（1997）指出，德国城市的崛起与工业化几乎同步进行。工业革命开始之后，整个德国的经济结构都发生了巨大变化，农业人口向工业、商业和服务性行业流动。大批劳动力从农村转移到城市，又加速了德国工业化和城镇化的发展进程，从表4-4可以看到德国就业人口整体变动的大体状况。

表4-4　德国就业人口的产业结构分布

单位：%

年份	农业	制造业	贸易服务业
1882	43	34	23
1907	35	40	25
1925	31	41	28
1939	25	41	34
1950	22	45	33
1961	14	48	28
1970	9	49	42
1980	5	45	50
1990	3	40	57
2000	3	29	68
2010	2	28	70

数据来源：[德] 罗尔夫·H.哈塞等主编. 德国社会市场经济辞典（第二版）[M]. 王广成译. 上海：复旦大学出版社，2009.

德国经验的特点如下：

第一，农业就业人口持续萎缩。德国农业部门就业人口占总就业人口的比重不足2%，而在工业化起步之初的1882年这一比重高达43%。当然，这个持续下降的过程不可能一蹴而就，期间跨度长达数十年甚至上百年，既体现为农业社会向工业社会的转变，也体现为劳动力从农间土地劳作向城市工厂、办公楼、商贸等部门的转移。

第二，制造业就业人口在1950~1970年迅猛增长，主要得益于德国产能的重建以及世界市场的兴盛。目前工业产值占德国GDP的25%。1907~1990年的整个时段，制造业就业人口均在 40% 以上，个别年份达到了 50%，目前已经降至 30% 以下。2010 年其全国就业劳动力约 3800 万人，其中 800 万人在工业企业中工作，就业人口占比约 20%。重工业是其核心产业，其中最主要的工业行业是：道路车辆制造、电气工程、机构制造以及化学工业等（见图 4-3），德国在这些领域的产业竞争力一直处于全球的领先水平，围绕这些高精尖的技术部门，衍生出的众多中小企业部门差异化、多层次的生产服务体系，也在很大程度上聚集了众多科研和技术人才。

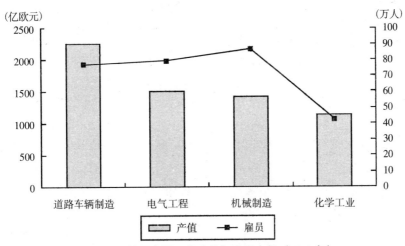

图 4-3　德国主要工业产值与雇员人数（2010 年）

数据来源：德国联邦统计局。

第三，贸易服务业的崛起。2010 年德国服务业的产值分别为商业、旅店业、交通运输业，合计 3851 亿欧元；金融业、租赁业、企业服务业，合计 6816 亿欧元；其他私人服务业约 5288 亿欧元；分别占国内生产总值的 15.4%、27.3%、21.2%，合计产值 15955 亿欧元，占 GDP 的 63.9%，第三产业的产值接近 2/3。从 20 世纪 60 年代开始，德国制造业就业人口比重进入下降阶段，贸易服务业的吸引力持续上升，就业人口的产业结构分布表现出由制造业向贸易服务业的经济转型，贸易服务业就业人口比重持续上升，且这个转型的过程一直持续到现在，目前德国就业人口比重达到 70%，经济逐步从制造业向服务型经济转型（见图4-4）。

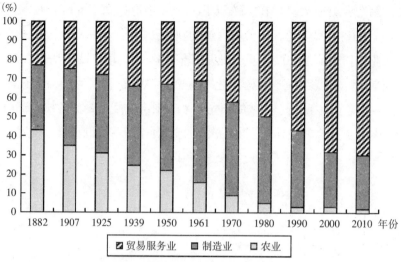

图 4-4　德国就业人口的产业结构分布

数据来源：[德] 罗尔夫·H.哈骞等主编.德国社会市场经济辞典（第二版）[M].王广成译.上海：复旦大学出版社，2009.

对比各主要行业的产业增加值和就业人口，除了加工制造业在增加值和从业人数两项指标领先外，处于第二位的就是全口径的房地产行业的增加值和从业者（见图 4-5）。由于房地产行业是重资本行业，故人均增加值更高，人均效率更高。

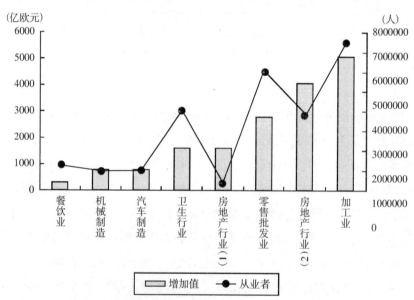

图 4-5　德国主要行业增加值和就业人数（2006 年）

注：房地产行业（1）指国际标准的口径；房地产行业（2）指主要的口径。
数据来源：德国统计局、德国科隆经济研究所（IW）。

回顾德国城镇化的发展历程，与产业结构变动相匹配，德国的城市布局相对合理，城镇化进程中形成大中小城市并行发展的状态，大城市为龙头，但不显得过分突出，中小城市星罗棋布，小城镇遍布全国各地。正因如此，德国的人口流动方式和流向呈分散型，农业劳动力的转移没有出现过分集中的局面。这一切对德国各省、地区经济相对均衡发展，对防止地区社会经济发展的两极分化或畸形发展及缩小城乡之间、贫富之间的差距都有不可低估的作用。德国从19世纪中叶开始的城镇化痕迹至今依稀可见，形成了今日德国城市的基本框架。

从城市发展的历史看，德国的城镇化经历了以下五个阶段。

第一阶段：1815~1840年，城镇化兴起的准备阶段。这一时期，德国的农村人口依然多于城市居民，农业产值在整个德国国民经济中占绝对的支配地位。尽管如此，其农村剩余劳动力，尤其是东部农业区的人口逐渐向城市转移，城市的经济开始获得较快发展。有些大中城市已初具规模，例如，柏林人口17.2万人、汉堡13万人、科隆5万人、慕尼黑3万人。它们都是德国城镇化的基础，有一定的文化基础和商业设施，有比较发达的工场手工业。同期，德国的小城市也有所发展，分布比较广。

第二阶段：1840~1871年，德国城镇化迅速发展的阶段。这一时期，德国西部的一些城市发展很快，东部一些城市人口增长已经超过农村人口增长的速度，大批农村劳动力转移到城市。因为工业革命以来，德国工业的发展首先集中在城市和原料产地，城市中的工业部门能够给农村流动人口提供工作岗位，为他们创造生存和发展的机遇。例如，鲁尔、莱茵地区的新兴工业区、柏林地区曾经是手工业较为发达的地区，工业革命后已明显地呈现出城镇化的新面貌，成为工业、商业集中的地区。同时，这些城市不断沿公路、铁路线向外扩展，城市面积不断扩大，人口也迅速增加。在一些较大的城市里，人口增加更突出。

第三阶段：1871~1913年，这一时期是德国城镇化极大繁荣和发展的时期，各联邦城市经济也蓬勃发展，人口迅猛增加，有相当一部分城市的人口已经超过10万人。为了加强对外来农村人口的管理，很多城市根据生产发展的需要，划分为工厂区、住宅区、商业区等。商业区大多位于城内区，或工业较集中的地区，这些城市逐渐发展为综合性的大都市。德国城镇化的第三阶段也可谓其城镇化的鼎盛时期。工业城市从农村获得大批劳动力，进一步促进了工业发展，与此同时，一些手工业、商业、服务性行业为主的城市人口也不断增加。不仅工业化

带动城市的发展，人口流动也为城市的发展创造了良好的条件。1871年以后，德国的城镇化以普鲁士的莱茵省和萨克森尤为突出。在城镇化进程中德意志帝国人口增加了约58%，从1815年的4110万人增加到第一次世界大战前的6490万人。在1万户居民以上的城市里居住的人口比例从1871年的12.5%增加到1910年的34.7%。德国10万人以上的大城市占其总人口的比重，1871年为4.8%，而到1910年这一比重达到了21.3%，越来越多的德国人集中生活在了柏林、慕尼黑等大城市。在城镇化过程中，由于资源、交通及历史条件的影响，德国西南部和中部城市相对偏多，北部和东部较少，但未出现布局明显失衡状况。虽然德国也出现了一些大城市，如柏林、汉堡、慕尼黑等，但无畸形发展的现象。

第四阶段：20世纪60年代就已经实现了高水平城镇化。历经了1864年对丹麦的战争、1866年普奥战争和1870年普法战争后，德国于1871年实现了民族统一。统一后的德国，伴随第一次工业革命，直接步入工业化和城镇化发展的快车道，城镇化水平迅速提高，其城镇化率由1871年的36.1%上升到了1910年的60%。在第一次世界大战之前，德国就已经成为高水平的工业化和城镇化国家。1871~1910年这40年的快速城镇化过程中，大量农村人口向附近城市流动，造成城市住宅供应不足，刚刚进入城市的流动人口购买力不足，很少人能购买固定住房，大部分人只能依靠租赁房屋生活，使得租房市场也出现供需失衡。

第五阶段：1960年以来，德国乡村居住人口始终稳定在2080万~2200万人的狭窄区间，但农业就业人口占总就业人口的比重不足2%，体现为"居住乡村化、就业非农化"的特征（见表4-5）。

表4-5 德国城市化的历史进程

年份	总人口（万人）	农村人口（万人）	城镇人口（万人）	城镇化率（%）
1871	4105.9	2623.7	1482.2	36.1
1880	4523.4	2650.7	1872.7	41.4
1890	4942.8	2842.1	2100.7	42.5
1900	5636.7	2570.3	3066.4	54.4
1910	6492.6	2597.0	3895.6	60.0
1960	7254.3	2076.2	5178.1	71.4

年份	总人口（万人）	农村人口（万人）	城镇人口（万人）	城镇化率（%）
2010	8180.2	2141.6	6038.6	73.8

数据来源：(1) 科佩尔·平森. 德国近现代史 [M]. 北京：商务印书馆，1987：303.

(2) 陈丙欣，叶裕民. 德国政府在城镇化推进过程中的作用和启示[J]. 重庆工商大学学报（社会科学版），2007 (3).

(3)《德国统计年鉴》(2011)。

从城市发展的特征看，德国有如下几个特点：

第一，德国城镇化速度快。从第一阶段到最后的城镇化基本完成，德国用了近百年时间，如果不算发展较为缓慢的前城镇化阶段，实际上德国从农村人口占绝对优势地位发展到城镇化基本完成阶段，仅仅用了 50 年。在短短几十年里，大中小城市如雨后春笋般兴起，城市在国家经济和社会生活中逐渐唱起了主角。到 1910 年，德国已经基本实现城镇化，全国总人口规模在 6000 万人左右，而城市人口占比已经达到 60%，到第一次世界大战前夕的 1913 年，德国的社会生产总值已跃居世界第三位。此时距德意志帝国的统一（1871 年）才不过 42 年。

第二，经济发展与基础设施建设和社会保障不断完善密切相关。工业革命后，德国西部和南部尤其是鲁尔区和洛林—阿尔萨斯区大批以采矿冶炼为主的城市，如杜塞尔多夫、多特蒙德、亚琛、杜伊斯堡等城市迅速发展。在城市和工业区发展的背后，是大量铁路、公路的建设，河运、海运航线的开通和繁荣，城市和工业的承载能力随着生产力的发展而增加，使得数以百万计的农村人口转移到城市成为可能，同时也为城市和工业的进一步发展提供了条件。与承载人口的城市容纳能力相对应，城市居民的生活保障也是德国政府和社会一直努力健全和维护的，1855 年普鲁士通过了《穷人权利法规》，以法律的形式规定了社会救济穷人的义务，随后德国大部分地区也实施了类似的法律。19 世纪 80 年代，《疾病社会保险法案》、《意外灾难保险》、《老年和残疾保险法》强制对所有雇佣劳动者实行统一的社会保险，建立起全面的社会保障体系，之后的社会保障立法都是对已有法律的补充和完善。社会保障体系为公民解除了生活的后顾之忧，进一步解放了生产力，使德国社会向现代文明迈进了一大步。

第三，城镇化以中小城市为主。德国不乏经济、人口非常集中的大城市和工业区，比如柏林、慕尼黑等以及莱茵—鲁尔区，但德国也非常重视均衡发展。劳动力转移也是以就近转移为主，流向较为分散，德国的中小城市才是城镇化的

主体。目前，德国有接近 2600 万人居住在人口 10 万人以上的大城市，而多达
4970 万人生活在人口在 2000~10 万人的小城镇。人口能够留在小城镇而不至于
过度向大城市流入的原因在于众多中小城镇可能支持中小企业的差异化发展。
其中一个特点是，德国的家族式企业有很大占比，而它们的模式更多的是技术
传承。

第四，德国的城镇化进程深受民族统一的政治影响。两德统一之前，德国长
期四分五裂、城邦割据，阻碍了其国内统一市场的发展和近代化的推进。但是自
19 世纪中叶德国受到工业革命的浪潮推动之后，特别是普法战争胜利后获得了
资源丰富的阿尔萨斯和洛林地区以及大量战争赔款为德国经济注入了一针"兴奋
剂"。统一后的德国，政治上空前稳定，并为城市的发展消除了许多障碍。例如，
统一的德国在许多方面制定了统一的经济法规，统一了度量衡制，在全国绝大部
分地区建立了统一的币制，成立了中央银行。这一时期，德国大城市的发展很
快，1871~1910 年，柏林、汉堡、慕尼黑等八大城市人口有了大幅度增长。1910
年柏林拥有 200 多万人口，成为欧洲第三大城市和世界第五大城市。全德国人口
6492.6 万人，农村人口占 40%，城镇人口占 60%。

在德国迅速完成城镇化的过程中，可以对比 1910 年和 1817 年的人口分布
（见表 4-6）。从表 4-6 可以看到，1871 年，德国 64% 的人口分布于人口规模在
2000 人以下的乡村，也就是说绝大部分人口依然以农业劳作为主要的生产生活
方式，23.6% 的人口分布于人口规模在 2000~10000 人的小型城镇，总体上均处于
典型的农业自然经济的状态。而至 1910 年，10 万人口以上的城镇人口占比达到
21.3%；1 万~10 万城镇的人口占比也达到了 13.4%。很明显的趋势就是人口从分
散走向集中，从微小城镇向大中型、中小型城镇流入。

表 4-6 1871~1910 年德国城镇人口占全国人口的比重

城镇规模等级（人）	城镇人口占全国人口比重（%）	
	1871 年	1910 年
10 万以上	1.8	21.3
1 万~10 万	7.7	13.4
2000~10000	23.6	25.4
2000 以下	63.9	39.6

数据来源：[德] 沃尔夫冈·克尔曼. 工业革命时期的人口 [M]. 哥廷根大学出版社，1974：71.

第三节 / 德国城市群发展

德国城市群以其分散化、均衡化、特色化的特点深受赞赏。根据 2006 年德国官方公布的数据，德国共有 11 个城市群，人口合计 5774 万人，占其 8022 万人的 71.98%，基本覆盖了德国城市人群；人均 GDP 29412 欧元；GDP 产值 16980 亿欧元，占全德国 GDP 的 73.14%；聚集了全德国 37 家世界财富 500 强企业中的 34 家。

图 4-6 显示了德国城市体系的整体特点是多核心均衡发展，而与之对比的是法国的城市分布情况。德国形成了南部慕尼黑；西南部斯图加特；西部法兰克福、科隆、波恩；西北部的鲁尔区、汉堡；东部的柏林、德累斯顿、莱比锡等大型中心城市，众多中小型城市围绕这些中心城市形成了连片的城市群。

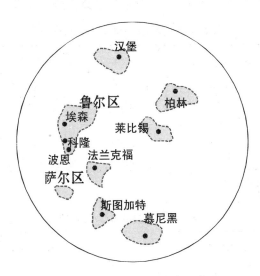

图 4-6　德国主要城市群分布示意图

数据来源：根据公开资料整理。

城市群的发展以产业发展和配套为核心。德国城市均衡化发展，很大程度上得益于不同中心城市的特色产业、城市的差异化发展。产业集群是城市集群的基础，集群优势是德国提升产业竞争力的重大策略。以鲁尔区为例，其煤炭和钢铁

产业成为夕阳产业之后，在政府的引导和支持下，鲁尔区开始向高科技与文化服务中心转变。其他比较有名的产业集群有：巴登—符腾堡州的汽车工业（以州首府斯图加特为中心）、周边地区的机器及装备制造产业链，慕尼黑地区的高科技和汽车产业，德累斯顿（莱比锡）周边的"芯片区"，柏林—勃兰登堡地区的生物工程集群，图特林根地区的医学技术研发区，法兰克福的金融服务业，科隆的展览业，汉堡的港口经济、航空航天产业群等。

城市发展是否均衡是促进劳动力合理流动并带来资源有效配置的关键。德国城镇化的最大特点是城市发展的分散化和均衡化，表4-7、表4-8和表4-9的数据显示，德国第一大城市柏林都会区人口约426万人，仅占其全国总人口的5.2%，远低于其他欧洲大国。就50万人口及以上的大中城市个数统计而言，德国与意大利分别为18个和17个，而英国与法国仅为4个和5个。这主要源于德国历史长期以来的城邦制格局，而且，德国的统一发生在第一次工业革命开始之后，城邦之间经济竞争已经自发地形成了差异化的工业产业格局。另外，其城镇体系相对分散，各个城市对居民的就业和居住都起到了分散的作用。

表4-7　德国第一大城市人口比重

国别	总人口（万人）	第一大城市	都会区或大区人口（万人）	占其国内人口的比重（%）
法国	6500	巴黎	1206.70	18.56
英国	6226	伦敦	827.83	13.30
意大利	6081	米兰	755.00	12.42
西班牙	4719	马德里	560.30	11.87
德国	8200	柏林	426.20	5.20

数据来源：各国统计资料。

表4-8　德国城镇布局分散化

国别	总人口（万人）	大中城市个数（个）	国家统一时间	第一次工业革命开始时间
德国	8200	18	1871年	19世纪30年代
意大利	6081	17	1861年	19世纪中期
法国	6500	5	8世纪初	19世纪30年代
英国	6226	4	1700年左右	18世纪60年代

注：大中型城市定义为50万人口及以上规模城市。
数据来源：根据维基百科资料整理。

表4-9 德国各州人口数量（2010年6月末）

州名	州府	面积 （平方公里）	面积占比 （%）	人口（人）	人口占比 （%）
北莱茵—威斯特法伦	杜塞尔多夫	34043	9.5	17845154	21.8
巴伐利亚	慕尼黑	70549	19.8	12538696	15.3
巴登—符腾堡	斯图加特	35752	10.0	10753880	13.2
下萨克森	汉诺威	47618	13.3	7918293	9.7
黑森	威斯巴登	21115	5.9	6067021	7.4
萨克森	德累斯顿	18416	5.2	4149477	5.1
莱茵兰—普法尔茨	美因茨	19847	5.6	4003745	4.9
柏林	柏林	892	0.2	3460725	4.2
石勒苏益格—荷尔斯泰因	基尔	15763	4.4	2834259	3.5
勃兰登堡	波茨坦	29477	8.3	2503273	3.1
萨克森—安哈尔特	马格德堡	20445	5.7	2335006	2.9
图林根	埃尔福特	16172	4.5	2235025	2.7
汉堡	汉堡	755	0.2	1786448	2.2
梅克伦堡—前波美拉尼亚	什未林	23174	6.5	1642327	2.0
萨尔	萨尔布吕肯	2569	0.7	1017567	1.2
不来梅	不来梅	404	0.1	660999	0.8
德国	柏林	356991	100.0	81751895	100.0

数据来源：Federal Statistical Office of Germany。

德国最负盛名的五个大城市群为汉堡、柏林、杜塞尔多夫/科隆、法兰克福和慕尼黑（见表4-10），其人口占到全国总人口的10%左右。

表4-10 五大城市基本情况

城市	城市人口（人）
慕尼黑	1330440
法兰克福	671927
柏林	3439100
汉堡	1769117
科隆	1017155

数据来源：德国联邦统计局。

除五大城市群外，还有其他区域中心城市（见表4-11），这些核心城市与区域中心城市共同组成了德国特色的城市群落，它们共聚集了一半以上的德国人口。

表 4-11 德国城市群的人口集聚效应

城市名称	地理位置	人口数（万人）	简介
莱茵—鲁尔城市区	西部	1117	科隆位于莱茵河畔，是北威州最大的城市，位于德国最西部。在德国年轻人当中，科隆和杜塞尔多夫以丰富的夜生活和开放的氛围远近闻名
法兰克福莱茵—美茵地区	西南	580	法兰克福是德国以及欧盟的经济和金融中心。在德国，法兰克福以浓厚的商业导向闻名
柏林/勃兰登堡区	东北部	490	柏林是德国的首都，也是德国最大的城市，位于德国东部，是欧洲最具活力的城市。同时，柏林也是欧洲第三大旅游城市
慕尼黑地区	南部	470	慕尼黑拥有德国最高水准的生活水平。无论是在城市，还是在乡村，各种各样的体育活动和休闲活动让人眼花缭乱。慕尼黑非常富饶，是德国的经济发动机
汉堡	西北部	430	汉堡是自由市，也是德国第二大城市。其海港贸易、民用机构历史悠久，是欧洲第二大港口。汉堡的夜生活特别丰富，在著名的圣保利区附近有很多音乐中心。根据欧盟统计局的数据，汉堡是德国最富有的城市
南下萨克森：汉诺威、不伦瑞克、哥廷根、沃尔夫斯堡	北部	390	下萨克森的南部，位于鲁尔区和柏林之间，汉堡以南，是德国重要的物流、工业中心
莱比锡、哈雷、德累斯顿（萨克森三角）	东部	350	它也被称为英雄之城，就是在莱比锡发生了1989年的革命，推翻了柏林墙。如今整个城市面貌焕然一新，是欧洲建筑艺术最密集的市场，拥有许多充满活力的酒吧，而且经济增长速度最快
斯图加特	西南部	350	斯图加特以研发、创新和工业闻名。工业领域中的许多国际性大公司都位于斯图加特。这里与斯图加特人脚踏实地的态度形成了鲜明的对比。在这儿流行这样一句口号：我们擅长一切，除了标准德国
不来梅、奥尔登堡区	西北部	240	它位于德国的西北部，主要包括的城市有：不来梅市、代尔门霍斯特和奥尔登堡，还有北海北角的威廉港和不来梅港的城市，平稳过渡到大都市汉堡
城市群合计		4417	

数据来源：根据 http://en.wikipedia.org/wiki/German_population 数据整理。

第四节 / 德国城镇化对其住房市场的影响

一、高水平的工业化和城镇化

第一次世界大战之前，德国就已经成为了高水平的工业化和城镇化国家。在1871~1910年这40年的快速城镇化过程中，德国大量农村人口向附近城市流动，造成城市住宅供应不足，刚刚进入城市的流动人口购买力低，很少人能购买固定住房，大部分人只能依靠租赁房屋生活，使得其租房市场也出现供需失衡现象。

从德国的城镇化进程来看，1960年其城镇化率为71.38%，2010年上升至73.94%，50年间仅累计增长2.56%，说明德国城镇化水平已经处于高水平均衡状态（见图4-7）。

从工业化进程来看，其农业就业人口占总就业人口的比重极低且仍在持续下滑，从1991年的4.2%持续下滑到2010年的1.60%。如果从人口就业的角度理解，那么德国城镇化水平已经至少超过了95%。

德国人口扩张的两个阶段因素不同，20世纪70年代中期以前，由自然增长驱动，此后由移民驱动。国际移民特别是投资移民通常会选择移民地的大中城市，所以德国城镇化率的提高主要是基于外来移民增加了城市人口所致。

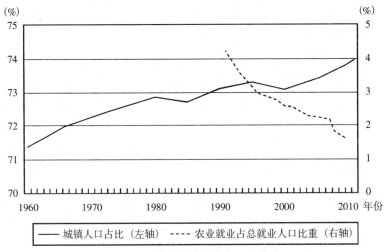

图 4-7 德国城镇化率与工业化率

数据来源：国际清算银行（BIS）。

1960 年以来，德国乡村的居住人口始终稳定在 2080 万~2200 万人的狭窄区间，但农业就业人口已经不足 2%，体现为"居住乡村化、就业非农化"的特征。

城镇化带来了新增城镇人口，是德国住房需求的决定力量。20 世纪 80 年代初以来，德国房价指数与城镇化率水平的吻合度非常高，如图 4-8 所示。

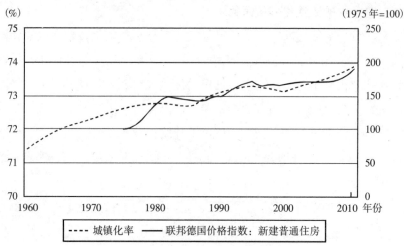

图 4-8　德国城镇化进程与房价波动比较

数据来源：国际清算银行（BIS）。

二、均衡的城市格局和人口分布

德国的人口密度远高于意大利和法国（见图 4-9），工业水平和经济实力也强于意大利和法国，但为什么德国房价相对这两个国家更便宜？

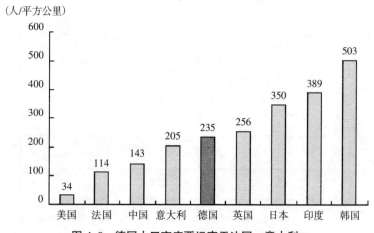

图 4-9　德国人口密度要远高于法国、意大利

数据来源：Global Property Guide。

德国城镇发展以分散化的城市群为突出特征。由于城镇体系相对分散，各个城市对居民的就业和居住都起到了分散化的作用，对房产的需求也不会出现巨大的区域差异。尽管城市分工和竞争力的不同，使得房价差异是可能存在的，但差异不大。

三、地区人口流动对房价的影响

我们始终认为，即使是城镇化水平达到70%以上的德国，人口的流动依然不会停止，虽然就增量而言不再表现为农村人口向城市转移，但表现为不同城市之间，以及同一城市中城区与郊区之间的结构性流动特征。如表4-12所示，德国人口流动表现为由乡村或较低密度城市区域向大都市圈核心城区以及大城市核心城区流动，并推动当地的住房价格上涨。

表4-12 不同城市及不同区域的人口增幅

区域类型	环比增速（%）	2007年	2008年	2009年	2010年	2011年	2006~2011年人口累计增幅
大都市群	核心城区	0.34	0.18	0.09	0.46	0.72	1.80
	高密集城区	−0.06	−0.21	−0.18	−0.05	0.09	−0.42
	较密城区	−0.08	−0.28	−0.25	−0.11	−0.05	−0.77
	城郊区	−0.11	−0.30	−0.27	−0.18	−0.14	−0.99
大城市	核心城区	0.12	0.04	0.21	0.42	0.72	1.52
	较密集城区	−0.27	0.41	0.36	−0.26	−0.20	−1.49
	郊区	−0.63	−0.69	−0.65	−0.44	−0.50	−2.87
城郊区	人口高密集	−0.33	−0.48	−0.46	−0.28	−0.20	−1.76
	人口低密集	−0.84	−0.96	−0.81	−0.56	−0.60	−3.72
全部	整体德国城区	−0.12	−0.26	−0.24	−0.04	0.08	−0.56

数据来源：VDP研究所、BSSR、德国联邦统计局。

人口流入地的住房价格上涨较快。如图4-10所示，德国一线都市圈如慕尼黑、柏林、汉堡、法兰克福、斯图加特等知名大城市，均是由于人口正增长、住房需求持续增长，使得住房价格取得不小的增幅。越是人口增长迅速的城区，住房价格增长也越快。大都市圈核心城区人口流入最多，对应的住房价格涨幅最高，而郊区一直处于人口净流出状态，因此住房价格也是负增长。

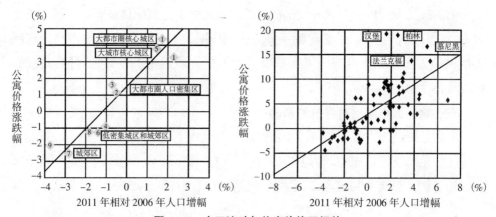

图 4-10　人口流动与住房价格正相关

数据来源：VDP 研究所、BSSR、德国联邦统计局。

第五章

流迁：

人口因素与德国房价

彼得·德鲁克在其著述的《创新与企业家精神》中，把人口因素对经济和商业的影响提高到了一个前所未有的高度。他认为，在不发生战乱、瘟疫、饥荒等不可预测的事件下，相比经济学家对经济周期的预测，人口学家对人口结构的预测似乎更为精确可信。

人口、人才或者劳动力不仅是驱动经济增长的核心要素投入，同时也是绝大部分市场包括住房市场的最终需求方。城市建筑规模增长的原动力来自城市内部或者城市附近人口数量的增长，城市人口增长与土地价值增长存在必然的直接关系，所以人口增长在本书中占有核心地位，我们始终关注人口因素在经济增长和住房市场中的核心作用以及差异。而这一点，往往被大多数经济学者或者市场分析家所忽视。

我们讨论城市人口增长，必须回答两个问题：一是驱动人口增长的直接因素是什么，人口从何而来？二是人口增长的根本因素是什么，人口为何而来？这些因素能否持续？持续的原因取决于什么？虽然很多文献认为对于住房市场而言，人口因素是一个较为重要的解释变量，但是并未作出进一步深入细致的分析。

第一节 / 人口因素对住房市场的作用机理

一、生命周期理论

按照生命周期行为理论，为保持生活水平稳定，人们一般会在年轻时进行储蓄和投资，而当年老收入和储蓄下降时，利用年轻时候的积累进行消费。如图5-1所示：一个典型的劳动力，20岁左右开始工作；25~30岁建立家庭并购置第一套住房；40~59岁进入职业和事业高峰，收入和储蓄都持续增长，开始改善性购房；60岁后逐渐退休；等等。

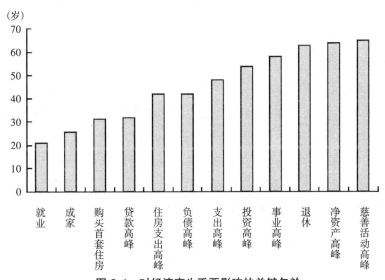

图5-1　对经济产生重要影响的关键年龄

数据来源：华泰联合证券研究所。

Barry Bosworth 和 Gabriel Chodorow-Reich 在其论文《储蓄与人口变化：全球维度》（Saving and Demographic Change the Global Dimension）中统计的全球 85 个国家不同年龄阶段的投资和储蓄变化数据显示，人们的投资高峰期在 20~35 岁，储蓄高峰期在 40~55 岁，其中亚洲国家的规律更明显。根据生命消费周期，自住购房的需求主要来自于两个年龄段，如图5-2所示，一是 25~30 岁的青年人

群为了结婚而产生的需求；二是 40~50 岁的人群为了改善居住环境所产生的需求。美国的历史研究显示，大多数美国人 18 岁进入大学，22 岁开始工作，26 岁为平均结婚年龄，大多数人在 30 岁前有小孩，首次置业则基本从 26 岁开始，30 岁趋近高峰，33~46 岁，随着小孩逐渐长大开始第二次置业的高峰，50 岁左右富裕的家庭在度假和旅游地区第三次置业。

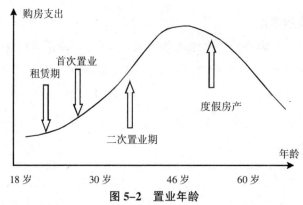

图 5-2　置业年龄

数据来源：华泰联合证券研究所。

正因为人口周期对住房需求的影响，房地产繁荣往往蕴含人口数据支撑。"二战"后"人口潮"推动住房需求在 20 世纪 70 年代步入高峰，从而带来房地产的繁荣。Steven M. Bergantino 在《生命周期、投资行为、人口和资产价格》（Life Cycle Investment Behavior, Demographics and Asset Price）中的研究显示，29~31 岁年龄段人口数量的快速增长形成美国购房高峰，对应的房价快速大幅上涨（见图 5-3）。

二、人口因素对德国住房市场的深刻影响

笔者认为人口对住房市场的影响举足轻重，主要考虑如下：

其一，人口规模和人口增速。人口存量和增量的变化取决于人口自然增长率和外来净移民速率的发展，且不考虑存量居民的需求升级，仅就新增人口也会带来自然引致需求。

其二，人口流动和居住地区选择。人口流动是指居民对其居住地理位置和居住方式的选择，本质上体现为向就业质量、工资收入、居住或生活体验更好的目标地区流动，表现为城镇化水平（农村流向城市）的提升、城镇化选择（小城市流向大城市、城郊流向城区）的差异化发展。

就人口流动来讲，1970 年以来，德国人口规模增长和人口城镇化转移（包

实际住房价格指数 　　　　　　　　　　　　　　　　29~31 岁人口指数

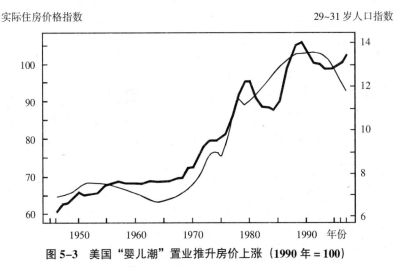

图 5-3　美国"婴儿潮"置业推升房价上涨（1990 年 = 100）

数据来源：Bergantino Steven Michael. Life Cycle Investment Behavior, Demographics and Asset Price [D]. MIT, 1998.

括移民）已经基本结束，比如其城镇化率由 1960 年的 71% 上升至 2011 年的 73.8%，变化并不明显；人口规模从 1970 年的 7485 万人增长至 2013 年的 8200 万人，涨幅较为温和。由于德国已经完成城镇化进程，人口的流动不再体现为大规模地从农村流往城市，而是从小城镇向大城镇流动、从城郊区向核心城区流动。故整体而言，我们感觉不到其明显农业人口的城镇化，倒是城市人口在不同城际间的流动更为明显，这是不同城市人口扩张快慢的关键。

其三，人口年龄结构和家庭结构。住房需求一方面取决于总人口的变化，人口的多少是形成居住需求的最原始动力；另一方面取决于家庭结构和年龄结构的变化，不同年龄阶段对住房的边际需求增量贡献相差很大。

年龄结构或家庭结构变化与实际住房价格变化具有较强的正相关性。1970~1982 年，德国实际房价指数震荡上行，其重要推动力有二：一是适龄购房人口比重持续提升带动居住需求增长；二是婚育因素带来居住需求扩张。

从实际房价指数看，大体上可分为三个阶段：一是 1982 年之前的房价上升期；二是 1983~1994 年的房价下降期；三是 1995 年以来的房价平稳期。这几个时期，或提前或延后几年时间，适龄人口、育儿比重与实际房价波动周期大体表现同步。

从年龄结构看，本书把 25~54 岁人口整体视为"适龄购房人口"，该年龄段

人口占总人口的比重可反映住房需求的强弱。如图 5-4(a) 所示，1970~1989 年，德国适龄购房人口的比重由 53.18% 持续上升至 62.18%，主要得益于战后"婴儿潮"进入了成年期。

从家庭结构看，婚育与否是考察住房需求的关键因素之一。本书把 0~14 岁婴幼儿人口占 25~54 岁适龄购房人口的比值定义为育儿比重，该比重可反映德国家庭结构变化，特别是增量人口的变化。如图 5-4（b）所示，1960~1970 年，德国育儿比重由 38.31% 持续上升至 45.71%，实际住房需求非常强劲，这一时期也是德国住房供给最快的历史时期；1971~1989 年，德国育儿比重持续回落，主要原因在于总生育率的快速下降；1990~2013 年，该比值基本保持平稳。

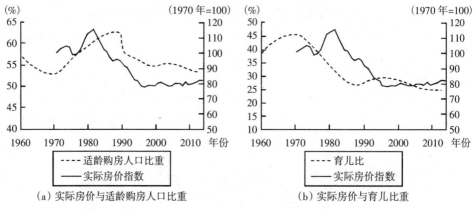

图 5-4　德国实际房价指数与人口指标的关系（1960~2013 年）

注：适龄购房人口比重指 25~54 岁人口占总人口的比重；育儿比重指 0~14 岁人口占 25~54 岁人口的比重。

数据来源：世界银行、国际清算银行、欧盟统计局、Maddison 数据库。

第二节 / 德国人口规模增长之一 ——自然增长

近代欧洲人口周期在过去的两个世纪中经历了巨大变化。欧洲的人口规模扩大了 4 倍；预期寿命从 5~35 岁增至 75~80 岁；每个妇女平均生育的孩子数量从 5 个下降到不足 2 个；出生率和死亡率大体上都从 3%~4% 下降到 1% 以下。

为什么现代人生育率如此之低？在众说纷纭的意见中似乎有一点是公认的，即和工业革命相联系的社会转型促进了夫妇生育选择的变化，特别是城镇化和工业化的发展增加了生育和抚育的成本。与农业社会相比，现代子女需要经历相当长时期的培育才能变成独立自主并自食其力的社会劳动者，培育子女是一项长期"投资"，包括物质投资以及健康养护和教育形式的投资，这不可避免地影响甚至剥夺了母亲的工作机会。

抚育子女意味着昂贵的抚育成本这一事实，自然地助长了形成小家庭和最小家庭的趋势，抚育成本不仅仅是直接费用支出，还包括为了孩子没有抓住职业/事业机会而产生的间接成本。这一深刻的变革是 20 世纪社会转型的主要部分，通常被提及为"人口变迁"，这个术语和"工业革命"一样被普遍应用，它是一个复杂的过程，从无序到有序，从浪费到经济。故而对于是否生育孩子的问题，如今更多地由夫妻双方的共同愿望来决定。

"人口变迁"是指人口出生率、死亡率以及自然增长率的变化过程和持续时间的长短。如表 5-1 所示，死亡率下降的开端通常要早于生育率，在这一阶段，两个要素的差值（自然增长率）达到最大值，当生育率下降加速，而死亡率下降缓慢，两条曲线又再次互相靠近，而且自然增长率回复到低水平。这个模型中内含有一个假说，即一旦生育率和死亡率开始下降，这一过程将持续下去，达到增长的低比率。这个假说很大程度上被欧洲的经历所证明。

表 5-1　一些国家或地区人口变迁的开始、结束、持续期和乘数

国家/地区	变迁开始和结束	持续期（年）	乘数
瑞典	1810~1960 年	150	3.83
德国	1876~1965 年	90	2.11
意大利	1876~1965 年	90	2.26
苏联	1896~1965 年	70	2.05
法国	1785~1970 年	185	1.62
中国	1930~2000 年	70	2.46
中国台湾	1920~1990 年	70	4.35
墨西哥	1920~2000 年	80	7.02

数据来源：谢奈. 人口转型 [M]. PUF 出版社，1986.

总生育率[①]下降导致人口自然增长率[②]持续负增长。德国"二战"后的"婴儿潮"一直持续到 1968 年，该年总生育率达到 5.6 的顶峰，此后迅速滑落到

---

① 每名妇女生育孩子数。
② 自然增长率=粗出生率-粗死亡率。

1973 年的 1.4，并长期维持在该均衡水平，其直接后果就是人口的出生率快速下降且远低于人口的死亡率，也使得德国在 1972 年的自然人口出生率开始转为负增长并持续至今。

是否育有孩子成为了德国家庭决定是否购房的一个重要参考因素。"婴儿潮"普遍诞生于 1945~1968 年，在 1960~1980 年，德国住房价格上涨较快，直接原因是幼年人口与中年人口的比重快速上升。1982 年之后，随着"婴儿潮"一代本身步入婚育年龄，他们的"婚"、"育"行为大大延迟。

从总量上看，德国人口仍处于微幅下滑的趋势中。据欧盟统计局统计，德国人口从 2008 年的 8222 万人下降到了 2009 年的 8200 万人，净减少了 22 万人。数据显示，尽管联邦政府推出辅助年轻父母、鼓励生育的政策，但 2009 年德国的新生儿数量同比依然下降。据统计，2009 年德国的死亡人口数仍远高于新生儿，人口因此减少了 19 万人。同时，2009 年从德国移出的人口数也高于移入人口数。

如图 5-5（a）所示，进入 20 世纪 70 年代，德国总生育率急剧下降并稳定在 1.6‰左右的极低水平，使得出生率迅速下滑，从 18‰降至 10‰左右（见图 5-5（b）），低于死亡率水平，从而产生人口"赤字"。这一持续的人口赤字进程使得德国人口的自然增长率极低，从 60 年代中期的 6‰下降至 70 年代中期的-2‰，并且始终位于 0 以下，人口负增长一直持续到现在仍没有明显改观。从图 5-5（b）可以看到，德国的出生率与死亡率的裂口越来越大，出生率已经降至历史低点，而死亡率在经历持续下跌之后开始向上反弹，人口老龄化的趋势正在进一步加剧。

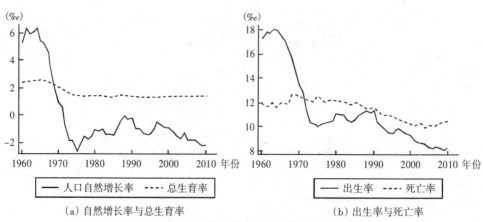

（a）自然增长率与总生育率　　　　　（b）出生率与死亡率
图 5-5　德国人口主要指标变化
数据来源：世界银行、德国统计局。

94

　　图 5-6 展示了德国总人口与自然增长率之间的变动关系。20 世纪 70 年代之前，其自然增长率虽然从 60 年代的峰值下跌，但数值上维护正增长，这是推动德国人口规模总量持续扩张的最重要动力。进入 70 年代之后，其自然出生率持续为负，至今更是屡创新低，这个过程使得德国人口的扩张不再以境内的人口自然增长来解释，只有另一个因素：国际移民。

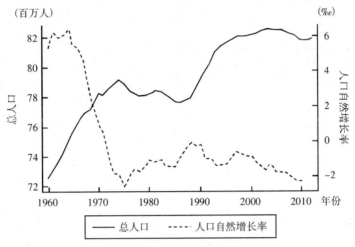

图 5-6　德国人口自然增长率与总人口

数据来源：世界银行、德国统计局。

第三节 / **德国人口规模增长之二——国际移民**

　　人口增长的另一原动力是国际移民。欧美主要发达国家均是移民的重要目标国家，美国、俄罗斯、德国吸引的移民人口绝对数排世界前三名，如表 5-2 所示，至 2005 年末，上述三个国家分别吸引国际移民人口的存量达到 3835 万人、1208 万人和 1014 万人，占总人口的比重分别达到 12.8%、8.48% 和 12.3%。

表 5-2　世界主要国家和地区的移民情况（2005 年）

排序	国家和地区	移民人口（人）	占全球移民人口的比重（%）	占国家人口比重（%）
1	美国	38355000	20.560	12.810
2	俄罗斯	12080000	6.474	8.483

续表

排序	国家和地区	移民人口（人）	占全球移民人口的比重（%）	占国家人口比重（%）
3	德国	10144000	5.437	12.310
4	乌克兰	6833000	3.662	14.700
5	法国	6471000	3.468	10.180
6	沙特阿拉伯	6361000	3.409	25.250
7	加拿大	6200000	3.272	18.760
8	印度	5700000	3.055	0.517
9	英国	5408000	2.898	8.982
10	西班牙	4790000	2.567	10.790
11	澳大利亚	4097000	2.196	19.930
12	中国大陆	3852000	2.064	0.294
13	巴基斯坦	3254000	1.744	1.984
14	阿拉伯联合酋长国	3212000	1.722	71.400
15	中国香港	2999000	1.607	42.590

数据来源："International Migration 2006"，United Nations，Department of Economic and Social Affairs，Population Division. United Nations Publication，No. E.06.XIII.6，March 2006.

德国在 1988~2010 年人口增长的主要推动力是外来移民以及移民人口的高出生率，但与其他可比国家相比，如美国年均净移民人口近百万，德国移民进展缓慢。德国人口在 1973~1990 年基本保持在 7800 万~7900 万人的狭窄区间，1988~1996 年，因两德统一放松了移民的限制，外来净移民迅速扩张，总计净移民流入近 492 万人。此后受制于移民政策、语言及文化环境，年均移民规模远小于同期的美国、英国等英语体系国家。

移民人口在德国的地区分布存在较大差异，主要集中于联邦德国地区的若干经济领先的大型城市，而且普遍的移民人口占比均在 20%以上，如法兰克福占 25%、慕尼黑占 23%、斯图加特占 21%、奥芬巴赫占 31%。

从最新的统计来看，德国的移民进展已经放缓，至 2012 年末，其移民人口存量仅有 720 万人，在这 8 年间德国存量移民人口减少近 30%。形成如此巨大变化的原因，实际上还是人口的老龄化，以及最新移民活动的弱化。

从 G7 国家 1960~2010 年间的移民统计情况看（见表 5-3），德国只有在 1985~1995 年间，因两德统一而吸引了国际移民，期间累计移民人口达到 492 万人，但自 1995 年之后的移民活动迅速弱化，但相比之下，美国、意大利、澳大利亚、英国的移民人口增长很快。

表 5-3 主要发达国家净移民人口的历史

单位：万人

年份	美国	意大利	澳大利亚	英国	法国	德国	日本
1960	190.25	−55.98	40.55	7.00	81.04	72.11	−46.85
1965	122.69	−23.17	36.14	14.26	139.25	89.85	20.92
1970	166.54	−23.18	71.22	−8.49	48.46	80.30	87.83
1975	268.34	1.94	42.80	10.64	54.32	88.85	45.68
1980	352.70	16.49	22.89	3.91	25.41	32.92	4.50
1985	330.30	26.64	48.94	−9.75	28.94	−10.85	21.20
1990	378.62	−1.02	66.65	9.88	27.82	162.10	−62.84
1995	445.81	15.26	37.11	20.54	12.29	330.63	45.06
2000	852.15	22.53	46.57	42.94	18.78	83.92	1.76
2005	619.52	185.37	66.16	96.84	76.58	76.90	5.24
2010	495.49	199.89	112.46	102.02	50.00	55.00	27.00

注：该数据值 5 年统计一次，即统计过去 5 年累计净移民流入人口，负值表示净流出。

数据来源：世界银行。

自 20 世纪 90 年代至今，德国与外国之间总的流迁人数不断呈现下降趋势，这一降幅在 1998 年接近最高，而总迁出人数几乎呈现相当的趋势，变化不大。但净迁移人数同总迁入趋势保持大体一致，不断下降。与此同时，1991~2007 年德国公民在德国与外国之间的流迁也呈现明显的特征，总迁入人口不断呈下降的状态，而总迁出人数却缓慢上升，在 2005 年其迁出人口总数大于迁入人口总数，而德国被遣返迁入的人数与总迁入人数保持几乎平行的状态，呈现下降的趋势，但降幅较小，见图 5-7。

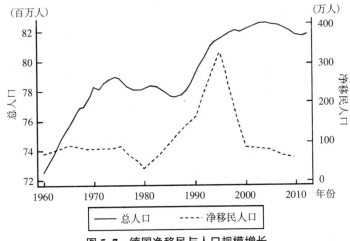

图 5-7 德国净移民与人口规模增长

数据来源：世界银行、德国统计局。

德国向海外移民的趋势上升，成为近年来其人口下降的又一个漏出通道。2007 年 12 月 31 日，在德国停留的外籍居民人数累计为 674.49 万人。在来源结构上，较 2006 年呈现大幅增长的人口来源国包括保加利亚（19.9%）、卢森堡（13.3%）、罗马尼亚（15.3%）、黑山共和国（168%）和塞尔维亚（171%）。但是，德国与国外之间的人口流动数据显示，2006 年移民海外的德国人超过返回德国的人数达到 6.6 万人，2007 年又有 16.1 万德国公民移民海外。从德国与国外之间人口流动的连续数据分析，德国跨国净移入人口的差值出现逐年递减的显著趋势。从国际人口迁移净变动的数量看，其依靠移入人口弥补国内人口自然增长缺口的任务已经无法完成。

第四节 / 德国人口的分布和流迁

人口在一个国家或者一个城市的分布或者流迁是否存在一定规律？

Robin 和 Chein-Hsing（1986）提出了一个单核城市的房价分布模型：假设单一的就业中心位于城市中心的商业办公区（CBD），若所有家庭至少拥有一个雇主且交通存在成本，那么必然存在一个空间均衡，在这种条件下，平均住房价格会随着居住地与核心商业办公区（CBD）的距离的增加而下降，距离越远，房价越低。这个论断与传统的直觉认知一致。以北京为例，房价从中心城区至城郊区递减，三四环的房价明显高于五环以外的房价，这是由空间距离分布决定的。事实上，几乎很少有城市是纯粹的单核中心城市。但是我们可以确信的一点是，房价与就业的关系最为密切，即人口随着就业走、房价随着人口走。

住房价值或者土地价值是经济发展的函数，因为单位土地面积所承载的经济总量在不断增长，必然使得这样的土地价值持续增长，因此研究人口流迁就必然要观察经济因素。世界各国的人口流迁趋势大多是从相对落后、贫穷的地区，流向相对发达、富裕的地区。流动人口的流动规模和流动频率与经济发展状况密切相关，在经济发展较好时期，经济增长率不断提升，整个社会环境呈现一种繁荣的面貌，此时人口流迁的规模和速度也逐渐增加。经济发展与人口流迁之间具有内在的相关性。德国经济发展与其人口流迁的轨迹也充分印证了上述论点。德国作为欧洲经济和社会发展的典型案例，其经济发展与人口发展的关系具有很强的代表性，当然，其经济与人口流迁的关系轨迹表现出很强的个性。

德国人口的流动趋势体现为以下几个特点：

特点之一：东部向西部流动

德国人口发展区域分化，西部城市增长，东部城市萎缩；大城市低速增长，中小城市萎缩；服务业城市人口增长，老工业城市人口萎缩。联邦建设部2011年对85个城市人口的调查报告显示，有48个城市人口增长，37个城市人口减少。受经济全球化影响，大型传统企业和工厂纷纷转移到成本更低的发展中国家，使得德国传统工业城市（如鲁尔区）面临去工业化过程，人口流出压力加大；此外，外来移民和低收入人群习惯性地向大城市集中。

从各州的人口分布来看，截至2012年底，德国人口最多的三个大州分别位于西部北莱茵—威斯特法伦州，人口达178万人，州府是杜塞尔多夫；位于南部的巴伐利亚州，人口达125万人，州府是慕尼黑；位于西南部的巴登—符腾堡州，人口达107万人，州府是斯图加特。

特点之二：小城镇向大城镇流动

德国城镇化水平已经高水平均衡，所以人口的流动更多地表现为人口由中小城镇向大城市群流动、由城郊区向中心城区流动，这主要与新兴年轻人群向大城市寻求更好的就业机会、工资收入有关，也与德国大城市中心区代表传统贵族的阶级优越感有关，这与美国中产阶级和上层阶级人口向郊区流动的模式存在很大差异。

不同城市人口比重发生变化的原因有两个：一是自然增速的差异，如图5-8所示，在1975年之前，德国总体人口持续增长，但是大城市人口占比不断下滑；二是人口的流动所致，2000年以来，德国城市大城市人口占比快速上升，由此前占比的7.6%（约623万人），上升至目前的9.36%（约770万人），即大城市人口累计增长了24%。而我们知道，2000年以来德国总人口没有发生变化。

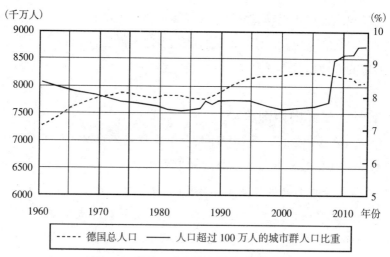

图 5-8　德国总人口与大型城市群人口比重

数据来源：世界银行。

2005 年以来，德国经济开启了新一轮增长，失业率持续下降，就业机会持续增加，德国的总失业人口占总劳动人口的比重从 2006 年的 11.2%，持续下降至 2013 年的 5.2%（见图 5-9）。其主要原因在于，大型城市的经济结构更为稳健，就业机会更为广泛，能够持续吸引人口流入，所以表现出失业率不断下降的同时，德国大城市的人口以及人口比重不断上升。

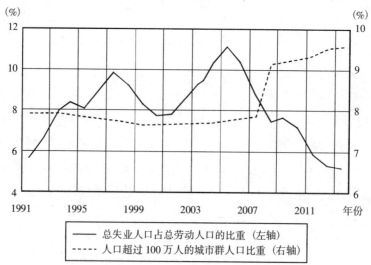

图 5-9　德国总人口与大型城市群人口的比重

数据来源：世界银行。

　　虽然德国城市发展相对均衡，但大型城市群（人口 100 万人以上）的经济活力和抗经济波动的能力较强，故而其他区域人口在不能获得充分就业的前提下，转而来到这些经济活力较强的区域寻找发展机会，故形成源源不断的人口流入。两德统一后，1990 年以来，德国总体人口由 7911 万人微弱增长至 8184 万人，增长了 273 万人，增幅为 3.45%。但是，大型城市群的人口总量从 625 万人增至 766 万人，增长了 141 万人（占新增人口的 51.60%），增幅为 22.56%，远高于其全国人口的累计增幅。

　　这样的增幅着实令人感到意外，但仔细分析就会发现，这其实是 2008 年经济危机导致就业机会变异的一个自然结果。2010 年德国的大城市人口比 2009 年增加了 103 万人，当年德国 GDP 增长 3.6%，是近年其经济增长最为强劲的一年。其中的逻辑不难理解：一是经济危机使得中小城镇的中小企业面临更多困难，抵抗风险的能力较差；二是就业压力下，年青一代更倾向于在大型城市学习、生活并寻找工作；三是移民的增加，德国经济表现出的超强稳定性吸引了国际投资者的注意，投资移民正在成为一个新的现象。这些因素的综合积累，使得大型城市获得了更多青睐。

　　德国人口自然增长率持续为负，人口流动成为了城市之间人口分布和增长不均的直接原因，使得人口流入地区住房需求上升，人口流出地区住房需求下降。就城区内部结构而言，德国人口流动表现为由乡村或较低密度城市区域向大都市圈核心城区以及大城市核心城区流动。从城市内部结构来看，核心城区要比郊区的房价上涨更快。分城市类型来看，以慕尼黑、德累斯顿、柏林、斯图加特、科隆、汉堡、法兰克福、杜塞尔多夫为代表的一线大城市持续吸引人口流入，住房需求提升较快。

　　人口的持续流入必然提升大城市的住房需求，那么其住房价格能否在实证上得到体现？答案是肯定的。人口增长与房价的正相关关系是显而易见和直观可测的。以 2006~2011 年为考察区间，大都市群的核心城区和大城市核心城区的累计人口增长分别为 1.8% 和 1.52%；其他中小城市和非核心城区均出现人口负增长。在这些人口正增长的城市和区域，住房需求持续上扬，住房价格上涨较快。

　　图 5-8 和图 5-9 描述了德国人口分布和流迁特征，图 5-10 则有力地证实了人口流入地区的住房价格波动情况。图 5-10 反映了公寓价格与人口增幅的变动

关系，很明显，大都市圈的核心城区、大城市核心区、大都市圈人口密集区都存在不同程度的人口流入和房价上升，人口增幅越大，房价涨幅越高。图 5-11 则是从不同城市的角度来反映人口与房价的关系。一线城市的慕尼黑、法兰克福、柏林、汉堡是人口流入的首选之地，也是公寓价格累计涨幅最多的城市。

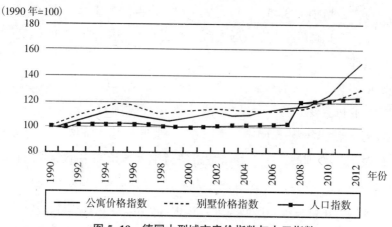

图 5-10　德国大型城市房价指数与人口指数

数据来源：国际清算银行、世界银行。

从图 5-10 看到，2007 年的全球经济危机之后，德国大城市人口指数呈跳跃性增长，并由此带动住房价格的不同上涨。公寓价格的弹性要远大于别墅价格，说明住房市场的需求群体主要来自工薪阶层，这就证明，大城市为工薪阶层提供了更多的就业机会，能够吸引更多的人力加入，进而推动住房需求的上升。

第五节 / 德国人口年龄结构与家庭结构

从结构上看，德国的老龄化正在加剧。目前，很多欧洲国家的生育率已经大大低于更替水平（每对夫妇生育 2 个孩子），如法国为 1.8，英国为 1.6，西班牙和意大利不到 1.2。由此使得欧洲人口出现负增长，成为制约欧洲经济持续健康发展的最大障碍。为扭转这一局面，多个国家出台了鼓励生育的政策，但是收效甚微。而随着生活条件的改善和医疗技术的发展，死亡率得以大大降低。也正因此，世界上许多国家都已经进入老龄化社会，老年人（60 岁及以上）的人口比重越来越大，人口的老龄化日益成为许多国家亟须解决的重大问题。目前，德国的老龄化比率（60 岁及以上人口：20~59 岁人口）是 44%，到 2020 年，这个比率将增加到 55%，预计到 2030 年，这一比率将升至 56%。老龄化加剧，对养老金、医疗卫生体系、公共财政以及住房问题，都带来了严峻的挑战。

就住房问题而言，一是适合老龄人口居住的住房需求迅速增加；二是单身家庭的数量也会急剧增加；三是 60 岁以上人口比重的上升将会对住房需求形态产生巨大影响。因此，住房需求的地域倾向性将会较少地受到就业的影响，更多地将受到私人关系（家人、亲人和朋友）以及生活偏好的影响。

德国老龄化程度居欧盟首位（见表 5-4）。1960 年，德国老龄化水平（65 岁及以上人口占比）为 11.53%，2000 年该比率上升至 16.31%，40 年累计上升了4.78%；至 2010 年，这一比率已经迅速上升至 20.38%，10 年累计上升 4.07%，老龄化速率提高了数倍。根据联合国人口研究报告预测，由于德国有着欧盟国家中乃至发达国家中最严重的低生育率，将使得其人口持续负增长，且老龄化速度将会加快。至 2030 年，德国老龄人口（65 岁及以上）占比将达到 29%，高龄人口（85 岁及以上）将达到 4%，德国将成为严重的老龄化社会。其中的重要原因，是极低的生育率、人口增长率使得人口加速老龄化，如表 5-5 所示。

表 5-4 欧盟主要国家 65 岁及以上老龄人口占比（2012 年）

单位：%

德国	意大利	希腊	瑞士	葡萄牙
20.7	20.2	19.0	18.5	17.8
法国	英国	爱尔兰	欧盟	
17.10	17.00	11.30	17.40	

数据来源：欧盟统计局。

表 5-5 德国低生育率、低人口增长率和加速的人口老龄化

国家	总生育率 2005~2010 年	总体人口增长率（%）2010~2050 年	80 岁及以上人口增长率（%）2010~2050 年
法国	1.89	8.03	122.05
英国	1.84	16.91	114.85
西班牙	1.43	13.11	156.12
俄国	1.37	−17.29	67.60
德国	1.32	−14.08	135.88
欧洲	1.50	−5.69	113.90

注：总生育率为平均每名妇女生育孩子的个数。
数据来源：联合国（2009）。

德国家庭的扩张速度远快于人口扩张速度。如表 5-6 所示，1961 年，德国总人口为 7315 万人，家庭数为 1946 万户，家庭平均人口数为 3.76 人。到 2010 年，其人口总数为 8175 万人，家庭数为 4030 万户，家庭平均人数为 2.03 人。50 年间，德国家庭数量扩张了 107.09%，而人口规模仅上升 11.76%，其家庭数扩张的主要原因在于家庭规模的小型化发展，平均家庭人口由 3.76 人锐减至 2.03 人，即平均每户人口减少了 1.73 人。2010 年，德国 1 人家庭和 2 人家庭数合计 3000 万，占全部家庭数的 74.5%；而 3 人家庭、4 人家庭和 5 人及以上的家庭数量自 1975 年以来均保持绝对数的稳定。

表 5-6　德国人口与家庭数量变化

年份	总人口（百万人）	家庭数（百万户）	家庭规模（人）
1960	73.15	19.46	3.76
1970	78.07	21.99	3.55
1980	78.40	24.81	3.16
1990	19.75	28.18	2.83
2000	82.56	38.18	2.16
2010	81.75	40.30	2.03

数据来源：欧盟统计局。

家庭小型化发展是"二战"后主要发达国家走过的显著历程。比如美国，1970 年，美国人口规模为 1.94 亿人，家庭户数是 6287 万户，平均每户 3.08 人。至 2002 年，其人口规模增至 2.82 亿人，累计增幅 45.5%，家庭户数为 1.1 亿户，累计增幅为 73.9%，平均每户人口为 2.58 人。此外，在英国、法国、意大利，乃至中国，都经历了显著的家庭规模缩减的过程。

从德国看，如图 5-11 所示，其单人家庭、2 人家庭的数据持续上升，而 3 人及以上家庭数量微幅向下调整。影响家庭人口规模变小的原因主要有：①"二战"后"婴儿潮"的下一代（80 后、90 后）开始独立生活，由于受教育年限普遍延长，以及结婚年龄延后，使得年轻单身家庭迅猛增长。②离异家庭增多，导致一个家庭裂变为两个家庭。③随着医疗水平的进步，人口预期寿命延长，单身老龄人口增多。

家庭小型化发展对住房需求产生了什么影响？从表 5-7 的统计数据看，家庭规模影响购房和租房选择。

第一，家庭规模结构。单身家庭中的 72.3% 会选择租房，而 2 人及 3 人家庭

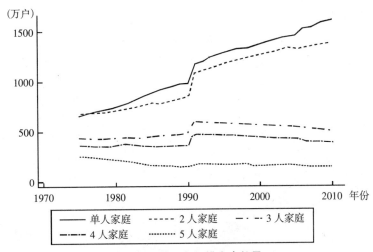

图 5-11 德国各规模家庭数量

数据来源：《德国统计年鉴》(2011)。

住房拥有率在 50% 以上，所以更加需要关注的是 2 人及以上规模家庭的住房购买需求，关注单人家庭的租房需求。2010 年单身家庭占总家庭数的比重已经上升到 39.74%。所以，尽管家庭数量急剧扩张，但并未形成实际有效的住房购买需求。

第二，家庭成员年龄结构。30 岁之前的家庭住房自有率不足 10%。大多数家庭均在 30 岁之后开始考虑购房。老龄人口的住房拥有率最高。

结合以上两点，一个是进入 30~60 岁的人口比重，一个是家庭规模因素，导致 2 人和 3 人家庭的住房需求迅速上升。

第三，家庭收入结构。德国家庭收入结构的现状是月净收入低于 1300 欧元，货币支付能力不足，住房自有率较低。由于德国居民收入的差距很大，中低收入家庭占比不低，依靠自身收入难以负担购房以及相关的税费物业支出，需要申请相关的住房补贴。

综合来看，家庭规模、年龄以及净收入水平与住房拥有率正相关。

表 5-7 不同家庭群体的住房拥有率与租房率

类型分组	家庭数（千户）	住房拥有率（%）	主承租率（%）	次承租率（%）
按家庭规模分组				
全部家庭	38456	44.20	53.40	2.40
单人家庭	15281	27.70	67.60	4.70

类型分组	家庭数（千户）	住房拥有率（%）	主承租率（%）	次承租率（%）
2 人家庭	13301	51.90	47.20	1.00
3 人家庭	9872	59.40	40.00	0.60
按家庭主成员年龄分组				
小于 30 岁	4457	9.30	82.10	8.60
30~59 岁	20533	44.70	53.60	1.70
60 岁以上	13466	55.00	43.70	1.30
家庭月净收入分组				
低于 500 欧元	715	15.40	69.20	15.40
500~1300 欧元	9291	23.00	72.30	4.70
1300~3200 欧元	18342	44.20	54.30	1.50
高于 3200 欧元	7312	69.80	29.80	0.40

注：主承租是指直接向房东租房，次承租是指向承租人租住或共租。

数据来源：《德国统计年鉴》(2011)。

第六章

基石：

德国住房政策的法律基础

　　钱穆在《中国历史研究法》中提到"研究任何一项制度，不该专从制度本身看，而应该通过与此制度相关之一切史实来研究，一因制度必针对当时实际社会经济政策条件之情况而设立而运用，二因制度自其开始到其终了，在其过程中也不断有变动，有修改。研究制度，必须明白在此制度之背后实有一套思想与一套理论之存在。"

　　本章就是对德国住房制度进行探讨。经济制度对市场运行的影响不可低估。德国政府对于住房市场所建立的整体制度模式，对市场运行机制的法制保障，以及对普通居民多层次差异化需求的满足方面，均建立和发展了一系列配套政策，归纳起来，我们称之为德国住房政策体系。那么该体系的格局是怎样的？又是如何形成的？在什么背景下出台了相关的法规和政令？又因什么样的社会环境或者市场变化而进行了相关的制度修改？其对住房市场平稳运行又发挥了怎样的影响？

　　笔者认为，经济、人口、货币和制度等因素，对住房市场和住房价格都有显著作用，但是这些因素并非独立的外生变量，而是相互影响、共同作用，共同决定住房价格的长期发展趋势，在不同发展时期，各个变量的相对影响力也是动态变化的。本章重点从制度层面进行梳理和总结。

第一节 / 德国经济体制：社会市场经济

一、社会市场经济模式的理论基础

简要回顾德国经济体制，是为了在宏观层面考察德国住房市场所处的社会时代背景和住房制度设计和变动的根本原则。现代经济学鼻祖亚当·斯密所著《国富论》，被认为是现代资本主义自由经济体制的思想之源。《国富论》阐明了自由经济主义思想，其理论核心包括三个要点：一是专业分工和自由竞争可以形成资源最佳配置，从而使得整个社会获得最大经济效益，该论点是社会分工与市场竞争推动生产效率进步的动力；二是国家实力的竞争需要通过国际贸易，要结合一国的资源禀赋实行国际专业化分工，以实现资源的优势互补，该论点本质上是国际比较优势理论的思想原形；三是"看不见的手"，即市场价格机制，是引导社会资源分配和自由竞争的最明确信号，市场价格反映的是社会需求与供给的匹配程度，并实时反馈到全体市场参与者，从而达到社会最优的产出结果。

18世纪前后，德国著名历史学派经济学先驱费里德里希·李斯特（1789~1846年）是古典经济学的怀疑者和批判者。李斯特的奋斗目标是推动德国在经济上的统一，这决定了他的经济学是服务于国家利益和社会利益的，故而逐渐形成了李斯特的国家主义经济学。李斯特公开宣称：我们的经济学并不是研究人类普遍利益的个人经济学（针对亚当·斯密理论），而是首先关注以民族、国家经济利益为单位的"国民主义"（民族主义）或"国家主义"经济学，这就是国家资本主义的思想原形。

历史学派继承和发扬了李斯特的观点，并针对当时德国国内刚出现的"社会问题"、"劳资问题"主张采取"阶级调和"的社会改良主义政策。"二战"后，米勒·阿尔马克[①]首次提出"社会市场经济模式"，汲取了"社会主义"思潮的一些主

---

① ［德］米勒·阿尔马克. 经济调控与市场经济［M］. 1947//朱宇方. 德国"社会市场经济"反思［J］. 德国研究，2009，4（24）.

张，使社会市场经济模式具有明显的中间道路特征，从而更具操作性和可行性。

阿尔马克是"弗赖堡学派"主张秩序自由主义的代表。该学派主张维护私人所有权基础上的经济自由，即消费自由、生产自由、贸易自由、协议自由、选择职业自由和竞争自由。国家在经济生活中的首要任务是为市场力量的自由运作创造框架条件，其核心是维护竞争秩序。阿尔马克提出的社会市场经济体制理论认为，以竞争为特性的市场秩序虽然是经济上最有效率的秩序，但不具备内在的伦理性。它是一个"技术工具"，可以用来为社会创造财富，但不能自动带来一个"好的"社会，因而还需要社会政策作为对经济政策的补充，使之符合伦理。"我们需要的是一个整体秩序，在其中把对思想和个人自由的保障与社会保障相结合。"为了维护竞争秩序，国家会制定竞争政策。竞争政策是指所有保护竞争、消除限制竞争行为的政府措施。这些措施主要有：禁止不利于竞争的卡特尔、官方对垄断进行限制、政府通过补贴和减税促进中小企业发展。主要的法律基石是：1909 年制定的《反不正当竞争法》、1957 年颁布的《反限制竞争法》（也叫"反卡特尔法"）并建立了独立执法机构——联邦卡特尔局，从而奠定了竞争秩序的制度基础。

尽管盎格鲁—撒克逊的"利润驱动型市场"（Profit-Driven Market）自由主义经济概念在欧洲大陆具有广泛且深入的影响力，但是德国所发展出来的市场模型却与之形成了鲜明的对比。斯密经济学强调社会分工、自由竞争、比较优势、国际贸易和市场价格机制，成为现代工业国家普遍采用的自由资本主义制度的思想基石。根据欧洲的"社会型市场"（Social Market）模型，所有的市场都必须受政策调节。在"社会型市场"模型中，经济领域并非是一个不受限制的追逐利润的竞争场，它必须面对来自非营利机构的竞争，在社会型市场当中，经济和社会的因素被认为有着同等的重要性。德国采用了社会市场经济（Social Market Economy）体制，该体制可以说是资本主义、经济秩序主义和社会保障计划的结合体，其中资本主义是一种自由经济状态，经济秩序是为了杜绝"负外部性"而产生的，用于规范市场竞争秩序，用法制强调自由竞争秩序。

作为德国经济体制的核心特征，社会市场经济试图在有效率的、自由的经济制度和社会公正之间建立一种平衡，最高宗旨是在自由的社会中实现共同富裕。社会市场经济体制原则是市场自由和社会平衡，经济目标与社会政策目标平衡。经济层面追求充分就业、物价稳定、适度的经济增长和对外经济平衡；社会层面追求社会稳定、公开的收入分配和财产分配、国家给予公民平等的机会、劳动者有权参与共同决议。

在社会市场经济中，国家的主要任务是建立和规范经济运行的框架和秩序，此外进行有限且适当的总体调节，并对市场竞争不起作用的领域进行直接干预。

二、德国选择社会市场经济模式的历史缘由

为什么德国没有直接遵循自由资本主义？我们从历史的角度寻找其社会市场经济模式产生的背景和原因。

16~18世纪，德国在政治上严重分裂。欧洲国家的海洋探险以及随之而来的地理大发现，极大地推动了殖民贸易，经济重心从地中海沿岸逐步转移到大西洋沿岸，在这个进程当中德国商业受到冲击而衰落。德国行会制度的存在进一步阻碍了德国工业的发展，所有这些因素造成了德国经济在西欧各国走向资本主义之际出现了衰落，沦为一个供应资本主义先进国家以原料和粮食等初级产品的附庸国。

19世纪中叶，德意志的前身普鲁士建立近代化改革和关税同盟，1848年掀起资产阶级革命，1871年实现德意志民族统一，标志着德国开始向资本主义国家转变。德国农业资本主义发展的"普鲁士式道路"是从封建庄园经济直接转化为资本主义大农业，带有浓厚的封建色彩。一方面农民在转变过程中深受苦难，国内阶级矛盾严重，另一方面由于错过了列强瓜分世界的时期，国内市场狭小使德国资产阶级对国外市场和领土极其渴望，与英、法、俄之间存在很大矛盾。

德意志民族统一之后，迅速进入工业化、城镇化进程。19世纪七八十年代，德国完成了工业革命，90年代更过渡到了电气化时代。1870~1913年，德国的国民生产总值平均每年增长2.9%，速度大大超过了英国和法国。1913年，德国工业总产值占到世界工业总产值的16%，仅次于美国居世界第二，对外贸易额仅次于英国居世界第二，正是由于经济和贸易的迅速崛起使其迈入了世界强国之林。

"一战"和"二战"深刻地影响和改变了德国。"一战"德国战败，丧失了1/8的领土、1/10的人口，失去了15%的耕地、75%的铁矿、44%的生铁生产能力、38%的钢生产能力、26%的煤炭产量，同时还需要向战胜国赔款2260亿马克。"二战"德国战败，失地10万平方公里，被战胜国分区占领。

在这种情况下，德国到底选择怎样的模式实现经济发展成为其面临的重大问

题。"二战"后，德国的经济制度逐步确立为社会市场经济模式，其既反对经济自由放任的同时，也反对把经济统紧管死，而是将个人自由创造与社会进步的原则结合。国家调节可以规定市场活动的框架条件，但也尽可能放弃对价格和工资的直接干预。

笔者将德国社会市场经济发展划分为四个发展阶段：

1. 顶层设计阶段

路德维希·艾哈德，"二战"后德国的第二任总理，是德国现行社会市场经济的奠基者和实践者。他将所谓的德国模式归纳为"自由+秩序"。1948年，艾哈德在完成了货币改革后，就着手以阿尔马克的构想为蓝本，在德国西部构建社会市场经济模式。经过了政治决策程序的层层过滤，艾哈德理想中的社会市场经济并没能完全付诸实施。农业、交通、住房等重要领域被排除在了竞争秩序之外。

2. 初步发展阶段

1948~1966年为初步发展阶段。这一时期社会市场经济在联邦德国得到全面推行。由于当时经济高速增长，国家虽注意到社会公平问题，但对经济生活的干预有限，对宏观经济的调节多是局部性的。

3. 基本成熟阶段

1967年，联邦议会通过了《经济稳定与增长法》，规定在实施经济政策时，必须注意总体平衡，同时要采取措施，在市场秩序范围内达到物价稳定、充分就业、对外经济平衡和适度的经济增长。在这一阶段中，国家对经济生活的干预有所增强。

4. 完善阶段

1982年以后进入了完善阶段。由于财政困难、通货膨胀加剧和日益突出的结构性问题，科尔政府提出不要更多的国家干预，而要更多的市场经济。

三、社会市场经济模式的基本特征

首任总理阿登纳和其经济部长艾哈德领导的"二战"后重建政府，着力推行了联邦德国实行社会市场经济体制，其基础原则是：市场竞争和生产资料私有制，同时赋予国家维护竞争的框架和秩序，强调国家干预、公平、合理和正义。其主要内容是：①在保证自由进入市场，防止垄断行为的条件下，市场参与者可以自主作出决定；②国家可以通过市场把各个市场参与者的计划协调成合理有序的国民经济整体；③提供较为完善的社会保障体系。其实质是国家有权调节并适当干预资本主义市场经济，以保证社会公平和市场自由间的平衡。

其基本原则是：

竞争原则：该原则要求对经济秩序与市场运行进行法制化管理，确保竞争有序。

生产资料私有制原则：要求对社会市场经济主体进行规制与调控。

社会平衡原则：建立完善、公平的社会保障制度。

国家原则：国家原则要求建立规范市场经济宏观调控的法律制度。

这一基本原则的本质是，社会市场经济是以市场经济体制为基石，从均衡社会经济利益出发，防止垄断限制和扼杀竞争，同时还要限制和规制不正当竞争行为。德国的立法者，要以仲裁人的身份积极地干预社会经济生活，不再把经济的运行完全看做私人事务。德国汲取了美国和苏联经济模式的不同优点，明确在经济建设过程中以社会整体效益为价值取向，既保护私人财产，又要使私人财产权的实现给社会和低收入群体带来好处。在政府和市场的关系上，其原则是政府为市场经济的运行制定总体框架，尽量少干预而只对市场给予必要的干预。

社会市场经济的主要内容如下：重建市场和工业的竞争优势；确定食品行业、住房建筑行为受干预的经济部门，对其进行联邦、州、乡三级干预，确保社会基本需求的供应；对交通、矿山、工业等重要行业实行混合经济体制；确立商会、企业主协会等非国家组织在经济政策中占据重要地位，从而保护企业的合法利益不受侵犯，也限制了企业主对经济活动的自由决定，使企业的经营纳入国家预算的整体。

在德国的社会市场经济模式下，其在货币政策和财政政策方面都有着非常独特的制度根基。

1. 德国联邦银行的特殊作用

联邦银行主要负责运用货币和信贷政策。联邦银行是德国的中央银行，其资本归联邦政府所有，只有联邦银行才有权发行货币。但联邦银行又是一个具有公共法人资格的联邦直接法人，独立于联邦政府，在行使职权时不受联邦政府指令的影响，但它要支持政府的总体经济政策。

2. 德国社会保障制度的关注重点

（1）通过控制货币供应量和严格财政开支，缓和通货膨胀率，使扣除价格上

涨因素后的实际工资不断增长，借以提高人民的购买力。

（2）推行包括给失业工人发放补贴、给退休和丧失工作能力的职工发放退休金和养老金、医疗保险等在内的社会福利制度。

（3）大规模兴建住房，改善居民特别是工人的居住条件，以解除工人的安家置业之忧。

3. 独立而又稳健的货币政策和强大的社会保障制度

上述两个制度，是德国半个多世纪的发展创造的安定的经济建设环境；保证了劳动力在良好的环境中得到再生产，也促进了劳动力质量的提高；带来了各类产业尤其是第三产业的发展。

四、社会市场经济模式的住房政策取向

德国社会市场经济模式的目标与特点可总结为：①尽可能广泛地促进经济社会发展。其主要手段是建立竞争秩序，采用顺应市场形势的增长政策，推行国家的适度干预，确保就业，实行外贸自由化。②建立一个能够正常运转的货币秩序，以保证价格稳定。采用的手段主要是，通过独立的中央银行，保持国家财政收支平衡、国际收支平衡和外贸平衡。社会型市场理论试图以一种取得经济和社会目标平衡的方式建构市场，从而改善来自市场内部或外部的失灵缺陷。

在社会市场经济的模式下，住房市场并不一定是完全充分自由竞争的市场，它需要国家或政府的干预，以保障国民的居住福祉。从这个层面上看，住房市场被排除于充分市场竞争秩序之外，也就意味着住房在更大程度上受到政策层面的影响。第一是供给方面，德国财政对住房的支出比重一直很高，在20世纪五六十年代，政策对住房的财政支出比重高达50%；到1999年依然高达25%；目前也维持在8%左右。第二是需求方面，面对不同的需求主体以及他们满足需求的支付能力方面，德国政策也竭尽全力去保障不同收入阶层的住房需求，推动公共住房建设。

第二节 / **德国的土地制度**

一、德国的土地征收制度

土地与城市经济学的一个基本常识是，土地作为重要的经济生产要素和生活必需品，其价值与城市经济发展紧密相关。Capozza 和 Helsley（1989）分析了美国土地价格和城市发展的基本面因素①，他们认为，在一个简化模型当中，假设资本是耐用品，土地所有人具有完美的未来预期，那么城市土地价值由四部分组成：一是农业地租价值；二是转换成本价值；三是可获得性价值；四是预期未来的地租增长溢价。在快速发展的城市中，增长溢价可以占到土地价值的一半。其鲜明的结论是，城市的快速发展对于土地价值的影响巨大。

土地作为住宅的基础组成部分，其供应对住宅的价格影响十分关键。其一，土地是重要的生产生活资料，城市发展将不断增强单位面积的经济体量和密度，进而推动土地价值提升；其二，住宅价值当中土地价值占有相当大的比重。不同的制度安排会导致土地成本的差异巨大，进而影响住房价格的高低。

政府对私有土地的征收制度在多数国家普遍存在，但普遍而言，土地征用的前提条件是符合公共利益。德国的土地征用首先要满足的条件也是要符合公共利益。从立法传统来看，德国在 1849 年的法律中规定，政府对私有土地的征用，需因 "公共福利之需要，并依法律，且给予公正的补偿"。② 这一规定给出了土地的古典征收概念。到 20 世纪初，《魏玛宪法》③ 规定 "财产征收，唯因公共福利，根据法律，方可准许之。除了联邦法律有特别规定外，征收必须给予适当补偿，有关征收值争讼，由普通法院审判之。"这一规定扩展了古典征收的概念。

当前，德国土地征收的具体措施主要由《联邦建筑法》规定。根据该法，土地征收的补偿范围主要有实体损失补偿、其他财产损失补偿与负担损失补偿。实体损失补偿指的是被征收土地以及其他征收的 "标的的价值" 的补偿。其他损失补偿指的是实体补偿之后，财产权人仍有的损失补偿。负担补偿主要是指因征收而解除的租赁契约，或该契约的解除是因为该房屋即将被整建或强制更新，以致无人承租或闲置，这将使财产权人短暂失去租金收入，应给予补偿。

对于土地征收补偿标准，德国《联邦建筑法》也给出了相关规定。先是实体

---

① Dennis Capozza and Robert Helsley. The fundemantals of land prices and urban growth [J]. Journal of Urban Economics，1989，26（3），pp. 295-306.

② 李蕊. 国外土地征收制度考察研究——以德、美为重点考察对象 [J]. 重庆社会科学，2005(3).

③《魏玛宪法》（德语：Weimarer Ver fassung）是德国魏玛共和国时期（1919~1933 年）的宪法，也是德国历史上第一部实现民主制度的宪法。它建立了一个议会民主制、联邦制的共和国。现今的德意志联邦共和国宪法《德国基本法》仍保留着魏玛宪法的少许条文。

损失，实体损失是指被征收土地以及其他征收的"标的的价值"。《联邦建筑法》第 95 条规定，实体损失的补偿标准是征收官署决定征收计划时的"市价"。该法同时在第 142 条规定，所谓市价是指在通常交易的情况下，该被征收的土地与其他标的具有的法律权利、事实特征、其他状况及其所在的地点，所具有的价值；特殊与个人关系，在计算该被征收土地与其他标的时不予以考虑。

对于其他财产损失补偿的标准，一是对于营业损失的补偿最高额不能超过将另一块土地重建为原来品质的必要花费，也就是不能超过重建费用。二是对于残余地的补偿，依照德国法院实务，若是对于已征收部分的市价补偿已经超过原有整块土地的实际价值很多的时候，就不可以另外提起独立的残余地补偿。德国土地征收的补偿方法以金钱支付补偿费，是目前德国征收法律的主要规定①。

值得指出的是，为了增加财政收入和防止土地投机行为，德国政府规定，凡因预测土地将变为公共用地而引起的价格上涨，都不计入补偿价格，而收归国有。对补偿金额有争议时，应依照法律途径向辖区所在的土地法庭提起诉讼，以充分保障被征地所有权人的合法权益。同时，各类补偿费由征地受益者直接付给受补偿人，且各类补偿应在征收决议发出之日起 1 个月内给付，否则征收决议将被取消②。

二、德国的土地交易制度

德国是土地私有制国家，土地是私人财产，可自由交易。围绕土地的交易管理，德国政府制定了一系列政策和有利于执行的配套程序。联邦层面的土地法律有四个③：

(1)《基本法》第 14 条将土地所有权作为《宪法》基本权利予以保护，土地买卖自由，但不能影响公共利益④，若涉及公共利益的，地方政策有权行使优先购买权或者强行征购。

(2)《民法手册》和《土地交易法》对地产的交易必须办理哪些手续，在哪些部门办理，作出了明确规定。

(3)《土地登记规则》对土地交易的登记内容、方法、作用、效力等方面作出

① 武光太. 德国土地征收补偿制度及启示 [J]. 广东农业科学, 2012 (6).
② 杨文静. 国外土地征用补偿制度的比较及借鉴 [J]. 科技情报开发与经济, 2006 (2).
③ 方西屏. 联邦德国的土地交易 [J]. 中国土地科学, 1994 (1).
④ 袁志杰. 德国土地征收中的公共利益 [J]. 行政法学研究, 2010 (2).

了详细阐述。

（4）《联邦建设法》规定地产的估价由估价委员会组织开展，地产交易的标准价格（购买价）由估价委员会作出。该法还对地产估价的具体方法、工作开展形式和成果形式作出了相应规定。

此外，还有一些其他州和地方法规构成了土地交易和管理的法律体系，有力地保障了土地交易的正常执行。

从上述土地自由交易的模式可知，德国住宅用地价格是自由市场价格。如图1-5所示，1975~2011年，德国实际住宅用地价格累计上涨了60%，但实际住房价格却下降了10%。

从名义价格来看（见图6-1），德国的地价与房价的变动方向是一致的，但地价的波动弹性更大，特别是在伴随经济繁荣和房地产行业昌盛期的1975~1980年、20世纪90年代初以及2010年至今的一段时间，其房价和地价均取得大幅上涨，但地价的增幅更为剧烈。

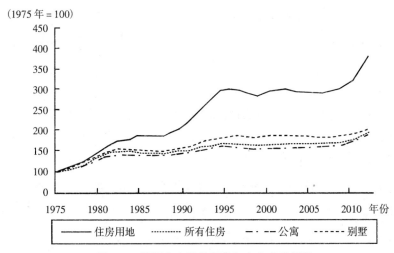

图6-1　德国名义地价指数与名义房价指数

数据来源：国际清算银行（BIS）。

第三节 / **德国的住房政策演进**

"二战"后德国面临严重短缺的住房情况。1947 年，西德只有 1060 万套的住宅存量，有 230 万套住宅全部被毁，相当于存量的 21%，另外的 230 万套被严重破坏。东德大约 10% 的住宅，约 51 万套被毁，相对于西德来说其状况能好一些。供给状况很棘手：在西德，940 万套住宅（包括临时房屋）要提供给 1460 万户家庭使用，平均 5 个人分到一套住宅，每个人拥有约 15 平方米的住宅面积。因此，当时国家的住房政策首要目标是能够克服战争带来的影响和后果。

政府当局决定大规模促进住房建设，主要形式有三种：对房产企业的建设扶持；对新建住宅的扶持，我们称之为客体扶持；对居住人的扶持，我们称之为主体扶持，目的是提升其购买力。"二战"后重建时，德国政府实施了一系列措施促进住房投资建设和鼓励私人购房，主要有：租金管制、租房补贴、鼓励私人建造低租金住房的优惠或免息贷款的发放、住房储蓄国家奖励以及私人购建住房税收减免等政策。

下面分别从主体和客体两个方面进行分析。主体促进措施包括提供住房补贴，承担居住和暖气费等，而客体促进措施包括持续扩大保障型住房供应等措施。

第一阶段：客体促进，增大房屋供给

在住房短缺的情况下，德国政府选择了客体扶持，即扶持新建住宅。1950 年德国颁布了第一部住房建设法即意在加强住房供应。联邦或者州可以为符合条件的开发商或者居民家庭提供 30~35 年的无利息的住房建设贷款，以此促进住房建设。后来又通过了《城市建设促进法》(1971 年)，《房屋现代化法》(1976 年)，政策转向为民众提供高质量的房屋。

鉴于德国老式住宅的数量庞大，促进私有住宅的建设变得越来越重要，必须通过政策对私有住宅建设注入发展的新动力。1951 年，政府规定，如果投资建设供自己使用的房屋，可以得到税费上的优惠政策，自此开始了促进自住房建设的阶段。同年德国颁布了《房屋建设津贴补助法》，使得"房产权属于私人财产的一部分"这个论断越来越清晰化。随着《第二住房建设法》的一致通过，1956

年促进私有住宅的目标在《社会福利性住宅法》中确定下来。20世纪60年代为了有利于中等收入家庭的发展，政策将重点放在促进第二套住房的发展上。70年代重点又有所改变，通过税费优惠政策由直接促进变成间接促进私有财产发展。为鼓励私人建房，政府通过减免税和其他奖励措施予以鼓励。《联邦所得税法》规定了几个方面的优惠：①建房费用可在最初使用住宅的12年内折旧50%（后又改为在最初8年内折旧40%），从而降低房主应纳税的收入；②申请建房的贷款也可从应纳税的收入中扣除；③免征10年地产税，并在购建房地产时免征地产转移税。此外，财政还给予收入较低的购房人不同程度的购房补贴，绝大部分的德国人都可以享有不同额度的补贴。通过上述措施，可以看出财产政策目标和家庭住宅政策目标得到了极大的协调。个人在建设房屋的过程中出的份额分别是：1950年为2/3，约64%，1970年为4/5，约83%，1980年为9/10，约91%。

　　20世纪90年代之后，由于出现了一人一户的趋势，出生率高的年份正是房屋建设期；移民流入人口数量不断上升，而80年代末的房屋数量没有增加，住房市场也没有房屋储备了。对于出现新房荒和不断上涨的租金（尤其是人口密集区），德国采取了积极的政策应对，先是提高出租房屋的使用率，促进私人住宅建设，促进福利性住房建设。两德统一之后，为改善德国东部地区的住房条件，联邦政策的住房和社区设施投资逐年增加。如图6-2所示，从90年代初的每年支出24亿欧元，增长至2004年的72亿欧元，目前回归到每年30亿欧元的水

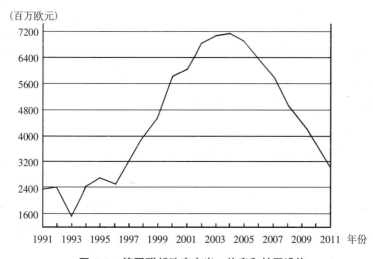

图6-2　德国联邦政府支出：住房和社区设施

数据来源：德国统计局。

平，约占全部财政支出（3200亿欧元）的1%。

第二阶段：主体促进，提升居民购买力

1946年由联合军事政府引进，并且1950年由联邦议院确认的老式住房范围内的统制经济给予地方房管局分配权，可以制定最高租金的额度，并且不允许房东随意解约。20世纪50年代末，通过逐步废除住房统制经济，引进社会租赁权利，德国的住房市场得到了整治。这种整治的后果是导致租金增长，许多家庭承担不起。1965年德国开始引进的与收入、家庭人口数、租金高低相关的住房补贴金制度，成为其住房市场经济的核心支柱。1971年颁布的《解约保护法》禁止通过解除合同的要挟，达到收取高租金的目的。同时，租金在法律上也是有着明确的限制。租金必须与当时当地的普遍房租情况相适应。在90年代后新的房荒和家庭小型化趋势下，1996年德国开始实行私人住宅津贴。通过这样一种提前计算好的津贴数额的发放，使得中等收入水平的家庭和多子女的家庭能够顺利拥有私人住宅。

1996~2005年，德国对于自用的住房给予住房补贴。这笔支出每年最高可达110亿欧元，是德国进行国家补助最多的支出之一。2006年1月1日以来，这项补贴政策被取消了。但是，由此对国家财政产生的负担直到今天还存在着，因为德国对私有住房的补贴持续了8年多。私有房屋补贴政策除了给国家财政带来巨大压力之外，还给人们带来了错误的导向。单户住宅和双户住宅的业主对这项私人住房津贴很有兴趣，于是在郊区建了这些住宅，这种做法破坏了农村的环境，也增加了交通流量，增加了交通压力。而且，也因此产生了很多同步效应：一方面，即使没有额外的外部刺激，一些业主也进行了大量的建筑行为；另一方面，建筑行业可以更容易实现更高的建筑成本。

专题6-1 主体促进措施之承担房屋租金和取暖费用

为了能够满足低收入家庭对住房的需求，德国国家政府承担居住和暖气的费用。其住房补贴对特定的地区间不同状况，给予的最高补贴也不尽相同，呈梯形分布。与住房补贴不同，国家可以承担全部的居住和暖气费用。

当然，这个费用的界限由当地有关部门按照当地实际的住房情况确定。这种举措，满足了人们的需求，对当地的住房市场和住房供给起到了积极的作用。但是我们也要注意，制定一个合适的、适宜的费用界限是很有必要的。一方面要避免太高的费用上限会导致租金的水涨船高。这样一来，会增加低收入并且未获得国家资助的家庭的压力。另一方面，太低的下限会恶化住房供给状况，会导致许多家庭因房屋或者房屋面积问题不能住在一起，造成空间上的分离。

2009 年德国政府在承担居住和暖气费用上的支出达到 151 亿欧元，2010 年上升到 152 亿欧元。2010 年末，360 万个有需要的群体得到了资助，616000 名老年人和丧失劳动力的人获得了补贴。约 9 万个有需求的群体得到了生活上的帮助。

第三阶段：2000 年后的房屋政策

这个时期德国房屋政策新的指导思想是，用现存的房屋存量来解决住房问题。政府不仅要促进新住房建设，还要对老式建筑进行改造，找房子的人可以拥有房屋的占用权，或者是政府通过促进措施，使他们能够买得起房屋。目标群体不再是民众中的广大阶层，而是那些在房屋市场上买不起房子，需要支持的群体。

该时期的房屋政策事实上是由三个改革决定的：福利性房屋建设改革、住房津贴调整和租金法改革。

2001 年 1 月 1 日德国住房津贴改革生效，后来在 2005 年 1 月 1 日开始，住房补贴只发给那些没有收到财政划拨款的人。2001 年 9 月 1 日，租金法也进行了修订、简化和改革。其对房东和房客的解约通知期限有着不同的规定。在缔结租赁合同的时候，减少租赁期限的做法充分考虑到，劳动市场对租户的灵活性的要求越来越高。租金限额从 30% 降到 20%，保证了租户即使在租金不断上涨的情况下也可以租到物美价廉的房子。

随着 2002 年 1 月 1 日生效的《德国房屋促进法》改革的进行，其在房屋建设权利方面进行了彻底的改革，2004 年 1 月 1 日进行的私人住宅津贴补助改革，使新建住宅和不动产享受同样的补助政策。对城市中家庭住宅建设的支持主要取

决于他们是否对稳定城市临时住处起到促进作用。

总体上看（见表6-1），随着20世纪90年代新一轮住房短缺的逐步解决，居民普遍居住水平提高后政府的资助对象缩小，联邦政府公共支出中住房支出的占比在逐渐下降——从1999年的29.36%下降到2012年的8.37%。

表6-1　德国联邦对住房的财政支出金额及其占比

年份	公共财政支出（亿欧元）	公共财政支出：住房（亿欧元）	占比（%）
1999	218	64	29.36
2000	231	63	27.27
2001	228	62	27.19
2002	223	61	27.35
2003	238	62	26.05
2004	237	62	26.16
2005	235	59	25.11
2006	230	52	22.61
2007	236	42	17.80
2008	234	34	14.53
2009	285	37	12.98
2010	255	31	12.16
2011	237	24	10.13
2012	227	19	8.37

数据来源：欧盟统计局。

发展趋势：从住房政策到住房市场政策。

总的来说，德国的住房政策体现了社会市场经济的特点。在未来的发展趋势上体现出两种特性：

竭尽全力使个体的人成为住房市场上的行为主体，使他们有自主活动的能力，给其他人群提供住所。在租金法上增加合同的自由度，给那些没有购房能力的人提供社会福利性住宅，通过提供住房补贴来实施主体促进政策。

新的项目，如社会城市项目、城市改建项目针对的不再是个人的实际情况，而是适度超前，要提高和改善生存机会。德国2013年以来，涉及房屋政策上的问题，比如如何公平分配房屋，出现了越来越多的争议。争议的焦点是：是否要通过再分配和满足个人合法要求来保证生存机会。因此，在政府的住房政策维度里，除了满足居民最基本的居住权外，还必须把居民的生存和发展机会考虑进去。

专题 6-2　关于德国私人住房补贴的争论

德国建设部长拉姆绍尔 2013 年对于不断上涨的租金和住房短缺现象作出解释。德国的私有房屋补贴于 2006 年被废除，但在社会民主党的压力下，德国政府也考虑重新给予私人房屋补贴，尽管也有很多现实情况不允许重新引进私人房屋补贴。

如果是为了解决现在的租房市场上的问题，再次实行私人住宅补贴，那也于事无补。结果只是又促进了私有住房的建设，而用于出租的房屋还是原来那些，也就并没有发生什么变化。除此之外，根据均衡原则，私人房屋津贴也是一项促进措施。只有 15 个德国最大的城市中的共 1500 万户居民受到了上涨的房屋价格和租金的影响。相反，其他的德国城市要与人口外流、房屋空置以及下降的房价和租金做斗争。德国大城市中房价上涨的原因是，那里对房屋的需求很高，大城市市中心附近的地段，面积有限，但是人们对房屋的需求却很大。因此，很明显，需要开发内城还未开发的土地，来增加大城市中的房屋供应。除了新建房屋之外，还要对现存的房屋配置现代化的设施和装修。

想要人为地通过国家补贴的方式来提高私人房屋的数量，是很危险的。从美国的房价危机可以看出，房价的剧烈动荡对低收入的人影响很大。当美国的利息上涨时，许多低收入的房主，也就是次贷客户，无法偿还分期付款金额。这就导致信用卡偿还危机，银行也因此产生了问题。目前，国际上都认为德国的住房市场是一个典范，因为德国的私人住房市场与租房市场之间存在着一个良好的、健康的平衡，而引进私人住房津贴可能会威胁到这种平衡。

重新引进私人住房津贴是很危险的，会付出很大的代价。从需求方面看，实行主体促进政策，发放住房津贴（或者房租补贴），可以使得人们在房屋密集区获得合适的住房。从供应方面来说，为了促进新房屋建设以及对新房屋的投资，需要重新考虑折旧的规则：2008 年，德国废除了余额递减折旧这一政策措施，自此生产成本以及购买设备的成本将会以每年 2% 折旧，

一直实行50年。房屋实际的价值消耗显然提高了，这样一来，每年的折旧
费用也提高了。

数据来源：http://www.iwkoeln.de/de/infodienste/Immobilien-Monitor/beitrag/eigenheimzulage-griff-
in-die-mottenkiste-107772.

第四节 / 德国住房政策的四大法律基石

德国住房政策经历了住房统制经济、国家大规模供给、市场需求调节和市场
化规范四个阶段，体现了"从住房政策到住房市场政策"的转变过程。它的政策
主要体现在一系列法律的制定实施和废除上。其主要的法律如表6-2所示。

表6-2 联邦德国住房政策的演变

德国住房政策相关法律及出处	通过日期
《第一部住房建设法》，《联邦法律公报》	1950年4月24日
《住房经营法》	1953年3月31日
废除住房统制经济	1960年6月23日
《住房补助金法》	1965年4月1日
《第二部住房补助金法》	1970年12月14日
《第一部住房解约保护法》	1971年11月25日
《第二部住房解约保护法》	1974年12月18日
《住房建设促进法》	1989年12月22日
《住房补助金法第八次修正案》	1990年8月10日
《私有住房补助金法》	1995年12月25日
重新制定《住房补助金法》	2000年12月19日
《社会居住空间促进法》	2001年9月13日
《租赁法改革法》	2001年6月19日
《私有住房补助金法修正案》	2003年12月29日
《废除私有住房补助金法》	2005年12月22日

数据来源：比约恩·埃格纳.德国住房政策：延续与转变 [J].德国研究，2011（3）.

124

"二战"后盟军政府实行住房管制的办法，该办法持续到 1960 年。联邦德国政府成立后，陆续实施了《住房建设法》（1950 年、1956 年）、《住房补助金法》（1965 年、1970 年）、《住房租赁法》（1971 年、1974 年）和《私有住房补助金法》（1995 年）四部联邦法律，分别为社会保障住房供给、中低收入阶层的房租补助、市场租赁行为规范和私有住房促进提供法律框架，成为德国住房政策的"四大支柱"（见表 6-3）[1]。

表 6-3　联邦德国住房政策发展历程[2]

政策、年代与性质	政策内容	修订内容或废止原因
《住房统制经济》（1945 年出台）管制政策	政府规定租金数额、事实上禁止现有租赁合同的解除、国家机构分配住房给贫困者	1960 年废止。住房缺口基本得到缓解，逐步开始实施住房市场经济
《住房建设法》（1950 年、1956 年出台）国家供给政策	国家财政优惠或补贴大型住房企业承担住房建设，适用"成本价房租"，与政府约定 20~30 年期限，期满后，房租可以市场化	2001 年废止。受资助的保障房基本到期转为市场房，且政府无须再新建保障房。后改由《社会居住空间法》来规范
《住房补助金法》（1965 年、1970 年出台）需求政策	帮助那些不能独立获得合适的、与家庭情况相宜住房的家庭。补贴经济学意义的"无市场能力的家庭"（Socially Disadvantaged Family）	2001 年修订。使住房补助金数额与上涨的房租和消费价格相适应
《住房租赁法》（1971 年、1974 年出台）市场政策	因 20 世纪 60 年代"婴儿潮"导致德国人口扩张，住房需求增加。出台该法为房东和承租人签订住房租赁合同确立法律框架，具有强烈的承租人权益保护导向	租赁法改革案（2001 年），将已签约住房的房租限涨上限从 3 年累计涨幅不得超过 30%下调为不得超过 20%；自 2013 年 5 月 1 日起，3 年累计涨幅不得超过 15%
《私有住房补助金法》（1995 年出台）需求政策	一是宣布原先个人所得税法案中的住房购置税扣减模式适用至 1995 年底结束；二是 1997 年起采用补贴申请模式，国家按照特定的标准给予补贴，只有收入低于某个特定界限以下的人才能享受补贴	2006 年废止。私有住房促进具有广泛争议性

注：两德统一后，德国东部地区自动适用联邦德国法律体系。
数据来源：根据公开资料整理。

---

[1] 参考中国建工出版社《德国住房政策》。
[2] http://www.schader-stiftung.de/wohn_w 和 el/1017.php。

全球房地产启示录之
稳定的德国
THE REVELATION OF
HOUSING MARKET DEVELOPMENT IN
GERMANY

一、《住房建设法》

德国 1950 年颁布《住房建设法（第一部）》，新政府决定在住房领域加大国家供给政策的市场干预。1950~1959 年底，在财政资金的支持下，德国累计建成住房 330 万套。此外，还有 270 万套住房在没有国家资助的情况下竣工。由此，基本缓解了"二战"后德国住房短缺 550 万套的问题。1960 年之后，接受德国国家资助的住房建设申请量也开始下降。至 1990 年两德统一时期，德国人口流动加剧，住房相对短缺，德国政府又进行了一次供给支持。1996 年之后，受政府资助的住房供给行为越来越少，直至 2001 年，联邦政府取消了该法律，政策不再支持财政直接补贴住房供应。

二、《住房补助金法》

该法于 1960 年初期颁布，主要目标就是完成从支持住房供应向支持住房需求的转变，即向"社会竞争力较弱的家庭"（Socially Disadvantaged）提供货币补贴，以资助他们能够支付完房租外还可以维持基本生活。这一政策成为了德国现代住房补贴制度的典范，并且在德国一直得到了很好的执行。

2009 年，450 万户租房家庭（占 2150 万租房家庭的 21%）获得了不同形式的政府住房补助金，合计金额 166.20 亿欧元，补助金的 83% 发放给了失业家庭（见表 6-4）。

表 6-4　2009 年租房家庭获得的住房补助金

租房家庭类型	家庭（万户）	家庭占比（%）	补助金额（亿欧元）
（1）未获任何政府资助	1700.0	79.04	0
（2）失业者*住房补助金（SGB2）	326.0	15.16	136.6
（3）老年及伤残住房补助金（SGB3）	39.6	1.84	12
（4）社会福利住房（SGB4）	7.6	0.35	0.19
（5）津贴（Housing Allowance）	77.6	3.61	15.6
合计	2150.8	100.00	164.39

注：* 一般指虽失业但正在寻找工作的人（Job Seeker）。
数据来源：德国住房企业协会（GDW）。

三、《住房租赁法》①

1971 年颁布的《住房租赁法》具有强烈的保护承租人权益的特征。该法出台的背景是，1960 年住房统制经济被废除，允许居民在市场上自由租赁，对于收入水平较低的家庭制定了《住房补助金法》以支持他们能够租到适宜的住房。但是，德国在 20 世纪 60 年代出现生育高峰，人口每年以 1%的速度增长，使得住房需求快速上升。在没有法律约束的条件下，承租人普遍受到房东随意解除合同、随意收取高租金的困扰。因此，该法律的适时出台，对租房市场进行了严格的规范，就租房合同订立、履行、租金水平确定及涨幅约定，以及解约程序等进行了严格规范。

"二战"后至 20 世纪 60 年代初，德国住房市场已经基本恢复，政策部门开始考虑逐步制定住房市场政策以向市场化方向发展。但政策制定部门的担心是：经济增长、货币政策和住房市场之间存在紧密联系。要使住房市场成为供需关系决定的自由市场而且正常运转的一大前提是：必须保证市场上有足够的住房供应，使得房东不能形成卡特尔以控制相关的市场。私人部门能够形成足够的住房供给的前提是有足够的投资回报率，而高房租是获得高回报的必然手段。另外，政策制定者们又需要有足够的住房供应以保障居民的住房条件，特别是那些社会弱势群体。因此，从 20 世纪 60 年代起，德国一方面用财政资金鼓励私人住房建设，另一方面，房租管制有所放松。因此，《住房租赁法》对承租人的保护持续加强，比如房东不得随意将房租上涨到超过其可比区域的价格水平。

该法律成为确保德国庞大的租房市场运转良好的制度保证。

2001 年《住房租赁法改革法案》的出台背景在于深受德国宪法的影响。《法案》主要涉及三个方面：一是房东的知情权，比如未经房东允许，不得随意改装房屋；二是房东的平等待遇权，对房租的收取可以向不同人群收取不一样的房租；三是对婚姻和家庭的保护力度有所下降，比如配偶已经过世，另一半不再享有房屋的续租权等。

"从住房政策向住房市场政策"迈进的过程中，德国联邦政府 2001 年通过了《租赁法改革法》，引入非对称的解约通知期限，对《租赁法》作出调整，对出租人权益有了一定程度的改善，以利于进一步增加出租房屋的供给，及赋予房东适

---

① 原名 *German Tenancy Law*。

当的物业处置权利。

针对租金的规定：一是已签约情况。房租标准由当地房管局根据建筑年份、现代化水平，联合当地市政部门、承租人协会、房地产企业制定并定期更新。根据该可比标准，房东可在3年内累计租金涨价不超过20%。但如果签约租金已经高于指导租金标准，则不允许涨价。二是新签约情况。房租可自由协商，房东与新承租人签约的租金水平可以高于指导租金标准，但如果在合约存续期内再上涨，则适用可比价原则。实际上，房租连续上涨且3年上涨幅度超过20%的情况几乎没有，因此，该法则是一个上限法则，实际房租还是根据市场供需原则来定价。

德国拥有欧洲最大的住房租赁市场，2010年德国超过50%的家庭依然选择租房住，其中，90%租房家庭在自由市场上租房，其租房行为受《住房租赁法》的保护；另外10%的租房家庭租用社会住房或廉租房，主要受政策性住房相关法律的调节。可见，《住房租赁法》对德国居民家庭影响的重要性。过去30年中，德国经济和居民收入水平已经大幅增长，居民对住房购买的支付能力已经大大提升，但其住房拥有率依然远低于欧盟平均水平，可能的原因是：第一，普通居民家庭在租房和购房的选择上倾向于选择租房。第二，尽管房租上涨存在一定约束和明显的承租人保护政策，私人在住房上的投资回报还是比较可观的，使供给相对充裕。第三，私人在租赁住房的投资受到税收减免和优惠的刺激措施，在一定程度上明显加大了住房供应。因此，整体上德国租赁市场是一个供求平衡的市场。承租人可以付得起房租，而且相对购房更划算；而出租人在租房市场的投资也可以获得正常的回报。

四、《私有住房补助金法》

1995年底《私有住房补助金法》的颁布，标志着德国政府对私有住房补贴政策的模式转变，即原先的税收扣减模式不再沿用，1997年开始采用直接补贴模式，由私有住房购置或自建人向政府申领退税及相关的补贴。如果还原税收扣减模式，1995年之前的实际补贴也是总计之和在2%左右。从政府的支出结构上可以看出（见图6-3），财政对住房及社区设施支出占比显著提升，从1995年支出154亿欧元，占财政支出比重的1.52%，持续提升至2004年支出238亿欧元，占财政支出比重的2.30%。此后，由于市场住宅需求回落，财政支出金额和比重都有所下滑。

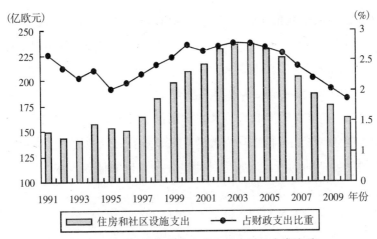

图6-3　德国住房和投资支出占政府财政支出比重

数据来源：欧盟统计局、WIND。

从"四大支柱"的演变进程来看，《住房建设法》由于历史使命的完成，于2001年废止，并由《社会居住空间法》替代。《私有住房补助金法》旨在鼓励和促进私人购买和自建房屋，其出台本身具有一定争议性，后经2003年修订，降低了对受资助的最高收入上限的规定，但于2006年被废止。《住房补助金法》和《住房租赁法》经过不断修订和完善，继续成为德国住房市场政策的基石。

第五节 / 国际比较：其他重点国家的住房政策立法和规划

一、美国：缩小差距，促进平等

美国国会认为住房问题是联邦政府需要关注的问题，通过一系列法案，美国国会使所有公民，不论民族、性别、国籍和宗教信仰，都能获得足够、可支付的住房成为政府优先考虑的事情。美国的住房立法致力于缩小住房水平差距，促进社会平等和谐。

例如，1949年《住宅法》宣布国家住宅供给目标是为每一个美国家庭提供"一套体面的住宅和舒适的生活环境"。

1968年出台《公平住宅法》（民权法案第8款）。禁止对房地产销售和抵押贷款有任何基于种族、肤色、血统或者宗教的歧视。

1974 年出台《平等信用机会法》（ECOA）（1976 年修正）。该法案禁止基于性别、年龄、婚姻状况、种族、宗教或申请者接受官方援助（福利）的事实而发生的贷款歧视行为。

1990 年《Cranston-Gonzalez 国家住房法案》将为低收入和最低收入家庭增加可支付住房的供应作为首要目标。其目标还包括改善劣势少数民族（包括美国土著）的住房机会，增加有特殊需要人群（比如残疾人）的辅助住房供应，以及保留用联邦援助创造的为低收入家庭使用的住房（比如低收入住房），防止其转变为标准住房。

据不完全统计，美国与房地产相关的法律多达 40 余部，在住房保障立法方面形成了比较完善的体系，使住房保障政策措施有法可依，进而保证其政策的权威性和有效性。

专题 6-3 美国房地产联邦立法的演变与发展

1913 年《联邦储备法》，建立了联邦储备系统，并授权联邦特许商业银行经营住宅房地产贷款业务。

1932 年《联邦住宅贷款银行法》，建立了联邦住宅贷款银行系统，包括联邦住宅贷款银行理事会和 12 家区域性银行。这些银行的目的之一是为储蓄机构提供流动性。

1932 年《住宅所有者贷款法》，该法案建立了住宅所有者贷款公司，以购买和再融资违约的住宅贷款。

1934 年《国家住宅法》，建立了联邦住宅管理局和联邦存贷保险公司。前者为长期固定利率的贷款提供保险，后者为针对违约的储蓄机构的存款提供保险。

1938 年华盛顿国民抵押协会，建立该协会，为新创立的联邦住房管理局（FHA）贷款提供二级市场支持，后来改名为联邦国民抵押协会。

1949 年《住宅法》，宣布国家住宅供给目标是为每一个美国家庭提供"一套体面的住宅和舒适的生活环境"。该法案也统一了农民住宅管理局的贷款程序，并认可了城市重建计划。

1961 年《统一农民住宅管理法》，扩大农民住宅管理局的权力，从而为农村地区的非农民提供住宅贷款。

1968 年《公平住宅法》（民权法案第 8 款），禁止对房地产销售和抵押贷款有任何基于种族、肤色、血统或者宗教的歧视。

1968 年《住宅暨城市发展法》，该法案使联邦国民抵押协会（FNMA）私有化，并继续授权该协会为抵押贷款提供二级市场支持。它还创立了一个新的代理机构——政府国民抵押协会（GNMA）。

1970 年《紧急住宅融资法》，创立了一个新的二级抵押市场代理机构——联邦房贷抵押贷款公司，以支持来自于储蓄机构的传统贷款的二级市场。它还授权联邦国民抵押协会（FNMA）除了给联邦住房管理局贷款外，还可以购买传统贷款。

1974 年《房地产交割程序法》（RESPA）（1976 年修正），该法案及其修正案要求抵押贷款人为借款人提供提前信息披露，主要是关于所有贷款结算成本和费用的问题。该法案还禁止为上述提及的业务对任何人提供回扣。

1976 年《房地产交割程序法（RESPA）修正案》，要求贷款人针对结算成本和住宅暨城市发展部的要求提供一份良好的信用评估。在贷款结算前或贷款结算时，还会为借款人提供统一的结算声明（住宅暨都市发展部-1，即 HUD-1）。

1978 年《社区再投资法》，该法案要求得到联邦保险的储蓄机构，须采用社区再投资声明。该声明详细规定在社区里，储蓄机构提供贷款，为公共检查维护档案，并公布民权法案（CRA）规则公告。

1987 年《无家可归者援助法》，该法通过住房和城市发展部对无家可归者提供资助。各参加方必须制定综合的无家可归者援助计划以便接受基金，该基金可能用于支持为无家可归者提供的庇护所的运营。

1988 年《房屋贷款人保护法》，该法放松了规章 Z 对房屋贷款的报告要求。

1989 年《金融机构改革复兴及执行法》，该法对存贷业的管理进行了调整：用清理信托公司取代了联邦储蓄与贷款保险公司，并将其置于联邦储蓄保险公司的管理之下；将联邦住宅贷款银行委员会变成了美国储蓄机构监理局，并将其置于美国财政部管理之下；对存贷机构提出了风险资本额要

求；禁止存贷机构进行某些投资；并要求由有资质的评估机构对抵押财产进行评估。

1992 年，1974 年《不动产结算程序法》修正案，该修正案扩大了 1974 年《不动产结算程序法》的范围，将后续融资也包括在内。

1992 年，1975 年《房屋贷款揭露法》修正案，该修正案要求抵押公司及其他非存款机构遵守《房屋贷款揭露法》。

1993 年《税法》，该法将个人所得税的边际税率提高至 39.6%，但将长期资本收益税税率保持在 28%。该法规定，自 1994 年起，因某些房地产活动而遭致的损失或收益不再被被动损失法规所禁止。这一规定是为房地产经纪人、销售人员及其他房地产业专业人员特别设计的。该法规定，1993 年 5 月 12 日之后，非住宅房地产的折旧期限从 31.5 年提高至 39 年。该法放松了某些有关债务融资不动产的例外规定，使得退休基金及其他豁免机构能够更容易地投资于房地产，虽然方式还很有限。该法还规定，投资于低收入者租用房屋的投资者永远享受税收优惠。除了其他变化，该法还规定，自 1993 年起，正规学生居住的房屋也符合税收优惠的条件。

1994 年这一新法案旨在帮助扩大商业及多家庭抵押贷款的二级市场，该法案帮助降低证券化交易的成本，扩大投资者市场，并通过使所有高评级的商业及多家庭房地产债券享受与类似的住宅债券在 SMMA 下同样的利益来为银行进入二级市场提供便利。

1997 年《纳税人减税法》，若纳税人在房屋出售前 5 年中有 2 年居住在该房屋内，则出售房屋所得收入中有 50 万美元（对单身是 2.5 万美元）可以免税。

数据来源：Terrence M Clauretie；Stacy Sirmans：Real Estate Finance：Theory and Practice (Third Edition) South-Western, a Division of Thomson Learning.

二、日本：立法与规划并行

"二战"后日本面临住房短缺的困难，为了保证住宅建设的发展，日本在"二战"后进行了大规模的立法活动，并相应地制定了数以百计的政令、告示等行政法律规范，形成了较为完整的体系，涉及《计划法》、《组织法》、《劳动法》、《环保法》、《行政法》等各部门法律。这些法律按其不同性质，大体上可分为两类：一类是政府制定的住宅建设的政策与计划，以及有关机构组织的立法依据；另一类是对住宅建设和交易的全过程规定的具体规范和标准①。1950~1955年，政府先后制定了《住宅金融公库法》、《公营住宅法》、《日本住宅公团法》等，确立了政策性住房供应制度。1966年日本制定了《住宅建设计划法》，此后又陆续制定了一系列相关法规，逐步建立健全住房保障的法律体系，这类法律共颁布了40多部。

除了重视住宅建设的立法外，日本还制定了完整的、政府部门和民间部门明确分工的中长期综合性住房建设计划，确保住房的供给数量和提高住房居住水平。如表6-5所示，各级政府的住宅建设五年计划从第一期计划（1966~1970年）开始已经执行了7期，2001年后制订和实施第8期计划（2001~2005年）。每一期计划都详细规定了住房发展目标，建设总数、房价目标、住房用地供应等基本方针，用以指导住宅业的发展。各个时期计划的内容虽有所不同，但其目的可分为两大类，即第一期、第二期的目的主要是确保住房数量，第三期以后的目的则主要是提高住房的质量。政府在不同时期制定不同的居住水平标准，除了最低居住水平、平均居住水平标准外，还制定了诱导性城市居住水平标准和居住环境标准。

表6-5　日本住房建设的五年计划

阶段	时间	原因	住房政策目标	效果
一五计划	1966~1970年	人口大量进城和经济迅速增长激起新的大量住房需求，城市住房短缺	一户一套住房	计划建设住宅670余万套，实际完成674万套
二五计划	1971~1975年	"二战"后住房需求激增；生活水平提高，日本在1970年人均GDP为1967美元	一人一房	计划建设住宅958万套，实际完成828万套
三五计划	1976~1980年	1980年人均GDP达到9165美元	建造足够套数的住宅，并且提高住宅的质量水平	计划建设住宅860万套，实际完成770万套
四五计划	1981~1985年	1985年人均GDP达到近16000美元	达到平均居住水准	计划建设住宅770万套，实际完成612万套
五五计划	1986~1990年	提出了面向21世纪的方针，努力提高国民的居住质量和环境水平	以形成安定富裕的居住生活基础和优良的住宅资产为目标	共建设住宅828万套

数据来源：根据公开资料整理。

---

① 胡兰玲. 各国房地产立法比较研究 [J]. 甘肃政法学院学报, 2000(1).

专题6-4　日本的住宅五年计划和保障机制

一、住房建设五年计划的框架

所谓住宅建设五年计划，就是根据《住宅建设计划法》，制定包括民间建设住房在内的所有住房建设的目标，在引导住房市场的同时，明确"依靠政府资金建造住房"的数量，以明确政府在住宅发展中的作用。

日本在第一期计划期间，便明确了：①国家及地方政府建设面向低收入阶层和城市工薪阶层等中等收入阶层的住房，或对其建设提供资金上的援助；②针对由民间建设的住房，在土地供应、金融及税制上给予补助或提供技术上的援助，极力推进民间的住房建设；③在第三期计划期间，又明确了行政方面的目标，即为了落实对在住房上需要政府资金援助的住户进行支援，切实改善入住管理制度、租金制度，使管理分配更趋合理化。

住宅建设五年计划的框架包括：

（1）设定计划目标和政府资金住房数量。在设定住房建设五年计划的住房建设目标时，针对政府资金住房要明确其建设的数量（主要是建设套数，资金方面只作参考）。另外，为达到建设目标，要设定必要的住房建设标准（居住水平、居住环境水平），并根据标准建造住房，同时对住房建设进行指导。与之相辅，国家在实现住宅建设五年计划和实施政府资金住房建设事业方面还应采取必要的措施。

（2）制订地方住宅建设五年计划、都道府县住宅建设五年计划。在决定（原建设省，现国土交通省）全国的住宅建设五年计划时，迅速制订各个地方的住宅建设五年计划，并通知所属都道府县。各都道府县在接到地方住宅建设五年计划的通知后，立即和有关市、町、村协商，并按照此计划制订都道府县的住宅建设五年计划。在此阶段，作为政策性金融机构的住宅金融公库要针对地方的住宅计划和地方政府交换意见。

（3）和有关行政机关的相互协商、合作。在国家制订住房建设五年计划时，为了顺利实现计划，需要事先和有关行政机关进行协商，进行必要的法律修改，确保财政资金、融资资金的筹集、技术标准的更新等。在该阶段住宅金融公库和各主管机关的住房责任部门交换意见，对业务计划、资金计划的稳妥性进行调整。另外，基础设施的完善对计划的实现极为必要，因此规定了有关行政机关在公共设施及公益性设施的配备方面也要进行合作。

二、确保计划实施的财政、金融机制

1. 支持政策实施的财政、金融结构

在日本，以邮政储蓄为首的政府性金融制度将国民的储蓄性资金广泛集中起来，并强制性地交给原大藏省资金运用部负责管理。资金运用部则运用这些资金，向住宅金融公库等政策性特殊法人进行融资。这种结构就是所谓的"财政投融资制度"。另外，国家要适当明确地控制财政活动的内容，因此政府参考各种计划、政策（如住宅建设五年计划），每个预算年度都要在国会上通过审议、决议等程序制订收入和支出计划。

2. 支持政策实施的政策性机构

住宅金融公库以财政投融资资金为资金来源，进行长期低息资金贷款，因此在增加可购房家庭数和促进购房能力方面起到了很大作用。住宅金融公库自设立以来共向约1500万户进行了融资，约占"二战"后日本住房建设总户数的25%。从实现对住房进行政策性引导来看，住宅金融公库占有极其重要的地位。

数据来源：《中国住宅金融报告》，中信出版社2003年9月。

三、各国住房政策的基本经验和启示

世界许多国家和地区基本都以不断满足城镇居民的住房需求作为政府承担的政治责任，并以法律的形式予以保障。"二战"后，各国纷纷颁布大量有关房地产的法律。美国、日本、新加坡、韩国、意大利颁布了大量的单行法，分别对住宅管理、土地开发、建筑设计、工程施工、房产拥有等制定相应的法规；而英国、德国、新西兰、加拿大则制定了住宅总法，如德国在1950年出台了第一部《住房建设法》，英国出台了《住房和城市规划法》、《工人阶级住房法》等。总体而言，各发达国家房地产立法有以下特点：

1. 法规数量多、涉及范围广

各国的房地产法规数量都较多，依据若干法律法规共同作用、相互补充。日

本关于住宅建设的法律法规多达数十个，新加坡先后制定了与土地有关的法令20多个。德国的住房立法也相当多，且不断更新和完善。

2. 以基本法为主，宗旨明确

各国房地产立法均以《房产法》和《住宅法》作为基本法，并配套相关的各种法律法规。例如，日本房产的基本法是《住宅建设计划法》和《住宅金融公库法》，新加坡以《土地征用法》作为其关于土地的基本法，并以此为基础颁布了大量相关的补充法令。

基本法或者补充法不论条文长短，都规定了明确的立法宗旨。例如，日本住宅法第一条写明其宗旨："以提供大量的住宅和住宅地、改善国民的居住环境、安定国民生活为目的"，美国1949年《住宅法》宣布国家住宅供给目标是为每一个美国家庭提供"一套体面的住宅和舒适的生活环境"。

德国在社会市场经济的基本制度上，以四大法律为基石，奠定了其地产制度的根基。

3. 立法和规划相互支持

世界各国在颁布了各种法规之时，政府也出台了相应的房地产规划。例如，韩国制定了《长远住宅建设规划（1971~1981)》，而且为了有效执行这一规划，相应制定了《住宅建设促进法》，支持和推动居民建设住宅。新加坡于1960年颁布了《建屋与发展法》，根据该法令设立建屋发展局，制定了"五年建屋计划"；于1964年推出了"居者有其屋"计划，鼓励中低收入家庭购买组屋。有了制度的保障，新加坡公共组房建房速度明显加快，从原来每年平均建设1000多套提高到10000多套。德国也是根据全社会房屋的需求状况，不断以主体扶持和客体扶持的方法调整全社会住房总需求，最后达到整体的平衡甚至供给还略有出超。

中国社会政策体制与德国的社会市场经济体制更为接近，所以德国的经验对中国的参考意义更为贴近和重大。综观德国和世界各国的住房政策经验，对中国住房制度的立法启示可总结如下：

1. 建议制定《住宅法》或者《居住法》

各国房地产立法均以《房产法》和《住宅法》作为基本法，并配套相关的各种法律法规。我国尽管涉及住宅的房地产法也较多，如《城市房地产管理法》、《土地管理法》、《城市房屋拆迁条例》等，但缺少一部《住宅法》或者《居住法》来确定政府在住房市场的责任和义务，明确政府在住房市场的角色。笔者认为满足全体人民的居住需求应成为国家级的基本国策，提高到基本国策的层面上，而不应将其停留在少数部门的管辖范围内，所以亟待制定一部《住宅法》。同时，应当建立一套保障这一国家级政策得以顺利实现的法制保障体系。

2. 根据法律制订持续性的住房计划

世界各国在颁布各种法规之时，政府也出台了相应的房地产规划。持续性的住房计划是确保长时期内居民居住生活水平随着社会经济的发展而不断得到提高的有力手段。我们需要制定完整的、政府部门和民间部门明确分工的中长期综合性住房建设计划，确保住房的供给数量，从而提高住房居住水平。住房计划在制定政策目标的同时，也需要建立保障目标实现的财政金融机制。

第七章

稳定器:

住房合作社与储蓄制度

　　房地产金融是一个涉及领域较宽,包括用以开发或购置房地产而转移货币和信贷的机构、市场和工具。

　　住房金融是指围绕居民住房开发建设、购买转让、增值过程中进行的资金融通、借贷以及相关衍生金融活动,各类金融机构不仅为居民提供住房消费融资,也为房地产开发商建设住房提供融资。本章对德国、日本、美国、新加坡、巴西以及转轨经济国家的主要住房融资体系进行国际比较,并提出了相关政策建议。德国特有的住房合作社和住房储蓄制度,堪称德国房地产市场的稳定器。

第一节 / **德国的住房金融体系**

德国的金融体系发达，是一个以中央银行为核心、商业银行为主体，专业银行和其他金融机构并存、共同发展的金融服务体系。截至 2012 年底，平均每千人就拥有一个营业点，密度要高于同等的发达国家。德国的中央银行是德意志联邦银行，主要负责管理国家经济活动中的货币流通和信贷供应，保证货币的稳定，并负责国内外财政金融往来的结算业务。

在中央银行的监督管理下，商业银行按其业务范围划分为两大类：全能银行和专业银行。全能银行主要从事比较全面的金融服务业务，包括吸收中短期和长期储蓄存款；建立长期专项基金；发行各种投资证券；提供中短期和长期贷款；从事证券买卖业务和其他金融服务。全能银行有不同的所有制形式，如私人商业银行、合作银行和公营银行等；专业银行主要从事专项金融服务，也分私营和公营。公营银行是按政府特定法律建立的，其功能和私营银行一样，只不过服务于政府特定的政策目标，并由政府承担其债务。

一、住房合作社和互助储蓄制度

住房合作社被称为德国房价的稳定器。120 年来，德国的住房合作社是其住房市场上的重要房屋供给方。住房合作社是德国住宅建房的主要组织形式。早在 1867 年，普鲁士出现了第一个住房合作社。到 19 世纪 70 年代初，德国只有 3 个住宅合作社。但是到了 1874 年，住房合作社的数量达到了 52 个。2012 年，德国有 2000 个住房合作社，其下拥有 210 万套住房、300 万个会员。它拥有 210 万栋住房，占用于出租房屋数量的 9%，为约 500 万德国人提供良好的、安全的居住场所。统计显示，住房合作社建造的住宅占德国新建住宅总数的 30.9%。在柏林就有 80 个合作社，18 万套住房，占到所有住房的 10%。

住房合作社房屋的拥有者、使用者或者是拥有永久居住权的人可以通过住房合作社获得很多益处。住房合作社作为一种中间形式，一方面可以供自己使用，另一方面也可以用于出租。

下面从具体的分类和细节对住房合作社进行简单介绍。

1. 方式

德国住房合作社成立的目的很明确，就是通过合作的方式（而不是开发商垄断的方式）实惠地解决参与合作社的社员的住房问题。

2. 制度

合作社有自己的章程、组建委员会、管理委员会和重要议事问题全体社员大会共同决定制度。

3. 合作社成员

合作社成员有公司的白领、普通工人、学生、退休老人等不同社会人群。

4. 操作过程

建房前，每个成员必须缴纳一次性会员费（根据住宅面积、400 欧元/平方米、建造款不足部分由政府提供低息或免息贷款，似首付款）；住房建好后，每户客房再按月支付房租（似月供款），大约是 8.2 欧元/平方米；若期间退出、搬迁，合作社将向其退还至此为止的全部房款（会费 + 全部租金），再将该退出的房子转给新加入的会员。

正因为合作社建房价格便宜，新建社区人际氛围良好，由此希望加入合作社的人越来越多，致使合作社扩建住房不断增加。这种合作方式充分地、较好地解决了国民（社员）住房问题。该机制较好地处理了国家、集体、个人利益的关系，施行了在互利共担的原则基础上集约改善人民住房条件制度。

5. 政策扶持

德国政府对合作社建房给予了多方面的政策扶持：

（1）提供贷款。长期的低息贷款和给予借款保证。

（2）提供土地。合理价格的土地供应（大多地处郊区、荒地、城市中的废旧住房等）。

（3）减少税收。所得税、财产税、土地转移税、交易税均以低税率向合作社征收。

（4）补贴租金。合作社住房如出租给社员，政府必要时补贴部分租金，房租降到社员能够负担的水平。

依靠住房合作社，德国人实现了"居屋计划"。不仅在德国，住房合作社在世界上较许多其他国家都获得了巨大的发展，现在已经成为解决居民住房问题的一支重要的力量。目前，全世界已经有 50 多个国家和地区建立了住房合作社。

与住房合作社匹配的是德国独有的住房互助储蓄制度。它在住房抵押市场上占有重要的位置，是德国住房金融中很有特点的一部分。德国的住房互助储蓄实行自愿、平等、互利互惠的原则，即保障了所有需要购房者都有机会参加住房低息储蓄，并按其对住房储蓄的贡献来确定获得贷款资格，这保障了储蓄与贷款的权利与义务对称以及储户之间机会均等①。

1885 年，德国建立了第一家住宅互助储蓄银行。其最初的理念就是大家共同集资建房购房。这种自愿、互助储蓄的融资优势是显而易见的，如一栋房的价格是 1000 马克，10 个人每人年储蓄为 100 马克，所集资金不仅可以保障 10 年内人人都拥有自己的住房，还可以使人均资本积累等待的期限从 10 年降低至 5.5 年。政府希望通过住宅储蓄制度发挥住房储蓄者的积极性，筹集建房资金。

德国住宅储蓄制度的两大支柱：一是固定利率、低息互助。凡加入该社的社员，必须履行先储蓄后贷款的义务，当储蓄达到所需贷款额的 40%~50% 时，才有资格贷款。住宅储蓄制度是一种封闭运转的融资系统，独立于德国资本市场，存贷款利率不受资本市场供求关系、通货膨胀等利率变动因素的影响。多年来，住宅储蓄利率保持在 6% 以下且贷款实行固定利率，居民还贷额固定、明确，因而对居民有相当大的吸引力；而且国家对中低收入的住房贷款者根据储蓄额进行奖励。二是政府的储蓄奖励。对低收入居民来说，参加住宅储蓄可以得到政府的奖励，是促使他们参加住宅储蓄的一个重要原因。住宅储蓄奖励分为两种：①储

---

① 相比之下，我国的住房公积金制度实行强制性储蓄，强制让一部分人参加住房储蓄，但将另一部分人（如城镇个体劳动者、自谋职业者等非国有单位职工）排斥在政策性融资体制之外，这既不符合经济转型期中国多元化的经济结构、多元化的消费需求，也有碍公平原则的实现。在个人储蓄积累较低的情况下，无限制发放个人贷款，必然导致贷款人对低息款的过度需求，使住房公积金在较短的时间内资金耗尽，使众多储户失去享受低息贷款的机会。

我国需要开辟灵活多样的储蓄品种，实行多种利率，并辅助以储蓄奖励方式、税收减免等多种措施，调动居民参加住宅储蓄的积极性。在我国，面对收入多元化、需求多样化和拥有消费主权的经济人，政府不能再沿用简单的行政干预和管理方式，强制性地让人们参加住房储蓄，而应学会用市场经济的方法来引导居民的储蓄、消费和投资，帮助居民逐步实现消费的升级换代。政策性住房储蓄应根据居民不同的需求设计不同利率、优惠政策的储蓄品种，如对需要购房的储户，设立市场化利率的储蓄，保证居民参加住房储蓄可以得到与其他储蓄等额的利息收入或设立减免利息税的住房储蓄，以鼓励居民参加住房储蓄；对需要扶持的收入群体（中等偏下和低收入户），政府还可以用住房基金设立专项利息补贴，为他们购房提供低息贷款，或为开发商兴建面向中低收入的出租房提供长期贷款，改变目前泛用低存低贷、利息暗补对象不明确及对收入分配的负效应。

蓄奖励,任何16周岁以上、年收入5万马克以下的单身家庭,每月不超过1000马克的住宅储蓄,可以得到政府每月最高100马克(即10%)的储蓄奖励;年收入10万马克以下的单身家庭,每月2000马克以下部分的住宅储蓄,可以得到政府每月最高200马克(即10%)的储蓄奖励。德国政府设立住宅储蓄奖励金和雇员储蓄奖金以及职工资产积累奖金,如1997年年收入5万马克的个人储户(夫妻储蓄10万马克),可获得住宅储蓄10%的住宅储蓄奖励金,个人住宅储蓄奖金的最高额为800马克,夫妻为1600马克。此外,雇主还要在雇员的住宅储蓄账户里每年存入936马克作为职工资产积累奖金。国家还要对职工积累(936马克)给予10%的雇员储蓄奖金。②购房奖励,对通过住房储蓄进行的建房活动,政府还给予贷款总额14%的贷款补助。此外,政府对住宅价格的有效调控,以及相应的住宅价格稳定,保证储蓄的住宅购买力不发生大的变化(贬值),也是住宅储蓄制度得以发展的一个重要外部条件。为了鼓励这种民间发起的住宅互助储蓄,德国政府通过多种奖励和税收政策的运用,调动了居民参加住房储蓄的积极性,吸引了大量的社会闲散资金流向住宅储蓄。

在德国,普遍成立了房屋互助储蓄信贷社。社内的储蓄和贷款利率不受外界资本市场利率的影响,采用长期稳定的低存低贷固定利率制度,由于合作社的目的是解决社员的住房问题,因此充分体现了住房问题由国家、集体和个人三者共同承担的原则。由于合作社资金来源直接,减少了中间环节,可以降低住房成本,因而能够向社会提供价格低廉的住房。同时,德国政府也向住房合作社发放无息建房贷款,额度通常占建房费用的60%~70%,有的甚至高达90%。贷款的期限一般在20年左右。

在资金的运用上,德国住宅互助储蓄银行为了保障住房储蓄资金在使用中的公平性和安全性,除了按常规审查借款的支付能力外,还有一套严格的借款人资格评定标准,具体包括:①最低存款额。凡需要获得低息的贷款者,必须按储贷合同定期缴纳储蓄金,先履行储蓄义务并满足最低存款额要求,即只有当储蓄达到所需贷款额的40%~50%时,参加储蓄至少2年,才有资格得到所需的贷款。②评估值。德国住宅储蓄银行每月对住房的奖金积累状况和对住房储蓄的贡献进行评估,并以评估值的高低来确定借款人的资格和贷款的分配顺序。这样保证每个储户都能得到公正、平等的配贷机会。

住房储蓄融资体系运行模式可以简要地概括为:先存后贷、专业经营、专款专用、利率固定。它是一个参加者互助合作性质的封闭式储蓄融资体系。在办理住房储蓄上，规定凡计划购建房的年满 18 岁的德国公民都要参加住房储蓄，并同住房储蓄银行签订一定数额的"购建房储蓄合同"（即存款总额合同），储户如每月按照"合同金额"的 5‰储蓄存款，7 年左右存满"合同金额"的 50%左右时，就可以向住房储蓄银行申请到相当于"合同金额"总数的购建房贷款。存贷款利率是固定不变的，一般低于市场利率。还款方式是所购建住房开始使用后，按月以全部合同金额的 6‰（或者 3‰）还款。一般情况下是存款 7 年之后开始贷款，贷款偿还期为 12 年。只有住房储蓄银行才可以开展住房储蓄业务，其他银行不得从事该项业务。住房储蓄银行不得开展有风险的业务，只能购买那些国家债券等有价证券，信贷资金只用于为参加住房储蓄的居民提供购建住房贷款。

二、多元化的住房融资机制

住房储蓄银行体系是德国主要的住房融资体系。住房储蓄体系由专业的住房储蓄银行（也称为住房储蓄信贷社）经营运作，住房储蓄是最稳定的资金，约占住房融资总额的 50%。德国共有 35 家住房储蓄银行，其中 22 家是采取股份公司形式的私营住房储蓄协会，13 家是州立住房储蓄银行。该体系的目的是通过政府政策促进居民积极参与住房储蓄来实现建房筹资的自助、社会互助和政府资助。它承担了市场融资和社会保障的双重职能，其运行机制是商业性和福利性有机结合。

封闭式的住宅储蓄尽管在住宅金融体系中有着不可低估的作用，但是它所提供的资金毕竟是有限的，这只是德国住宅金融体系的一部分。在德国从事住宅信贷的金融机构很多，主要包括储蓄银行、抵押银行、住房与互助储蓄银行、信贷合作社、保险公司、商业银行和特别信贷银行等。除储蓄体系机构外，众多金融机构都参与房地产金融业务。承办银行（抵押银行）、商业银行（特别是德意志银行、德累斯顿银行和联邦德国商业银行三大商业银行）、保险公司等都积极开展房地产金融业务。

德国住房金融体系如图 7-1 所示，针对不同的人群，政府和各个金融机构都在体系内发挥作用。

只有建立多元化的融资机制，将契约型融资与商业性的储蓄融资结合起来，将住宅金融与整个金融市场联系起来，相互协调，才能使其发挥更有效的作用，为住宅投资和消费提供充足的资金支持。如表 7-1 所示，2011 年末德国住房贷

政府性机构直接参与的领域

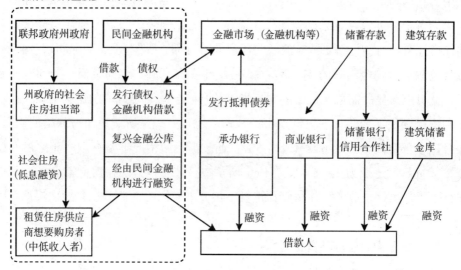

图 7-1　德国住房金融体系

数据来源：世界住房政策与金融、住房普及协会.中国住宅金融报告［M］.北京：中信出版社，2003：9.

款余额为 1.1 万亿欧元。储蓄银行、信用互助银行、建设贷款协会是主要的房贷发放人（见表 7-1），合计住房贷款余额占 2011 年全部余额的 60%。

表 7-1　银行机构住房贷款余额（2011 年）

银行机构	贷款余额（百万欧元）	份额（%）
地区银行	155033	13.9
外国银行分支机构	1384	0.1
大银行	117219	10.5
州立银行	47853	4.3
储蓄银行	325161	29.2
信用互助银行地区机构	269	<0.1
信用互助银行	220032	19.8
按揭银行	79992	7.2
建设贷款协会	111504	10.0
特殊目的银行	55601	5.0
全体银行机构	1114048	100
VDP 成员银行	329.618	29.6

数据来源：Deusche Bundesbank and vdp Statistics。

三、德国住房金融的主要特征

1. 在住房金融方面，德国主要采用固定利率形式

如表 7-2 所示，在德国 5 年或者更长期限的抵押贷款中，固定利率贷款占比达到 70%，远高于近年发生危机的西班牙（2.4%）、意大利（5%）等国家。这对于居民在作购房决策和负担购房利率成本时提供了很多便利条件。

表 7-2　德国主要实行的是固定利率（2011 年）

国家	固定利率贷款占比（%）	国家	固定利率贷款占比（%）
瑞士	2	德国	70
西班牙	2.4	荷兰	74
芬兰	3	比利时	75
意大利	5	丹麦	75
英国	5	法国	80

注：抵押贷款实行的是 5 年期或者更多年期的固定利率。
数据来源：BIS。

2. 便利的"一站式"金融服务

德国住宅金融工具多样化和多种融资安排尽管看起来有些复杂，但是它促进了各金融机构在住宅抵押市场上的公平竞争，不断改善金融服务。如德国的抵押银行、住房互助储蓄银行、商业银行和保险公司之间均有密切的协调与合作，并为客户提供"一揽子"住宅金融服务。客户只需进一家银行，提交一份申请、接受一次审查和签署一个合约，即可从几个相关金融机构同时获得所需的全部贷款。一般贷款人的首付比例是 30%~40%，实行的按揭利率为 3.5%~5%，成本不高；按揭还款额不高于贷款人 40%~50% 的月薪。

例如，德国住房抵押贷款的融资安排别具特色，其特点在于很少有人能从一家金融机构获得购房所需的全部贷款。通常，居民购房贷款是这样组成的：55% 来自抵押银行或储蓄银行，15% 来自住房互助储蓄银行，20% 来自商业贷款，其他来自家庭积累。这种多元化的融资安排，一方面有利于金融机构分散风险，另一方面也是德国人精于对信用贷款工具的选择。

3. 丰富的金融工具

目前，德国居民使用的主要住宅金融工具如下：

（1）由抵押银行和储蓄银行提供的抵押贷款，多为可调整利率，贷款房产价值比为 50%~60%，期限为 20~30 年，银行对抵押资产拥有第一处置权。

（2）由住房储蓄协会提供抵押贷款，一般期限为 6~18 年，平均期限为 11 年，贷款利率低且固定不变。这主要得益于会员较低的储蓄利率。

（3）浮动利率的短期抵押或无抵押贷款。由于德国不允许金融机构向购房者提供 100% 的抵押贷款，因此当购房者个人资产和储蓄不足，以上两种抵押贷款仍不能满足需要时，人们可以借助于这种短期的辅助贷款。这种贷款由商业银行和保险公司提供，利率随行就市，常常不需要抵押和担保。

（4）低息、无息贷款。低息和无息贷款主要由公营抵押银行和储蓄银行向低收入者、残疾人、多子女家庭和建筑社以及住宅的非营利组织提供。

第二节 / 日本的住房金融体系

一、日本的住房政策

立法保障和产业政策构成了日本住房政策的基本特征。"二战"后日本面临住房短缺的困难，1950~1955 年，日本政府先后制定了《住宅金融公库法》、《公营住宅法》、《日本住宅公团法》等，确立了政策性住房供应制度。1966 年日本颁布了《住宅建设计划法》，制定了政府部门和民间部门明确分工的中长期综合性住房建设计划，确保住房的供给数量并提高住房居住水平。

二、日本的住房金融体系概要

日本也建立了确保住房计划实施的财政投融资制度、金融政策和配套的金融机构，对各种类型的住房开发商进行融资，同时以政策性的住房融资担保和保险制度，促进民间力量开展住房建设，确保住房计划的实施（见图 7-2）。

日本通过财政投融资计划，由财政机构吸收和筹集资金，为官方金融机构提供信贷资金和直接投资给公营或国家支持的住宅开发机构。投资性贷款主要有两种：一种是对住宅公团的住宅建设贷款，另一种是将资金拨给住宅金融公库，由其用于建设公共住宅和向居民发放住宅贷款。这就是住宅建设的财政投融资制度。

以邮政储蓄为首的政府性金融制度将国民的储蓄性资金广泛集中起来，并强制性地交给原大藏省资金运用部负责管理。资金运用部则运用这些资金，向住宅金融公库等政策性特殊法人进行融资。

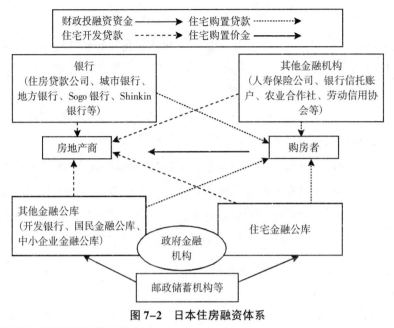

图 7-2 日本住房融资体系

数据来源：笔者根据公开资料整理。

住宅开发建设资金的提供者主要来自政府金融体系：①住宅金融公库是支持计划实施的政策性机构，是日本住宅融资的主要供给者。它以财政投融资资金为资金来源，采用低息形式向住房、中小企业等公营机构、公营金融机构或民间机构提供资金，而这些机构须按照政府规定的政策进行活动。住宅金融公库自设立以来共向约 1500 万户进行了融资，约占"二战"后日本住房建设总户数的 25%。②开发银行为房地产商提供资金融通。③国民金融公库针对中小型房地产商提供周转资金。④中小企业金融公库主要针对不易向一般金融机构贷到资金的中小型房地产商提供融资。

日本政府也实行住房融资担保和保险制度，促进民间力量开展住房建设，1955 年制定了《住房融资保险法》，规定商业性金融机构进行住房融资时，通过向住宅金融公库投保，以防止坏账风险。政策性的住房融资保险制度有如下特点：①保险费更便宜。例如，个人住房贷款时的保险费比商业性的担保机构大约便宜 40%。②承保标准比商业性机构宽松。例如，过渡性信贷、无抵押融资、无法加入团体信用人寿保险是可利用保留的融资等。③承保范围宽泛。例如，部分商业性担保机构不予考虑的单位贷款融资等也属于承保范围。

目前，日本的住宅金融体系形成了以市场经济为主体的格局，政府住宅金融

机构不直接参与市场经营，其业务通过其他金融机构代理，而民间住宅金融机构则形成了竞争经营的局面。日本住房信贷的机构很多，包括住房贷款公司、城市银行、地区银行、Sogo 银行、Shinkin 银行，人寿保险公司、银行信托账户、农业合作社、劳动信用协会等，其中住房贷款公司贷款比率达到 30% 以上，城市银行和地区银行一般在 10%~15%，其他金融机构都在 10% 以下。

三、日本民间金融体系

日本住宅融资体系经历了政府主导向民间主导的演变，日本住宅金融政策的重点从支持住房直接投资，向支持投资和间接参与并重的方向转换。前几个住宅计划时期，政府在住宅融资中占据主导地位。此后，随着居民收入增长和住房购买需求高涨，政府既对公团、公社住房建设投资给予资助；同时又大力扶持住房信贷的发展，广泛鼓励个人住房储蓄，1968 年对住房储蓄的利息收入实行免税方案，1978 年又对住房贷款利率收入实行免税，从资金供给和住房供给两个方面实行支持。20 世纪 70 年代以来，随着日本金融市场的日益成熟和发达，民间的金融机构在住房融资方面非常活跃，并逐渐在住宅金融体系中占据主导地位。其主要职能包括吸储和放款，发放住房抵押货款，发行抵押证券，进行住房贷款债权信托和信托贷款等。

四、日本中低收入群体的住房支持体系

日本政府构建了住宅建设和消费支持体系的政策措施。政府直接资助和通过各种税制鼓励住宅建设和消费，并建立了针对中低收入群体的住宅支持体系。

（1）政府大力资助住宅建设和消费，开辟多种渠道，采取重点资助各种住宅机构和团体建造住宅，统管房租以及提供住宅补贴等多项政策来解决居民住宅问题。政府资助包括资助住宅供应建设，也包括对中低收入家庭提供住房和买房的补贴。

（2）政府制定了多种住宅税制鼓励住宅建设和消费。灵活的住宅税制有：①鼓励增加住宅数量的税制。例如，降低注册和制造税；实行新建出租住宅特别减税办法；降低固定资产获得税；降低市政财产税等。②鼓励更好地利用现有住宅的税制。该税制是鉴于近年住宅套数已超过居民户数，为鼓励居民改善居住条件而设立的税制。如减少现有住宅的注册和制造税，减免不动产收益税等。

第三节 / **美国的住房金融体系**

一、美国住房产业规划

美国政府为城市更新和住宅产业发展制定了详细的规划和制度安排。美国政府明确提出国家及地方政府建设面向低收入阶层和城市工薪阶层等中等收入阶层的住房，或对其建设提供资金上的援助；针对由民间建设的住房，在土地供应、金融及税制上给予补助或提供技术上的援助，极力推进民间的住房建设；在第三期计划期间，又明确提出行政方面的目标，即为了落实对在住房上需要政府资金援助的住户进行支援，切实改善入住管理制度、租金制度，使管理分配更趋合理化。

在实践中政府主要通过支持住宅金融，减免个人购房税收，直接提供廉价住房，帮助居民购房和通过直接提供优惠租赁住宅，对民间租赁住宅开发商提供优惠，帮助居民租赁住房等手段来解决中低收入人群的住房问题。

二、美国住房融资政策

美国实行了以提高居民消费融资能力为目的的种种措施。20 世纪 30 年代经济大萧条后，美国成立了房主贷款公司（HOLC），为抵押贷款提供资金，债务由联邦政府担保，并可在公开市场上出售。通过这一机构，100 多万个家庭得到贷款，抵押市场重新实现了它的流动性。1934 年成立的联邦住宅管理局（FHA），以政府担保的形式降低了抵押贷款银行的风险，并帮助 HOLC 建立了全国性的抵押市场。

三、增强开发商的融资能力

美国制定了以提高开发商融资能力为目的的种种政策。20 世纪 60 年代至 70 年代初期，美国开始全面实施都市更新计划和大规模的拆迁运动。由于拆迁、建设费用大，1975 年美国政府颁布实施了《美国住宅抵押贷款条例》，1977 年又颁布实施了《美国城市社区重建投资管理条例》来鼓励金融机构积极放贷，支持开发商的开发融资；同时成立专门的机构——住宅区重建投资公司，以加大投资力度。

四、鼓励住房融资方式和渠道创新

（1）政府担保催生了抵押贷款融资模式。20 世纪 30 年代中期，美国房地产

业中最普通的筹资形式还只是短期贷款，期限 5 年，半年付息一次。30 年代末期美国成立联邦住房管理局，为抵押贷款提供政府担保，于是市场中出现了分期偿还的长期住房贷款，后又在此基础上发展了抵押贷款制度。目前，抵押贷款已成为在美国占主导地位的住房信贷方式。

（2）管制放松和税收优惠促使房地产信托迅速发展。为了增加房地产融资金额，1960 年艾森豪威尔总统签署了《房地产信托投资法案》，给予房地产信托（REITs）税收上的优惠；1986 年颁布的《美国税收改革法案》，通过限制利息扣除、延长房地产折旧年限，允许 REITs 持有、运营和管理房地产资产；1993 年，美国国会放开了养老基金对 REITs 的投资限制。REITs 的数量和市场价值增长迅速。在过去 30 年间，REITs 公司数量增长了 5.35 倍，市场价值增长了 103.7 倍。

五、多样化的资金来源

资金来源包括商业银行、人寿保险公司、养老基金以及其他金融中介机构的房地产信贷、房地产投资信托基金、房地产抵押贷款基金、房地产债券（包括市政建设债券、产业债券、抵押收益债券、公司债券）、捐赠基金。众多金融机构纷纷参与房地产融资，构成了房地产融资的多元化基石。

六、美国中低收入人群的融资政策

（1）美国政府根据居民家庭的不同收入水平，制定了不同的住宅政策，对中低收入者给予补贴，供应"社会住宅"。政府对开发建设"社会住宅"，提供贷款担保和贴息优惠支持，并调控"社会住宅"的建设标准和售价。对低收入者提供出租标准较低的廉租屋，房租超过收入 25% 以上的由政府补贴，同时为中低收入者给予长期抵押贷款和贷款担保，对高收入者由市场供应商品房。

（2）随着居民支付能力的增强，政府建设的公共住宅逐渐减少，到 20 世纪 80 年代基本停止；政府对"社会住宅"提供的低息贷款由 40 年代的 60% 下降到 80 年代的 40%，进入 90 年代就更少了；政府为中低收入者给予长期抵押贷款和贷款担保。

（3）建立有针对性的常设金融支持机构来提高中低收入者的购房支付能力。1933 年成立房主贷款公司，使 100 多万个家庭得到贷款。1934 年，美国成立联邦住宅管理局（FHA），为低收入家庭的抵押贷款进行担保。后来又针对退伍军人或其家庭成员成立退伍军人管理局，针对农民、农村居民、农村团体的农民住宅管理局，以帮助这些特定的困难群体解决居住问题。

（4）通过税收优惠鼓励私人购房。实行购房者核减税收的优惠制度。使用抵押贷款购买"社会住宅"的中低收入者，按照每月归还贷款的数额，核减一定比例的税款，并减免财产增值税，以鼓励私人购房。

（5）政府通过低息贷款和贷款担保来提高社会住宅开发企业的融资能力。政府通过全国抵押协会和联邦住宅借贷抵押公司给住宅开发企业低息贷款和贷款担保，以支持其多建"社会住宅"并调控房价。

（6）实行严格的住宅抵押贷款制度和担保政策以减少金融风险。中低收入者购买"社会住宅"采取政策性贷款和商业性贷款相结合的办法，以所购住房为抵押。如果居民无力偿还银行贷款，政府可安排其住廉租屋，并将原住房收回重新出售，归还银行贷款，避免银行信贷风险。

第四节／新加坡的住房金融体系

一、多层次的住房政策

新加坡是世界公认的解决住房问题较好的国家，但在新加坡刚自治时，住房问题特别严重，全国有40%的人居住在贫民窟和茅棚中。新加坡政府推出了"居者有其屋"计划，并成立了住宅发展局（HDB）。一方面，推行住房自有权计划，把原国家所有的住房逐步转让给个人；另一方面，对经济收入不同的家庭，实行不同的政策。对收入高的居民，使其住房完全商品化；对低收入家庭，实行准商品模式，由政府投资建造社会住房，然后再按优惠条件售出。其建房资金则主要来源于中央公积金。政府的作用就是保证公积金得到适当的管理和保持低的通货膨胀率。

新加坡的住房发展计划与中央公积金制度的结合，使其住宅建设迅速发展，并推动了宏观经济形成"高积累—高投资—高效益—高增长"的良性循环。经过几十年的努力，到1992年新加坡人均住房面积达到15平方米，超过日本居亚洲第一位。

二、住房公积金制度

新加坡的住宅金融体系的核心是中央公积金制度，它成为了政府建房、个人购房的主要资金来源。新加坡从1955年开始推行公积金制度，迄今已有40多年

的时间。公积金制度实质上是一种全员性、长期性的强制储蓄、定向使用的储蓄制度，凡符合条件的雇主和雇员都必须按收入的一定比例逐月足额缴纳。公积金管理局除支付会员的正常提款外（一般占 5%~10%），其余全部用于购买政府债券，并向建屋发展局提供建房贷款和个人购房贷款。

公积金的融资杠杆作用非常明显，成为政府支持住房发展的主要资金来源。雇员使用公积金支付购房首付款和分期偿还贷款本息。由于居民有公积金储蓄作为偿还的保证，所以金融机构愿意提供这类住房贷款，而且借贷条件十分优惠，对解决新加坡的住房问题，实现"居者有其屋"计划发挥了巨大作用。到目前为止，新加坡已有 80%的人通过公积金购买了房屋。

三、多元化的融资渠道

除住房公积金外，多元化的融资渠道包括邮政储蓄银行、商业银行等，各机构服务于不同人群和具备不同功能。建房协会和金融公司也提供住房贷款，但比率较少。图 7-3 勾画了新加坡住宅金融体系。

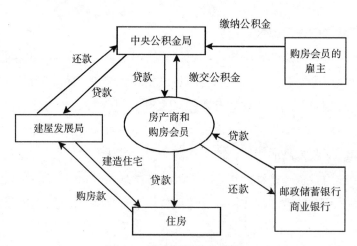

图 7-3　新加坡住宅金融体系

数据来源：笔者根据公开资料整理。

邮政储蓄银行负责对中上层居民和公务员的住宅融资。邮政储蓄银行是与中央公积金局并列的法定储蓄机构。新加坡政府规定，凡家庭月收入在 800~4000 新加坡元（中等收入阶层）的，可购买政府组屋或公寓及按市价向私人购屋。对于中、上层居民的贷款需求，新加坡邮政储蓄银行负责两项住房贷款：一项是向中上层收入者贷款，购买私人建筑商兴建的高级住房。目前，这类贷款余额约

10 亿新加坡元，占该行住房贷款的 1/4。另一项是受政府或法定机构的委托，设立公务员购屋贷款，对政府公务员和法定机构雇员发放住房贷款，贷款利率略低于商业银行的利率。

商业银行积极开拓房地产业务是新加坡住宅金融的一大特色。主要业务有：

（1）发放私人房产商的开发贷款。新加坡从事房屋建设的经营者有两类：一是国家建屋发展局；二是私人房产发展局。前一机构的主要职能是建造"政府组屋"，按成本价提供给中、低收入者；后者主要经营商品住宅、商业用房和地盘管理，商品住房的销售对象为高、中收入阶层，目前 13% 的新加坡居民居住在商品住宅中。私人房产商的建房资金大部分要通过银行贷款来筹集。新加坡银行对私人房产发展商建房发放贷款的条件一般比较宽松。发放建屋贷款额一般可达项目投资额（包括买地费用）的 70%~80%。

（2）办理个人购房抵押贷款，弥补公积金制度的不足。新加坡主要通过公积金制度来解决居民住房问题，但当公积金未积累到购房价款时，就需银行的帮助，这时居民一般先用公积金普通户头交房价的 20%，另外 80% 的房价款可向银行申请购房抵押贷款，贷款部分以后用每月缴纳的公积金分 20~25 年偿还。如果买房时公积金不够房价的 20%，差额部分还可向建屋发展局贷款。所以，新加坡银行的购房贷款补充了公积金制度的不足，并使两者得到相互促进。

（3）直接从事房地产开发经营业务。新加坡的《银行法》规定，银行对房地产业贷款（包括投资）总额不能超过存款总额的 30%，在此范围内政府对银行经营房地产持宽容和支持的态度。在新加坡，大多数银行都经营房地产项目，或者建立附属经营公司从事房地产业务，或者投资入股建立合资公司经营房地产项目。

第五节 / 巴西的住房金融体系

一、巴西的住房金融体系的发展和特点

（1）巴西建立了强制性储蓄的住房金融基础。巴西是一个私人市场经济体制的发展中国家，由于金融市场不完备，为了保证有可靠的资金来源，巴西采取了特殊方式，通过改革社会保障制度，创设"保障就业基金会"，把社会福利计划与筹措住房发展基金结合在一起，有效地解决住房信贷资金的来源，终于建立起

较为完备的以基金为后盾、由国家银行控制的住房信贷市场。根据规定，雇主按工资总金额的 8%交税款给基金会，存入每个雇员的存款账户，作为他们个人的福利基金，并按年利率的 3%支付利息。该基金具有以下特点：强制性、积累性和提取的限制性。保障就业基金不仅是住房信贷基金，而且也作为住房建设贷款提供给住房经营者，发挥住房直接投资的作用。该基金既取得了作为职工社会福利的"分散效益"，又取得了作为住房信贷资金来源的效益。其特色成为了巴西住房金融体系取得成功的基础。

（2）巴西住房金融体系经历了从政府主导向市场主导的转变。巴西 1964 年建立了以政策性住宅金融为主导的住房金融体系，到 1986 年开始形成国家调节、以市场机制运转的经营性住房金融为主的住房信贷市场。20 世纪 60 年代形成的以巴西国家银行控制的住房信贷市场结构包含三个层次：全国住房建设银行通过储蓄和社会福利计划以及发行债券筹集住房资金；全国住房建设银行提供给中间机构（如大众住宅建设公司、住宅合作社）提供信贷，把住房资金用于住房信贷和住房建设投资；中间机构向居民提供住房信贷。80 年代形成的金融体系以市场为基础，联邦储蓄银行取代了全国住房建设银行的主要业务，通过存款筹集资金，然后贷给购房者。联邦储蓄银行和住房信贷公司成为了巴西最大的个人贷款商，占住房金融市场的主导地位。

巴西住房金融系统的资金来源较为广泛，包括储蓄银行、住房信贷公司、储蓄和贷款机构、强制储蓄资金等渠道。

二、巴西解决中低收入家庭住房的金融政策

巴西的住宅金融政策具有鲜明的层次性和针对性，如表 7-3 所示，其贷款对象可为四个层级。各层级均有相应的贷款机构提供差异化的服务和不同的利率组合。

（1）通过各地方设立的大众住房公司，给那些由收入相当于最低收入 1~3 倍的家庭组成的"平民市场"提供住房信贷，建造住房的资金来源于全国住房建设银行的贷款，地方的住房建设银行、大众住宅公司利用这些投资建成住房后出售给居民，并按优惠利率向居民提供长期贷款。

（2）通过由工会和劳工联合会组成的住宅合作社，向由收入相当于最低收入 3~6 倍的家庭组成的"中低收入者市场"提供信贷资金，利率很低。

（3）通过其他机构向收入较高的家庭提供一般利率计息的住房贷款。

表 7-3 巴西针对不同收入家庭的住房金融政策

贷款对象	贷款机构	贷款金额	贷款利率（%）	家庭月收入（美元）
低收入	州公司	5196	1~5	152
中下收入	州和地方住房机构 住房合作社	18707	5.1~9.4	557
中等收入	住房合作社 储蓄和贷款系统	28061	9.5~9.9	886
上等收入	储蓄和贷款系统	51984	10	1000 以上

数据来源：马克·伯利特.住宅金融［M］.朱田顺编译.北京：改革出版社，1990.

第六节 / 转轨经济国家的住房金融体系

转型经济国家的住房市场仍然具有以下几个共同特征：①住房存量较大；②业主自用住房占有很大份额；③住房质量一般较差；④住房建设水平较低。经济转型之前，政府在建设及提供住房方面发挥直接作用。目前，转型经济国家的政府一直在避免直接干预，并试图制定与发达市场经济国家相似的住房政策。

一、住房政策重点

（1）政府将重点放在促进私人部门进行新的住房建设上。为弥补因公有部门住房建设下降而带来的住房供给的减少，政府制定了各种激励措施，包括与住房建设有关的补贴及优惠税收待遇来增进住房建设。另外，一些国家，比如捷克，开始更加重视对现有住房进行更好的利用，制定支持措施以促进现有住房的维护与改进。

（2）国家的扶持措施越来越集中在这些社会的弱势群体上。根据总体社会政策，政府试图将其住房方面的直接责任锁定在目标人群上，如低收入家庭及青年人家庭。一些国家，如波兰，将重点放在社会出租房屋的建设方面。

（3）政府正在努力建立以市场为基础的住房融资体系。为使政府从它传统的提供住房的责任中退出来，必须培育一个人们能在其中进行住房交易的市场。除了通过刺激住房建设以增加住房供给，还必须创造出对住房的有效需求，而这需要有合理的融资安排。建立以市场为基础的住房融资体系的一个重要目标就是要减轻国家在推进住房政策实施过程中的财政负担。在这方面，政府的总体目标是

促进以商业为基础的住房供给，同时有重点地提供财政支持以满足无力购买足够住房的家庭的需要。

二、多元化的住房融资体系

许多转型经济国家已在努力建立各种融资机制，住房融资市场也已经在这些国家出现。一般来说，在这些转型经济国家中，提供住房融资的主要有商业银行、发行抵押债券的抵押银行、合约储蓄计划和公共基金。

1. 商业银行

在转型经济国家，商业（综合）银行也提供住房贷款，尽管它们的这种业务还处于初级阶段。

转型经济国家的这种贷款大多是短期贷款，期限不到 10 年甚至只有 5 年。现在有少数几个国家开始提供长期贷款。按揭成数往往大大低于发达市场经济国家的标准。这些贷款的名义利率及真实利率都很高。而且，住房抵押贷款还经常以美元或欧元等外汇计数，这样借款人还需要承担外汇风险。这些贷款对住房购买者来说没有多少吸引力。

一些政府通过利率补贴和（或）优惠税收待遇的支持形式来降低抵押贷款的费用及促进住房融资的发展。在立陶宛，一些被选定的银行（包括以前国有的储蓄银行）可以按 5% 的固定利率提供抵押贷款，固定利率与市场融资利率之间的差额由公共基金来弥补。相反，捷克与斯洛伐克设立了一种补贴对支付的规定水平的利息进行补偿（相当于新住房建设抵押贷款的 4% 的利率及住房购买抵押贷款的 6% 的利率）。

另外，政府也建立住房贷款的担保机制，如爱沙尼亚、立陶宛以及斯洛伐克正在建立由政府支持的贷款担保或保险计划。1999 年，立陶宛建立了住房贷款保险公司来为购买、建造或维修住房的贷款提供担保。同年，斯洛伐克启动了一个国家担保计划，对住房建设特别是低收入居民租住公寓的住房贷款进行担保。2000 年，爱沙尼亚住房基金会与三家商业银行合作建立了一个主要以青年家庭为目标的抵押担保项目。在这些国家，由于抵押的实施尚不完善，特别是在止赎权及程序方面存在缺陷，即使贷款人使用抵押作为担保，银行对此也不是很重视，往往要求其他担保，如第三方担保。

2. 抵押银行

抵押银行发行了抵押债券吸纳期限较长的资金，解决银行资产与负债期限不匹配问题，并吸引更多的外国资金。

抵押银行是专门从事抵押信贷业务的银行。和商业银行一样，抵押银行传统上依靠公众存款提供融资，还通过发行抵押债券来募集资金。匈牙利已经建立了一些抵押银行，并发行了抵押债券。在波兰，根据1997年通过的抵押债券与抵押银行法案，两家抵押银行已经投入运营，至今已经发行了两次抵押债券。其他一些转型经济国家，包括拉脱维亚、捷克斯洛伐克，最近还有保加利亚，通过立法在内部将抵押银行业务的运营和资产分离出来，使商业银行也能够获得从事抵押银行业务的牌照并发行抵押债券。

用抵押债券对抵押贷款进行融资有两大优点：一是通过发行债券募集到的资金一般比通过吸纳存款募集到的资金期限要长。较长的资金期限应该有助于解决中间机构的资产与负债的期限搭配不合理的问题，从而改善它们的风险管理。二是得益于金融市场全球化程度的不断提高，发行债券还有可能吸引到更多的外国投资者的资金。在发达的市场经济国家，保险公司与退休基金是抵押债券的主要投资者，因为它们需要长期资产。

3. 合约储蓄计划

合约储蓄计划通常以低于市场水平的利率吸纳申请者的存款，并以优惠的条件向存款人提供住房信贷。

在转型经济国家，住房的合约储蓄计划是比较流行的。目前在捷克斯洛伐克、匈牙利、拉脱维亚、波兰以及斯洛文尼亚等国家都有这种计划。这种计划的基本功能是一样的：计划的运作者以通常低于市场利率的利率吸纳申请者的存款，一旦吸纳的存款累积到一定水平，就以优惠的条件向存款人提供住房信贷。但是，不同国家的合约储蓄计划是不一样的。例如，捷克斯洛伐克和匈牙利采取的体系是仿照德国模式，这种模式要求建立一个独立的专业机构来运作这一计划。相反，波兰和斯洛文尼亚则主要通过现有的商业银行运作这一计划。

合约储蓄计划在这些转型经济国家取得的成功主要可归因于国家的鼓励措施。在捷克斯洛伐克、匈牙利以及斯洛文尼亚，储蓄者可从一项国家补贴中获益，这种补贴为储蓄者的储蓄提供保险费，从而使得合约储蓄计划对储蓄者非常有吸引力。然而，这种补贴也给国家造成了沉重的财政负担。在斯洛伐克，为合约储蓄计划提供的补贴占了住房预算的大部分。也正因如此，波兰政府已经停止了1997年开始的Bausparkassen体系的运行。

4. 公共基金

在一些转型经济国家，政府直接通过建立一个公共基金提供住房贷款来促进住房的建设与购买。这种基金的典型例子是 1991 年设立的斯洛文尼亚住房基金，以及 1996 年建立的斯洛伐克住房发展国家基金。

斯洛文尼亚住房基金的目的是向个人购买和建设住房以及地方社会或非营利机构建设社会出租房屋提供优惠贷款。斯洛文尼亚住房基金还为合约储蓄计划中的储蓄者提供补贴。斯洛伐克基金主要是为公寓建设提供融资，它曾经既提供贷款也提供赠款，但为减轻财政负担，2000 年后它不再提供赠款。由于国家预算拨款的支持，这些基金在各自国家的住房市场上发挥了重要作用。斯洛文尼亚基金占了该国个人住房贷款总额的 40%。1992~1999 年，斯洛伐克基金占了该国住房建设融资的 36%。

5. 其他

在一些转型经济国家，保险公司还从事住房（抵押）贷款业务，尽管这种业务的业务量很小。

三、基本特点和未来挑战

在转型经济国家，人们对新的、更好质量的住房有潜在的强劲需求，但这些国家的住房市场发展程度依然很低，这不仅是因为新住房建设水平低，还因为其住房融资市场不够发达。

多数转型经济国家在努力建立各种住房融资体系，住房融资市场也正在这些国家兴起。但是，不同国家的住房融资市场结构有很大不同。在保加利亚、匈牙利、波兰以及波罗的海国家，商业银行和抵押银行是住房融资的主要驱动力量，而在捷克斯洛伐克，合约储蓄计划发挥了主要作用。除了结构上的差别，所有转型经济国家的住房融资都还处于初级阶段。新兴市场的交易在很大程度上受政府补贴的支持，那些建立在商业基础上的交易非常少。

住房融资市场的发展受到多种挑战。这些挑战包括很大一部分家庭没有获得贷款的资格，宏观经济形势不确定，金融市场整体效率不高，抵押的法律基础不强。所有这些挑战都无法在很短时期内得到解决，只能在经济转型战略的整体框架内通过有目的的、持续的努力来加以改善。为建立一个有效的住房融资市场，还需要进一步的努力，特别是在建立有效的金融市场及改善法律的执行方面。

第七节 / **住房金融体系的国际经验启示**

一、住房金融体系的发展方向

一个成熟的住房金融体系，一般都有独立的、政府公营的非营利性住房金融机构来协调整个住房金融业务（如日本的住宅金融公团、新加坡的中央公积金局等），并以优惠条件向住房经营者和经营住房信贷的其他金融机构提供资金及其他便利。同时，以专业性的住房金融机构为主系统，如互助性住房储蓄机构或抵押银行，并且其他银行与非银行金融机构参与融资、提供担保，从而形成一个各方参与相互分工协作的运行机制。

发达国家和转轨国家一般都建立了商业性和福利性相结合的多元住房融资体系，大多有专业性的住房融资机构。市场经济国家在充分发挥市场机制的同时，也没有忽视政府对福利性金融体系的建设。发达国家既有商业性金融机构的支持，也有福利性金融机构的支持。在商业性金融体系中建立专业性的金融机构，其他金融机构均积极配合。政府主要在福利性金融体系中对直接融资、信用补充、市场流动性方面提供积极的支持。

从国际经验看，大部分国家都有专业性的住房储蓄机构，如德国的建筑储蓄金融机构、日本的住房金融专库、英国的建房社团等。研究表明，"发展中国家推动住房金融系统，建立专业的机构更可能成功。专业机构比一般机构更能够提供购房贷款。"[①]

发达国家众多机构参与和分工的融资体系既是推进住房建设和消费的重要手段，也是防范风险的必要措施。如表7-4所示，发达国家目前已形成了多种住宅金融机构共同参与、运用各种金融工具、多渠道筹集资金的局面，广泛运用住宅专业储蓄和贷款制度、政府直接融资制度、政府信用补充和抵押银行制度、不动产证券融资来推进住宅的建设和消费，同时也广泛地分散风险。

---

① 马克·伯利特. 住宅金融 [M]. 朱田顺编译. 北京：改革出版社，1990.

表 7-4　各国住房融资体系比较

国家	商业性金融体系		福利性金融体系		
	专业性住房机构	其他	直接融资	信用补充	债券流通
美国	储蓄贷款联合会 储蓄银行	商业银行	地方公共团体	联邦住房局 退伍军人局	联邦抵押金融机构、政府抵押金融机构、联邦住房贷款抵押机构
英国	住宅金融联合会	商业银行	—	—	—
法国	—	银行 普通储蓄银行	国民储蓄金融机构	—	债券共同基金
德国	建筑储蓄金融机构	储蓄银行 按揭银行	储蓄银行 按揭银行 建筑储蓄金融机构 地方公共团体	州政府	—
日本	住房专业金融机构	银行 信用金库 信用组合 商业银行	住宅金融公库 住宅都市整备公团 地方自治体	公库住宅融资担保协会	—
转轨国家	—	—	发行按揭债券的按揭银行 合约储蓄计划	—	公共基金
中国	—	商业银行	住房公积金	—	—

数据来源：中国住宅金融报告〔M〕.北京：中信出版社，2003.9，OECD Takahiro Yasui, Housing Finance in Transitional Economic。

二、住房金融体系的迫切任务

大多数国家对居民购房融资都可分为福利性金融体系和商业性金融体系。福利性金融体系是为了解决中低收入人群的住房问题，而商业性金融体系则为收入较高人群解决住房问题提供支持，同时也为福利性金融体系提供辅助。福利性住宅金融以非盈利为出发点，重在调节和提供各种帮助，体现出政府福利。商业性住宅金融遵循市场竞争原则，以盈利为目的，体现出住房商品化的原则。两者既相对独立，又相互依赖和融合，形成统一的住宅金融。经过几十年的发展，各国都倾向于更多发挥商业性金融体系的作用，但对中低收入者，福利性金融仍发挥主要作用。

典型市场经济国家对福利性金融在资金来源、政府信用担保和减轻贷款返还负担方面都采取了直接的参与或支持。各国政府都在资金筹集和信用担保上发挥了积极的作用，如美国的 FHA 保险、VA 担保为住宅金融流通提供了大力支持；德国政府的建筑存款奖励金、法国政府的非纳税储蓄制度和住房储蓄奖励金为筹集资金起到了杠杆作用。另外，在减轻返还负担方面，各国政府也出台了很多有利的政策，如美国的住房贷款利息收入扣除制度，英国的住房贷款利息补助制度、德国政府为购房者在 8 年间补助相当于购房价格 5% 的补助金，法国政府对住房价格 20% 的贷款以内给予零利率融资。

按照收入结构进行分层，以提供不同的金融支持是不少发达国家和地区的成功经验。美国、德国、日本、中国香港、新加坡都采用了这样的方法。研究表明[1]，"发展中国家的住房和住宅金融政策必须认清市场的三种不同阶层。首先是高收入阶层，可由金融机构充分供应。其次是享受资助的中间阶层，他们可能得到商业性贷款，也是政府资助的受益人，最后对于穷困户最好通过计划由国家预算直接付款资助。鼓励金融机构过分迁就低收入等级贷款并无有益的意义，甚至会威胁他们的长期生存。但是，可以鼓励金融机构对中间阶层提供贷款，以保持他们的生存。"

目前，我国的商业性金融体系相对成熟，也承担着各种收入结构居民的住房融资需求，但商业性金融机构作为市场主体，不可能长时期承担政策性的住房融资责任，要求他们满足偿付能力较弱的中低收入人群的融资实为苛求；而福利性金融体系除了处于探索之中的住房公积金制度外几乎空白，所以建立针对中低收入人群的福利性融资体系是今后亟待解决的课题。

三、住房抵押以及证券化的二级市场

从发达国家经验看，房地产信贷的证券化率越来越高，增长速度也越来越快。1970 年，Ginnie Mae 首创 MBS，揭开了资产证券化作为新的融资手段的序幕。1991 年，MBS 市场规模超过公司债券市场。1999 年，MBS 市场规模（余额 33342 亿美元）又超过了国债市场（余额为 32810 亿美元），成为名副其实的第一大市场。2001 年底，MBS 余额为 41255 亿美元占总债务余额的 22%，而作为第二大市场的国债市场只有 16%。2001 年，美国 MBS 发行量达到了 16683 亿美元，是公司债的 2 倍。近年来，欧洲的证券化发展呈现高速增长的局面。1986 年、1987 年两年发行的资产支撑证券总量仅为 17 亿美元，到了 1994 年，当年的发行量就达到了 120 亿美元；1996 年达到 300 亿美元，1997 年达到 454 亿美元，1998 年达到 466 亿美元，2000 年则为 924 亿美元，而在 2001 年 MBS 的发

---

① 马克.伯利特. 住宅金融 ［M］. 朱田顺编译. 北京：改革出版社，1990.

行量 369 亿美元, 比 2000 年全年发行量增长了 18%[1]。日本的证券化在 1996 年以后得以迅速发展, 1998 年 (125 亿美元)、1999 年 (232 亿美元) 的增长率都达到了 100%, 2000 年达到了 30%; 2001 年的发行量达到 3.2 万亿日元。目前, 商业银行和住房金融公库, 都开始逐步利用证券化获得资金来源。如 2000 年 3 月末, 日本三菱银行的 MBS 余额有 6800 亿日元; 日本住房金融公库 2000 年有 500 亿日元来自于贷款证券化, 2001 年计划证券化规模为 2000 亿日元, 占计划发行债券的 36%。[2]

各国都建立了以住房抵押为支撑的住宅证券化金融二级市场。房地产金融一级市场是房地产资金初始交易的市场, 是房地产金融市场的基础部分, 二级市场是房地产信用的再交易再流通市场, 是在一级抵押市场基础上发展起来的。美国两级市场业务包括吸收住房储蓄、发放住房抵押信贷、保险与保证、信托、发行住房抵押债券、住房抵押票据的再买卖等各种金融信用活动, 丰富的业务品种使相对独立的房地产金融体系与整个金融体系联系了起来。

截至 2013 年末, 我国尚未建立起房地产金融二级市场, 但各方已充分认识到构建房地产金融二级市场对推动房地产业和房地产金融健康快速发展的重要性和紧迫性, 并正在为此进行积极的尝试。2005 年, 中国建设银行的住房抵押贷款证券化业务开始启动, 标志着我国房地产金融二级市场的建设已进入初建阶段, 但后来又因为金融危机而暂停, 目前又开始重新启动。当前有大量的基础性工作需要完成: 一是为二级抵押市场引入统一标准和抵押申请、评价的统一形式; 二是建立抵押保险制度, 使抵押工具像任何政府金融产品 (如国债) 一样安全; 三是加快证券化资产流动平台的建设。

四、住房融资保险和担保体系

发达国家都有完善的住宅融资保险和担保体系建设。为改善居民的居住条件, 同时有效分散和化解银行的风险, 发达国家政府都积极介入抵押担保保险市场。日本政府实行住房融资保险制度, 规定商业性金融机构进行住房融资时, 通过向住宅金融公库投保, 防止坏账风险。美国成立的联邦住宅管理局专门为中低收入家庭和退伍军人购房提供 100% 的贷款担保, 当借款人无力偿还债务时, 联

---

[1] 数据来源: Dealogic Bondware, Thomson Financial Securities Data.
[2] 数据主要来源于 www.asiansecuritization.com.

邦政府将承担未清偿的债务，保证及时向金融机构支付本息。除公营抵押担保机制外，美国还有8家私营抵押保险公司专门从事抵押保险，而不能从事其他保险业务。这种公营与私营抵押保险相结合的模式一方面提高了居民的支付能力，另一方面也大大降低了银行信贷的风险。美国大部分抵押贷款同时被保险或担保，这种"押上加保"机制不仅增强了金融机构的抵押贷款信心，也通过贷款的标准化为贷款证券化二级市场的发展创造了条件，进而为风险的分散化提供条件。

　　与发达国家相比，我国房地产融资担保和保险机构发展滞后，目前尚没有建立起以住房抵押保险为主的房地产保险体系，向房地产融资提供担保的机构主要以各种房屋置业担保机构为主。2000年，我国央行颁布实施了《个人住房担保贷款管理试行办法》，之后各地开始陆续成立住房置业担保机构，在经历了这些年的发展后，目前已形成了一定规模的置业担保行业队伍，主要为住房公积金贷款、住房消费贷款等业务提供担保。但这些机构因明显存在规模偏小、可承接的业务量有限、抗风险能力较差等缺陷，根本无法满足我国住房消费市场日益增长的置业担保需求。对于防范房地产金融风险而言，失去了最后的一道屏障。所以，应加强我国住房融资保险和担保体系建设。风险的根本杜绝在现实中几无可能，但可通过风险的分散化承担达到消解的目的。

第八章

惜贫：

德国租房政策

城市住房问题伴随工业化、城镇化进程而产生。现代意义上的住房问题最初产生在 19 世纪末 20 世纪初，在第一次工业化浪潮下，城市住房短缺已成为普遍性的城市社会问题，引起国际组织和各国政府的普遍关注。

1948 年，《国际人权宣言》第 25 条把居住权利列为基本人权："每一个人都有权利拥有足够的生活水平，以保障他个人及其家庭的健康及安适，尤其是食物、衣物、居住、医疗以及必要的社会服务。"

1995 年，133 个国家签署的联合国《经济、社会、文化权利国际协议》也规定："每一个人都有权利拥有一个他和他的家庭都足够的生活水平，包括足够的食物、衣物和住宅，同时可以不断地改善其生存条件。"

1996 年，联合国伊斯坦布尔人居宣言明确提出更具操作意义的行动纲领："保证人人享有适当住房和使人类住区更安全、更健康、更舒适、更公平、更持久，也更具效率。""要全面逐步实现国际法律文件提出的人人享有适当住房的权利。""将寻求各级公共、私营和非政府伙伴间的积极参与，以保证所有人及其家庭能获得土地使用权的法律保障，能免受歧视并能平等地得到经济上可承受的适当住房。"

随着经济社会的发展，住房问题更多地集中在弱势群体人群中。本章主要关注德国针对中低收入人群的住房政策，并与国际上重要国家的相关政策进行类比，并提出对中国的借鉴之处。

第一节 / 德国住房保障的主要措施

一、政府推动廉价住房建设

"二战"后，德国面临非常严重的房屋短缺，为此德国政府大力推动廉价住房建设，同时也支持建设了相当规模的福利性公共住房。法律规定，对于因经济收入低，或某一民族、信仰某一宗教，或孩子太多等原因导致找不到房子的家庭，政府有提供公共住房供其租住的职责。公共住房满足了国家对廉价出租房的需求，而且公共住房创造了就业并在清除贫民窟方面具有潜力。基于工程的资助项目（Project-Based Subsidy Programs）由政策资助。在民主德国，住房由国家补贴，因此租金一般都很低，但有时住房质量不佳。保证人人安居，是昂纳克施政的一个重点。在他主政时期，当局通过使用预制构件的技术，很快地修建起了一大片高层住宅楼，同时还对年久失修、破败不堪的老的中心城市进行改造，通过各种措施至少保证了人人都有一个家。

同时，针对住房短缺的问题，政府规定住房购买者在还贷款的过程中，有义务在贷款存续期间，只能把房屋出租给那些低于特定收入水平的家庭。开始的时候租金是按照规定的标准收取的，后来是按照最低租金来收取的，它是由变动的因素如利息、经营费用或设备运转费用和国家规定的如维修总费用构成的。返还贷款之后，这些约束条例自动解除。

1951~1956年，德国《住宅建设法》规定建造住宅180万套，1953年修订为200万套，而实际建成住房310万套，其中公共住房为180万套。尽管20世纪80年代以来，德国住房数量基本得到满足，但政府一直没有停止建设高质量福利房。目前，德国共有住房3400万套，有230万套是通过政府长期、低利率贷款等手段建设的公共住房。

《联邦住宅法》对这类住房有供应对象（租户）、租金及供应面积等方面的限制，各州政府可以做适当的调整。例如，该类住宅只能租给享受社会保险、战争中损失严重的家庭及难民；房租每平方米不得超过1马克；每户平均居住面积为

32~65平方米等。此外，还有退租方面的规定，凡收入超过规定标准的应退出福利住宅，否则将收取市场租金。目前，约14%的福利房租住家庭已经不属于福利房供应对象，是按照市场租金缴纳房租的。

总体而言，20世纪50~70年代的住房政策支持租赁房屋的建设，尤其是在西部和以前的东部地区的某些城市。在德国统一前的15年中，自有住房在前联邦共和国已经扩大了5%，但国家统一后出现的住房缺乏促使德国政府再次支持租赁住房的扩大，这导致了整体自有住房率增长的下降。最近，政府已经确立了大力发展自有住房的目标，大规模的业主自有房屋建设将在接下来的10年间出现。例如，德国建设和地区规划联邦署预测，未来每年对住房的需求将达300000处，自有住房面积将增加1/5。

政府在公共租赁住房建设上的巨大投入的功能正如瑞典学者吉姆·凯梅尼[1]在其著作中论述的：在英语国家的住房市场中存在着令人惊讶的异常现象，即公共租赁住房被压制，以防止其与营利性租赁住房发生竞争。这与德国、瑞士、瑞典鼓励性租赁住房与营利性租赁住房进行竞争形成了鲜明的对比。事实上，社会（租赁）住房被认为是针对那些无法在利润驱动的住房市场上获得住房的人群的、由政策管理的一种残余住房模式。但是，此外还有一个社会型市场的社会住房模式——通过鼓励非营利的租赁住房直接与营利性租赁住房竞争，从而降低租金，形成居住质量和租户权利有保障的住房。

从存量住房的拥有者结构来看（见表3-2），2010年德国有41.84%的住房是家庭自有自住；45.88%的住房为居民家庭、小型物业企业以及专业的住房物业供应商持有并向社会出租；5.36%的住房是住房合作社（Housing Cooperative）持有并向社员出租；此外还有6.81%的住房由市政及教堂所有，面向社会底层人群廉价甚至免费提供。

二、保护承租人的租房制度

德国拥有欧洲最大的住房租赁市场，2010年德国超过55%的家庭依然选择租房住。其中，90%的租房家庭在自由市场上租房，其租房行为受《住房租赁法》的保护；另外10%的租房家庭是租用社会住房或廉租房，主要受政策性住房相关

---

① 凯梅尼. 从公共住房到社会市场——租赁住房政策的比较研究 [M]. 王韬译. 北京：中国建筑工业出版社，2010.

法律的调节。可见，《住房租赁法》对德国居民家庭有重要影响。

过去 30 年中，德国经济和居民收入水平已经大幅增长，居民对住房购买的支付能力已经大大提升，但其住房拥有率依然远低于欧盟平均水平，可能的原因是：第一，普通居民家庭在租房和购房的选择上倾向于选择租房。第二，尽管房租上涨存在一定约束和明显的承租人保护政策，私人在住房上的投资回报还是比较可观的，使供给相对充裕。第三，私人在租赁住房的投资方面受到了税收减免和优惠，这类刺激措施在一定程度上明显加大了住房供应。第四，德国的住宅金融政策、工具和服务对居民消费有着不可低估的影响。多年来比较低的贷款/不动产价值比率，严格的资信审查和比较低的通货膨胀率，在一定程度上都制约了居民购房的积极性。而长期以来政府和各类非营利组织以低息、无息和长期贷款等多种方式，维持了一个庞大的租房市场。这些出租房无论在质量、结构，还是社区环境上都不次于私有住房，且租金比较低。按德国的住宅《租金法》，住房租金一般不得超过家庭实际收入的 25%，但购房者每月要将 30%左右的收入用于支付抵押贷款，这也是一些富裕家庭仍愿意住在公益出租房里和"买房不如租房"的原因所在。因此，整体上德国租户市场是一个供求平衡的市场。承租人可以负得起房租，而且相对购房更划算；出租人在租房市场的投资也可以获得正常的回报。全球金融危机后飞速增长的房屋租金，让爱租房不爱买房的德国人头疼。据媒体报道，德国一项对房租的涨幅作出更严格限制的新租房法于 2013 年 5 月正式生效，德国建设部长彼得·拉姆绍尔称新法既能保护房客，也不会让房东"吃亏"。

德国对租客的保护主要体现在以下几部法律和政策上：

1.《住房租赁法》(1971 年、1974 年、2001 年、2012 年)

1971 年颁布的《住房租赁法》具有强烈的保护承租人权益的特征。该法出台的背景是，1960 年住房统制经济被废除，居民可以在市场上自由租赁住房。德国政府对于收入水平较低的家庭制定了《住房补助金法》以支持他们能够租到适宜的住房。但是，德国在 20 世纪 60 年代出现生育高峰，人口每年以 1%的速度增长，使得住房需求快速上升。在没有法律约束的条件下，承租人普遍受到房东随意解除合同、随意收取高租金的困扰。因此，该法律的适时出台，对租房市场进行了严格的规范，就租房合同订立、履行、租金水平确定及涨幅约定，以及解约程序等进行了严格规范。

"二战"后至 20 世纪 60 年代初，德国住房市场已经基本恢复，政策部门开

始考虑逐步制定住房市场政策以向市场化方向发展。但政策制定部门的担忧是：经济增长、货币政策和住房市场之间存在紧密联系。要使住房市场成为供需关系决定的自由市场而且正常运转的一大前提是：必须保证市场上有足够的住房供应，使得房东不能形成"卡特尔"以操控市场价格。私人部门能够形成足够的住房供给的前提是有足够的投资回报率，而高房租是获得高回报的必然手段。另外，政策制定者们又需要有足够的住房供应以保障居民的住房条件，特别是那些社会弱势群体。因此，从 20 世纪 60 年代起，德国一方面用财政资金鼓励私人住房建设，进一步对房租管制有所放松；另一方面，持续加强对承租人的权益保护，比如房东不得随意将房租上涨到超过其可比区域的价格水平。

该法律成为确保德国庞大的租房市场运转良好的制度保证。

2. 房租管制政策

德国的租金管制制度建立于"二战"后住房短缺时期，由于住房出租价格大幅度上升，广大居民无力支付所承租住房的费用。针对这种情况，政府采取了租户权益保障措施，要求各地政府按照不同区位、不同房屋结构和房屋质量提出相应的指导租金水平，作为住房出租人和承租人确定住房租金的参考标准。随着住房供求矛盾的缓解，联邦政府于 1960 年提出有条件取消租金管制制度，规定在缺房率为 3%以下的城市和乡镇全部取消住房配给和房租限制。

在市政当局的配合下，宽泛的联邦法律和 16 个地方政府的政策对房屋租赁都做了规范。当一个家庭要进行房屋租赁时，租金是可以自由协商的。但之后，就要实行租金管制。租金管制有可能与通货膨胀或可比较住房的租金水平有关。如果一处住房的租金低于类似住房的租金，该处住房租金的增长必须是小幅度的，因为在租户租用房屋的 3 年内，租金的增长最多不能超过 20%。但由于房东的回报不能在近期实现，这一体制阻碍了长期投资。尽管如此，租金管制历经多年还没有出现什么问题，因为在很多地方都普遍存在供给过剩的情况，而且近几年，市场上的租金既没有大幅上升也没有实质上的下降。

长期以来，德国政府规定：即使房东有正当理由想提高租金，也须经过房客同意。如房客不同意，房东只能提起诉讼，而不能强行提高租金。2001 年出台的《住房租赁法改革法案》仍然延续对承租人的保护制度。

针对租金的规定：

一是已签约情况。房租标准由当地"房管局"根据建筑年份、现代化水平，联合当地市政部门、承租人协会、房地产企业制定并定期更新。根据该可比标准，房东可在 3 年内累计租金涨价不超过 20%（1974 年《租房法》颁布时为 30%，2011 年修改为 20%）。但如果签约租金已经高于指导租金标准，则不允许涨价。

二是新签约情况。房租可自由协商，房东与新承租人签约的租金水平可以高于指导租金标准，但如果在合约存续期内再上涨，则适用可比价原则。实际上，房租连续上涨且 3 年上涨幅度超过 20% 的情况几乎没有，因此，该法则是一个上限法则，实际房租还是根据市场供需原则来定价。为抑制德国租房价格过快上涨，2012 年 12 月德国议会通过了一项法案，允许各州政府控制该州主要地区房租 3 年内涨幅不得超过 15%。新法还延续以前的一些规定，例如房屋租金应该按照各地政府的"指导价格"，超过这一价格的 20%，算违法行为，房客有权将房东告上法庭；如房租涨幅超过 50%，房东要与房客协商，房客同意后方可增长，否则房东单方面涨租超 50% 被认为是赚取暴利，可判入狱 3 年。

专题　关于对房租的政策约束

1974 年，德国《租房法》颁布，规定 3 年内房租累计涨幅不得超过 30%。

2001 年，德国《租房法》修订，规定 3 年内房租累计涨幅不得超过 20%。

自 2013 年 5 月 1 日起，德国新《租房法》生效。要求 3 年内房租涨幅不得超过 15%；超过 20% 违法；超过 50%，房东被认为赚取暴利，可判刑入狱 3 年。

---

3. 房租补贴政策

房租补贴制度是目前德国对低收入居民住房保障的主要方式。住宅补贴法规定实行房租补贴制度，由政府根据家庭人口、收入及房租支出情况给予居民以适当补贴，保证每个家庭都能够有足够的住房支付能力，86% 的德国人可以享有不同额度的购房补贴和租金补贴。

《住房补助金法》（1965 年、1970 年）于 1960 年初期颁布，主要目标就是完成从支持住房供应向支持住房需求的转变，即向"社会竞争力较弱的家庭"提供货币补贴，以资助他们在支付完房租外还可以维持基本生活。这一政策成为了现代住房补贴制度的典范，并且在德国一直得到了很好的执行。《住宅补贴法》规

定，居民实际缴纳租金与可以承受租金的差额由政府负担；其中，居民实际缴纳租金要与家庭住房需要相结合，可以承受的租金一般按照家庭收入的 25%确定。房租补贴的资金由联邦政府和州政府各承担 50%。

住房补贴分别由联邦和州各承担一半补助金额。《住房补助金法》的目的是要保障低收入家庭能够承担起适当住房空间内的住房费用。住房补贴可以作为一种租金补贴，也可以作为对私有房屋支出的一种补贴。补贴金额的额度视家庭成员数、月总收入以及租金和家庭花费的高低而定，如表 8-1 所示。在原联邦德国地区，从 1965 年开始就实行住房补贴，在原民主德国地区，从 1991 年开始实行住房补贴。住房补贴的额度根据不同时期的租金状况和收入状况而定。

随着房租管制制度的逐步取消，以及为保证公共住宅建设能够收回成本而提高租金的做法，给一部分享受社会保险和低收入者造成了很大的负担。20 世纪 60 年代，德国的房租为平均每月每平方米 1.5 马克，70 年代已经涨到 4.5 马克以上。因此，新的《住房补助金法》规定实行房租补贴制度，由政府根据家庭人口、收入及房租支出情况给予居民以适当补贴，保证每个家庭都能够有足够的住房支付能力。《住房补助金法》规定，居民实际缴纳租金与可以承受租金的差额由政府负担；其中，居民实际缴纳租金要与家庭住房需要相结合，可以承受的租金一般按照家庭收入的 25%确定。房租补贴的资金由联邦政府和州政府各承担 50%。根据家庭成员多少、收入高低、房租负担等情况，低收入者可以申请房租补贴，但是单人住房面积不得超过 48 平方米，双人不超过 62 平方米，以后每增加一人，面积增加 12 平方米。1986 年，联邦德国共有 170 万户，约占总住户的 6%，领取共计 33.8 亿马克的房租补贴。1998 年，有 300 万户家庭申请了住房补贴，仅联邦政府提供的房租补贴资金就达到 70 亿马克。

2004 年 12 月 31 日，德国对于一般性的住房补贴和特别的租金补贴有了清楚的界定。一般性的住房补贴是指，给予租住的房屋租金补贴，给予私有住房以住房花费补贴。此种住房补贴的额度可以对照表格计算得出，因此又叫作表格式住房补贴。

特别的租金补贴是指给予社会救助接受者以及战争受害者的补贴。到 2000 年，此类人群收到一笔总计式的住房补贴，也包括社会救助金和战争受害补贴。这笔款项的额度根据各个州的具体规定而定。从 2001 年初开始，对于此种特别租金补贴也有了相应的可参照的表格。私有住房拥有者无权申请特别租金补贴，但是可以申请一般性的住房补贴。不允许同时申请两种补贴。

2005 年 1 月 1 日"哈茨 4"正式生效，因此《住房补助金法》又一次进行了变革。从这个时候开始，住房补助金被分发到所有接受国家补助的接受者手中。这也直接导致了特别补助金的取消。相应的，从 2005 年 1 月 1 日开始，社会救助和战争受害者补贴接受者再也没有权利申请住房补贴了。他们的住房费用将在相应的社会福利体系内给予一定的补助。数据显示，从 2005 年开始，申请住房补贴的人可接受到住房补贴的家庭数量明显减少。

2008 年 10 月 1 日，《联邦子女补贴法》的修改草案正式生效。至此子女补贴费继续发展，受益人群不断扩大。2008 年，德国政府用于社会福利开支的总金额达 6887.47 亿欧元，占 GDP 的 27.8%，即向居民人均支付 8388 欧元。其中，73.8%用于医疗、伤残和养老，10.6%用于儿童家庭，7.6%用于幸存者，5.4%用于失业人群，2.2%用于居民住房补贴（约合 151.52 亿欧元），其他支出为 0.6%。

由联邦议院和联邦参议院共同制定的《住房补助金法》改革于 2009 年 1 月 1 日正式生效。家庭的改善与福利和住房补贴又一次紧密地联系在一起：①考虑到能源价格的上涨，暖气费用第一次被包含到住房补贴费用当中。②对于租住房屋或者私有房屋的补贴的最高金额，不再考虑房屋的建造年限，而是统一以新建住宅（1949 年以后建造的房屋）为标准，并且最高补贴额提高 10%。③2008 年 10 月至 2009 年 3 月，如果一个家庭获得了至少一个月的住房津贴，那么这样的家庭会得到一笔一次性的款项。在 2009 年实行的住房补贴改革的共同作用下，子女补贴费的改革使得获得住房补贴的家庭数量明显增多。

2011 年 12 月 31 日，德国有 903000 户家庭接受了住房补助金。其中，770000（约 85.3%）户家庭是完全符合法律规定的补助金接受户，133000（约 14.7%）户家庭是部分符合接受住房租金补助法的家庭见表 8-1。

表 8-1　德国政府对居民家庭的住房补助（2011 年）

| 年份 | 接受住房补助住房（户） | | | 占全国家庭数量比重（%） | 住房租金补助支出（百万欧元） |
	总计	完全符合法律规定	部分符合法律规定		
2005	810900	780700	30200	2.10	1234.90
2006	691100	665900	25200	1.70	1162.20
2007	606400	580300	26100	1.50	923.90
2008	639100	584000	55100	1.60	750.10
2009	1007300	859600	147700	2.50	155.30

年份	接受住房补助住房（户）			占全国家庭数量比重（%）	住房租金补助支出（百万欧元）
	总计	完全符合法律规定	部分符合法律规定		
2010	1061500	857000	204500	2.60	1780.40
2011	902900	770400	132500	2.20	1502.00

数据来源：《德国统计年鉴》（2012）。

　　完全符合法律规定的补助金接受户是指，所有的家庭成员都有权利接受住房补助金。家庭成员的总数符合《住房补助金法》的规定。部分符合接受住房租金补助的家庭是指，家庭中的成员有的是可以接受住房补贴的，有的是不可以的。无权接受住房补助金的成员因为已经接受了社会救助基金和失业金。这种情况下，允许接受住房补贴的家庭成员总数符合法律规定。部分符合接受住房租金补助的家庭接受的补助按人头计算。比如，每个人拥有的居住面积按照此种算法依次类推。

　　在 2009 年，德国政府收到住房补贴的家庭的数量明显增加，补贴的金额也明显增加。而 2010 年，得到住房补贴的住户数量下降了 14.9%，同期用于住房补贴的财政支出下降了 15.6%。2011 年 1 月 1 日起，德国政府取消了对暖气费的补贴，之后收到住房补贴的家庭数量下降了，并且补贴的金额也随之下降。2011 年，90300 户住户得到了住房补贴，占德国家庭总数的 2.2%。2011 年，德国政府支出 13 亿欧元用于住房补贴。与 2010 年相比，2011 年德国支出了 15 亿欧元用于住房补贴，接受住房补助金的家庭数量下降了 14.9%。部分符合接受住房租金补助的家庭数量下降了 35.2%，完全符合法律规定的补助金接受家庭的数量下降了 10.1%。2011 年末，旧的联邦州和柏林中，1.9% 的家庭接受了住房补助金。在不包括柏林的新州，3.7% 的家庭接受了补助金，几乎是旧州的 2 倍。从整个德国来看，2.2% 的家庭得到了住房补助金。

　　与 2010 年相比，2011 年获得住房补贴的家庭数量以及住房补贴支出明显下降。其主要原因是法律上的两个改变：一方面，于 2009 年 1 月 1 日开始实行的将暖气费纳入住房补贴的政策，从 2011 年 1 月 1 日开始予以取消。另一方面，获得社会救助金和战争受害者补助的接受者们不可以再申请住房补贴。

　　除了法律上作出的一次改变，在住房补贴的运行过程中，其他一些因素也起着相关的作用。经济发展形势对此有很重要的影响。原则上说，接受住房补贴家庭的数量的增长与上升的失业率有紧密的联系，反之亦然。

三、适时调整《住房租赁法》

"从住房政策向住房市场政策"的转变过程中，德国联邦政府 2001 年通过了《租赁法改革法》，引入非对称的解约通知期限，对《租赁法》作出调整，对出租人权益有了一定程度的改善，以利于进一步增加出租房屋的供给。如同德国建设部长彼得·拉姆绍尔所言，新法不仅可以限制房租过快上涨，也可以平衡此前法律向房客"一边倒"的局面。

2001 年《住房租赁法改革法案》的出台背景在于深受德国《宪法》的影响。为得到房东的支持，新法包括一些保护房东的条款，包括：一是房东的知情权，比如未经房东允许，不得随意改装房屋；二是房东的平等待遇权，对房租的收取可以向不同人群收取不一样的房租；三是对婚姻和家庭的保护力度有所下降，比如配偶已经过世，另一半不再享有房屋的续租权；四是也赋予房东适当的物业处置权利等。房客不得因房东对改善住房条件（例如安装外墙保温、新的采暖系统）的行为而要求减租。他们必须忍受噪声、灰尘等。但如安装过程超过 3 个月，房客可以要求补偿。德国政府认为，这项规定将促使房东及时更新设备，提高能源使用效率。

此前，德国房东要将房客扫地出门可不是件容易事，但在新法案中，房东要想让房客搬出去要比以前的困难程度有所降低。按照以往的规定，即使房客有欠租违约等行为，业主也要出示足够证据，然后才能由执法人员将房客请出。按照新规，房客如果没有及时交清房租，或是恣意破坏屋内设施，房东将可以强制要求房客搬走，而如果房客无法找到新住处，则将暂住到流浪人员收容所。

德国租客协会负责人西本考顿则认为新制度对租客而言十分不利："新的《租房法》是对租客权利的猛烈打击，甚至可能导致房价会涨到新高。"西本考顿的忧虑是由于房客可能怕被房东勒令搬出而向房东涨房租的要求妥协，导致市场房价升高。

四、独具特色的住房合作社金融制度

德国的住房合作社被称为德国房价的稳定器。德国的住房合作社是住房市场上的重要房屋供给方。它拥有 210 万栋住房，占用于出租房屋数量的 9%，为约 500 万德国人提供良好的、安全的居住场所。住宅合作社是德国住宅建房的主要组织形式。

与之匹配的是德国普遍成立了房屋互助储金信贷社。凡加入该社的社员，必

须履行先储蓄后贷款的义务，当储蓄达到所需贷款额的 40%~50% 时，才有资格
贷款。社内的储蓄和贷款利率不受外界资本市场利率的影响，采用长期稳定的低
存低贷固定利率制度，而且国家对中低收入的住房贷款者根据储蓄额进行奖励。
由于合作社的目的是解决社员的住房问题，因此充分体现了住房问题由国家、集
体和个人三者共同承担的原则。由于合作社资金来源直接，减少了中间环节，可
以降低住房成本，因而能够向社会提供价格低廉的住房。同时，德国政府也向住
房合作社发放无息建房贷款，额度通常占建房费用的 60%~70%，有的甚至高达
90%。贷款的期限一般在 20 年左右。

五、德国政府对中低收入人群的融资政策

政府承担着对中低收入群体购房和租赁房屋建设融资的主要职责。联邦政
府和州政府通过州政府设立的社会住房局向租赁住房的供应商和购买社会住
房的中低收入人群提供低息贷款；政府参与的复兴金融公库支持民间金融机
构，鼓励这些机构向中低收入人群和租赁住房供应商提供融资。这也是政府
直接参与的主要领域。随着人民生活水平的提高，政府调整了原先直接资助
公益性住房的政策，并试图通过调整税收和信贷优惠政策，鼓励个人拥有住
房，从而减少政府投资，最终达到政府、民间和个人三方面力量尽快解决好
居民住房问题的目的。

国家对住房储蓄实行奖励、免税的政策鼓励。住房储蓄得到了德国政府的奖
励资助，奖励政策有三项：①住房储蓄奖金。对于年收入不超过 50000 马克的单
身居民或不超过 100000 马克的夫妇，在住房储蓄合同中存款分别达到 10000 马
克和 20000 马克时，政府分别给予每年 100 马克或 200 马克的奖励。这项奖金的
发放标准，德国政府根据其效果进行过调整，从而使更多的中低收入者受益。
②雇员资金积蓄款。每个雇员都可以让其雇主将其雇员资金积累款（每年最多
936 马克）直接付到其住房储蓄账户上。这种款项是德国企业主除工资外，每月
另付给雇员用于积累的资金，必须存入长期账户。③雇员储蓄奖金。对于年收入
不超过 27000 马克的单身职工或年收入不超过 54000 马克的双职工夫妇，政府对
其资金积累（每人最高 936 马克/年）给予 10% 的雇员储蓄奖。

第二节 / **美国住房保障的主要措施**

美国公共政策中的可支付住宅包括两个层面：一是低收入家庭租赁住宅，指需要政府对生产者或消费者或双方提供补贴，才能使低收入和最低收入家庭具备支付能力的住宅。二是可支付自有自住住宅，指中等收入家庭首次购房时以市场价格购买的、无政府补贴的住宅和面向中低收入家庭出售的、有政府补贴的住宅。

美国低收入群体住房政策主要包括两个方面的内容：一是通过各种措施鼓励建造低收入者住得起的住房；二是通过担保贷款、提供租金补贴以及实行租金优惠券计划等帮助居民拥有自己的住房。

一、美国政府角色的转变

20世纪早期，建设任何类型的住宅都被认为是私人部门的活动，联邦政府的角色仅限于促进发放与居者有其屋相关的抵押贷款。然而，从"大萧条"到1980年，联邦政府通过对生产者和消费者提供金融支持、直接参与住宅建设、税收优惠、保险和信贷计划、设立专门储蓄机构、创建二级市场以及邻里复兴计划，逐步扩展了其在住房建设和发展中的责任。特别是20世纪70年代，联邦政府通过实施联邦住房发展计划，支持建设大量低收入住宅。

如图8-1所示，1978~1990年，联邦政府尽管取消了其住宅建设计划，减少了对可支付住宅建设的预算支持，但这期间联邦政府用于住房建设的实际支出变化并不明显，2000年以来甚至比20世纪七八十年代还略有增加。

近年来，联邦政府越来越倾向于通过税收支持计划、政府担保贷款等间接支持手段来解决可支付住宅问题。

美国财政部在20世纪90年代积极主张通过税收支持计划，解决可支付住宅建设问题。这两个税收支持计划是：免税债券和低收入住宅税务优惠。为了鼓励低收入住宅的建设，1986年《税收改革法案》授权对低收入住宅的投资实行10年联邦所得税优惠。在10多年中，将符合条件的住宅单元成本（符合条件的总开发成本现值）的70%或者30%返还给投资者。税收减免的总额是有限的，每个州获得每年的税收减免额是平均每人1.25美元，开发商/投资者必须通过竞争性

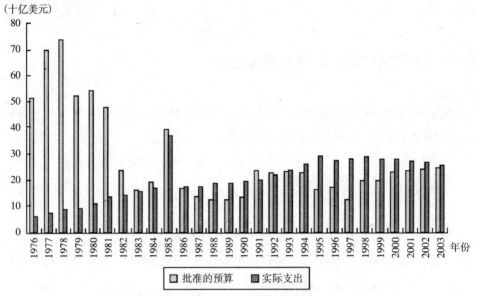

图 8-1　美国联邦政府用于住房建设的支出：1976~2003 年

注：以 1998 年价计算。

数据来源：National Low-Income Housing Coalition Calculations of Housing Data Contained in U.S Office of Management and Budget FY2003。

程序向州住宅金融机构进行申请。除了对建造低收入住宅提供激励外，也有相应的惩罚措施。如果确定作为低收入或最低收入住宅的那部分比例的房屋不能保持 15 年的话，获得税收优惠的投资者必须付利息、罚款并偿还获得的税收减免额中的部分。税收减免成了更为稳定可靠的可支付住宅的资金来源，从 1989 年以来，每年低收入者住宅建设量超过了 100000 套。

二、多元化的支持机构与工具

1. 州和地方政府不断扩展的角色

联邦政府希望州政府和地方政府更多地承担起为当地大众提供可支付住宅的责任。从 20 世纪 80 年代起，联邦政府终止了对新建和住区更新项目的支持，而由住房与城市建设部负责拨付资金给地方政府补助经济适用房屋建设项目。州和地方政府成为了该项目的管理者，并在为最贫困家庭解决住房问题方面发挥了越来越大的作用，如对于贫困线以下家庭的住房租金补贴，从 1987 年的 31.4 万户增加到 1995 年的 38 万户。

2. 私人部门的积极参与

私人参与者越来越多地被鼓励代替公共部门来进行这项工作。被低收入的住宅的税收优惠和免税的租赁阻碍债券所吸引，开发商也在寻找开发可支付住宅的各种机会，但由于利润微薄，一些非营利组织，如社区开发公司、慈善机构和基金会已经将可支付住宅开发作为主要业务。金融机构通过众多的银行为贫困社区的开发和抵押贷款提供资源，抵押贷款二级市场的参与者购买由贫民区、少数民族聚居区和可支付住宅担保的贷款，这对扩大抵押贷款的信用很有帮助。为了满足购买者的需要而在二级市场出现的新产品和保险条例的修订，都在增加获得住宅所有权机会上进行了长足的努力。

三、住房补贴适用对象的转变

美国补贴住房建设政策集中体现在 20 世纪 60 年代的《住房法》中，该法的第 202 条规定，政府必须向建设公共住房的非营利机构提供低于市场利率的贷款，年利率为 3%；1968 年的《住房和城市发展法》也包含了补贴供应出售住房和补贴供应出租住房的相关条款。

20 世纪 80 年代，美国住房政策进行了战略性调整，即由补贴住房供应者转变为向住房需求者提供补贴。1974 年的《住房和城市发展法》第 8 条规定，住房补贴由住房和城市发展部通过地方住房管理机构发放，用于补贴市场租金与租户家庭收入 25% 之间的差额，接受补贴的租户每 5 年接受重新审查，最长补贴期为 20 年。里根政府提高了租户承担租金的标准，由家庭收入的 25% 提高到 30%，克林顿政府继续将执行住房计划的职能逐步转交到州和地方政府，并在 1997 年正式出台《多家庭资助性住房改革及承受能力》法案。

美国目前实行的住房补贴政策主要是一种直接补贴，即直接用于增加低收入家庭的住房消费补贴，其政策目标是减轻低收入阶层的住房消费负担，以达到政府提出的最低住房消费水平。凡申请政府住房补贴的低收入家庭，必须符合规定的条件，一般情况下，家庭年收入低于所在地区平均收入 50% 就可以提出申请，PHA 调查核实确认是否符合申请条件，如果不能马上实施补贴，就将其列入补贴对象的等候名单，当排到某一位等候的申请人时，FHA 将主动与其联系并为其发放住房优惠券。HUD 在 2004 财政年度支出了 240 亿美元用于向低收入家庭发放优惠租金券或者用于增加符合要求的廉租住房，全美国约有 480 万户低收入家庭得到帮助。

第三节 / 英国住房保障的主要措施

英国政府调整房屋供应量和对象的主要手段是住房补贴。其住房补贴政策是针对大量住房供应和贫民窟改造为主要内容的住房建设补贴和以解决贫困住户房租金承受能力为主的房租补贴。

一、住房建设补贴

1946 年英国的补贴标准为 6 年，每年每套 16.1 英镑，外加强制性地方捐税（RFC）5.1 英镑。1952 年，补贴标准提高到 26.14 英镑，地方捐税 8.18 英镑，实现住房供应目标 30 万套。1955 年，补贴标准又降为 22.09 英镑，地方捐税为 7.7 英镑。

1956 年底，英国政府通过法令取消了这项补贴，补贴对象仅针对老年人的一室单元和贫民窟改造。

1961 年，新的《住房法》又恢复了面向普遍住房需求的补贴。1967 年，所有新建住房每年固定的住房补贴额被取消，地方政府只付了 4% 的贷款利息，其余由财政部支付。平均基本补贴标准由每套住房 24 英镑增至 67 英镑。

1971 年补贴额又增至 187 英镑，翻了 3 番。此后，政府的补贴政策由建房补贴向房租补贴转变。

1946~1979 年，工党执政与保守党执政时期，政府建房占建房总量的比重分别为 49% 和 45.3%。建房总量最高的 1946~1951 年，主要城市的政府建房量达建房总量的 78%。

二、房租补贴

1950 年后，英国采取了房租补贴政策，使穷人成为补贴的最大受益者，被称为"真实租金政策"。如果租房总支出超出了其全部存量住房征税价值的 2 倍，补贴标准为每套每年 24 英镑，若低于 2 倍，则补贴为每套每年 8 英镑。1972 年，《私有住房法》出台，过去的补贴政策变动只适用于新政策实施后的新建住房，这次采取逐步取消原有补贴的方式，取消了新政策实施以前的所有补贴，取消了地方政府自由确定租金的权力，明确提出了它们达到公平租金的时间表。地方政府首次被允许可以有盈余，而每年住房超过 30 英镑以上的盈利上交中央政府。

1980 年，撒切尔政府开始通过公房出售的方式改革原有的公房使用制度。当年修改的《住房法》规定：凡租住公房的住户有权优先、优惠购买其所住的公房，即"优先购买权"政策。"购买权"条款规定：租住公房的住户，住满两年后即有权以优惠折扣价格购买所住的公房。此项"购买权"政策吸引了大量租户购买公房，这是英国居民住房自有率大幅度提高的重要因素。

"二战"以后的 50 年来，英国居民住房产权结构发生了重要变化。20 世纪 40 年代末期，大约 50% 的居民拥有自有住房，其余 50% 的居民主要从私人出租者那里租用住房。2000 年，近 70% 的居民拥有自有住房产权，约 10% 是通过购买现住公房的方式实现的，另外 30% 的居民租赁住房，其中 20% 的居民从当地政府租赁公有住房、10% 的居民租赁私人房屋。

第四节 / **法国住房保障的主要措施**

法国每千人的住房数量在欧盟中是最多的，其在 2002 年达到每千人 5.2 处。自 1980 年开始法国修建的住房达到总住房数量的 1/5，自 1945 年修建的住房达到总住房数量的 2/3。20 世纪 90 年代，法国每年平均增加 29 万处住所，在过去的 5 年发展比率甚至更高。经过多年的稳定后，法国自有住房家庭的比例已经开始显著上升。1992 年，据估计有 54% 的业主自己拥有住房，这一数据在 1996 年仍然保持不变，但是到了 2001 年，这一数据上升到 56%。在 35~54 岁年龄段的人拥有的自有住房比例尤其高，他们的房屋购买力占全社会购买力的 75%。

一、积极参与和干预的政策

无论是房屋租赁，还是业主自有房屋，法国政府历来通过补贴、减免赋税、土地使用政策、租金管制和金融规章等手段对住房市场进行强有力的干涉；它也为一些特殊的领域制定了法律政策，如社区住宅、刺激投资、住房和都市的重建储蓄等，而且经常用一些特定时间的法规进行扩充。

法国住房的责任，是由国家和各地区的地方政府分担的，地方政府在城市规划、国土开发、城市建设的运作和社会集资诸方面握有很大权力。国家通过控制投资机制和制定技术规范，与地方政府共同合作实施有关的住房政策。

德、法、英几个欧洲主要国家针对个人的补贴都高于直接建房投资的开支

（见表 8-2）。而法国政府在住房上的直接花费，无论是通过投资补贴还是住房津贴，在欧盟中是最高的国家之一，如表 8-3 所示。法国每年在建成的 30 万套住宅中，2/5 的项目，都得到了国家帮助。

表 8-2　住房公共预算支出

单位：百万法郎

国家	形式	1995 年	占比（%）	2000 年	占比（%）	2002 年	占比（%）
德国	投资	5121	0.64	3539	0.51	2600	0.29
	个人补贴	2938	0.36	3426	0.49	4500	0.50
	总和	8058		7005		8925	
法国	投资	3469	0.24	3430	0.21	3576	0.21
	个人补贴	4025	0.28	5346	0.33	5349	0.31
	预算外个人补贴	7116	0.50	7346	0.46	8174	0.48
	总和	14160		16122		17099	
英国	投资	7480	0.31	8038	0.30	7955	0.29
	个人补贴	16924	0.69	18437	0.70	19696	0.71
	总和	24404		26475		27651	

数据来源：法国装备部、交通和住房部。

表 8-3　法国住宅建设接受补贴比率

单位：千套

年份	1995	1996	1997	1998	1999	2000	2001	2002
补贴	106	139	140	127	139	135	123	125
非补贴	171	125	121	156	178	174	180	178
总和	277	264	261	283	317	309	303	303
补贴占比（%）	38	53	54	45	44	44	41	41

数据来源：法国装备部、交通和住房部。

二、社会住房的建设和资助

法国政府首先资助建设和发展社会出租房。社会住房被认为是生活必需品，因而，近几年来，无论是建设新房，还是重修老房，增值税都只有 5.5%。

社会住宅在法国是由 1200 多家专业运作机构和社会住房组织进行管理的。这些组织中，3/4 是负责低租金住宅的，1/4 是合资的房地产开发公司。这些廉价租房机构，可以是私营的，也可以是国营的，它们或是责任有限公司，或是合作企业，也可以是地方国营公司。享受各种优惠政策的这些运作公司，必须遵守一些确定的义务。为建设这些社会住房，运作单位可以使用一笔低息长期贷款，名为"社会用途租金贷款"，同时还可以享受一笔国家提供的预算补贴贷款。根据项目的不同类型，其利率浮动在5%~12%（例外情况为25%）。

几十年的社会住房建设使其占了主要住房的17%，配有现代设备的住房比例从1984年的85%上升到1996年的96%，但新社区住宅建设的总体比率自20世纪90年代中期起明显下降，从每年的大约6万套到2002年的3.6万千套，是当时新建筑总量的12%，见表8-4。

表8-4　法国社会住宅存量的变化

单位：千套

年份	1992	1993	1994	1995	1996	1997	1998	1999	2000	2001
增加数	50.8	59.4	67.7	69.8	65.2	54.8	42.6	43.4	41.9	41.6
新住房	39.3	46.1	57	60.2	55.6	44.4	36.9	37	34.5	29.8
减少数	9.3	6.4	7.7	12.9	12.5	10.9	7.3	12.1	10	9.4
损坏量	3.9	2.7	3.8	5.1	5.1	3.0	3.2	6.4	4.8	5.7
售出数	4.1	2.5	3.3	5.7	6.4	6.9	2.8	3.9	3.5	2.9

数据来源：法国装备、交通和住房部。

三、对低收入者的资助或补贴

在资助运作单位建房的同时，法国政府也制定了一套资助低收入者个人住房的办法，根据租房者的收入及其家庭人口，这项资助可负担其房租的一部分或者全部。从1997年起，对于享受资助的详细条件每年都要重新审定。1999年，近630万个家庭，领到了总数为793亿法郎的住房资助。

近来，法国构建了"第三出租房部"。由于可以享受税收优惠政策，私人房产主组成了这一群体，他们以租金（低廉）、租期（至少9年）和租房人的收入为条件，向社会出租一套住房。这些新老住房，事实上，是租给那些收入超过入住廉价租金房标准，但还无力承担一般私房房租的人。这种在纳税优惠和框定租赁条件之间的平衡，正好符合"私房出租人章程"。

同时，法国制定了一项社会建房机制，使渴望建房的低收入家庭，享受一种社会建房贷款。这种贷款，提供给那些收入不超过规定水准，工程造价不超过规定上限的家庭。贷款的优惠利率和个人补贴，可以使建房人支付部分月工程款。另外，它还可以与另一种称为"百分之零"的贷款，组成混合贷款。后一种贷款，虽然也有收入条件限制，但可以提供给更多的居民使用。这一无息贷款，

最高可支付 20% 的工程款。每年与国家签约的贷款机构，提供约 115000 项这种贷款。

由于几项立法，租户可以享受住宅津贴。最普遍的一个是 APL10 计划，通过包括部分抵押支出，它也被用来帮助人们取得房产所有权。ALF11 是支付给那些家庭收入低于指定水平的有孩子的家庭，或没有孩子的年轻夫妇。ALS12 是支付给单身人群，主要是学生。新来的移民和其他少数民族在社区住宅租户中占有很大的比例。很多人靠补贴租金计划生活，尤其是那些住在最旧的住房中的人们。这些群体大部分是人口多收入低的家庭，经历着最糟糕的住房状况。

四、租金管制

法国目前有 38% 的住房是租赁的。承租人流动性都很大，其中有 2/3 的人租同一住处不会超过 4 年。私自租赁房屋的家庭中有 1/5 位于大城市的市中心，其中数量以巴黎最多。自 1997 年来，租新住宅和修复住宅的租金可以自由达成协议，但是随后的租金增长与建设物价格指数相挂钩。对现有的租户，租金仍然是被管制的，而且续租的租金水平必须要比得上当地那些相似的住房。

对于社会住宅业规定房租的最高限制。国家根据家庭人口数，按房屋所在地的大区类别进行确定，并且颁布正式文件，规定最高限额。目前规定的收入最高限制，可以使 2/3 的居民住进社会出租房。

第五节 / 新加坡、韩国住房保障的主要措施

新加坡住房政策的基本指导思想是让新加坡大多数家庭居者有其屋，这一政策目标的实现主要由新加坡住房发展局承担，负责建造公共组屋，以解决中低收入居民的住宅问题。新加坡主要经验和做法是：

（1）坚持小户型和低房价。新加坡在 20 世纪五六十年代建设的组屋，面积以 40~70 平方米为主。2002 年新建组屋每套为 85~125 平方米，125 平方米的住宅售价 30 多万新加坡元。只有少数比较富裕的居民购买超过 100 平方米户型的新房，其他的居民则购买小于 100 平方米的新房，或者购买户型小一些、价格更便宜一些的二手房。这样的梯度消费，加上公积金增加的购买力，以及卖掉旧房买大一些的旧房或新房，就保证了占 80% 的居民购买了组屋居住。

（2）新加坡有效而全面地推行了公积金制度，由雇主和雇员各按雇员工资收入的一定比例逐月缴纳。新加坡的公积金包括养老、住房、医疗、保险、教育等用途，通常占收入的40%。由于居民买房可以较多地使用公积金，故能适度提高居民的购房能力。

（3）政府规定，有房的居民不能再购买组屋，但可以卖掉现有住房另买大一些或新的组屋；无房居民可以买一套组屋，如在居住5年之内出售要缴纳较高的税费。

（4）居民购买组屋有抵押贷款支持，并实行免税优惠。

（5）在新加坡特别富有的居民约占其总户数的3%，富人住宅在建房时收很高的土地出让金，建成入住后每年要收较高的物业税。

（6）80%的新加坡居民购买了组屋，加上3%的富翁购买了富人住宅，剩下17%分为困难户和特困户，大约各占8.5%，对困难户，通过政府补贴，让每户购买一套60平方米便宜的旧房居住；对特困户则租给其旧的42平方米左右的廉租屋，每月只象征性地收取十几新加坡元房租。

韩国方面，为保障低收入阶层的住房权益，韩国政府制订实施了国民廉租房建设计划。国民廉租房是旨在稳定低收入阶层的居住条件，由政府投资建设的租赁公寓。

第六节 / 住房保障措施的国际经验启示

一、国外住房保障政策的三种模式

国外对中低收入者的住房政策措施概括起来主要有三类：

第一类是政府自己投资建房，然后直接提供给居民租住。这类政策主要是"二战"后世界各主要市场经济国家实行的公房政策，这一政策在特定时期对迅速解决全社会性的住房供给短缺问题起到了积极作用，但这一政策实施的长期后果是财政承担了较为沉重的负担。当大面积的社会住房短缺逐渐消失时，公房政策逐渐退出政府财政预算，如以英国为代表的公房私有化。

第二类是政府通过价格、财税和金融手段进行管制和补贴。这是长期以来世界各地普遍采取的住房政策措施。从补贴的对象看，早期的补贴主要针对供给

方，也就是对能够提供满足政府规定房屋质量、房屋价格（包括租赁和销售价格）的私人或者公司给予补贴，补贴包括税收减免优惠、直接的贷款支持，以及直接的价格补贴等，这类补贴一般也被称作"砖头"补贴。随着住房自有率的不断提高，以及租赁市场由于价格管制而导致的房屋空置率上升与租赁房屋供给不足并存的发生，使政府补贴逐步从房屋的供给方转向房屋的需求方，也就是从"砖头"补贴转向"人头"补贴。

第三类是政府直接投资建设房屋然后低价出售给家庭。较具代表性的是新加坡。从 1959 年自治开始，新加坡政府就设立了专门机构负责公屋建设，按收入和家庭条件向居民提供政府公屋。我国香港地区也实行类似的住房政策措施。

由于国家规模的差别、土地所有制的差别以及经济发展阶段的差别，世界各国政府所采取的住房政策措施差别较大。但目前国外大多数国家的住房政策都有完整的住宅法律体系作保障，有相对成熟、多样的住房金融制度作支撑，有比较具体、严格和监督性较强的政策操作保证措施。

二、国外住房保障政策的基本特征

1. 明确中低收入人群保障的政策指向

世界各国政府制定中低收入家庭住房政策的背景、目标和手段不尽相同，但有一点基本相似，那就是其政策问题的不同，所指向的目标群体明显不同。

德国政府在大力推动低价住宅建设，同时也支持建设了相当规模的福利性公共住宅；对低收入居民实施房租补贴制度，对租客实施租金管制措施，最大限度地保护承租人。

在美国，产生于"大萧条"时期的住房政策更像是作为一项经济政策而制定，其政策目标对象是失去抵押权的自有房屋的中产阶级。"二战"以后美国的住房政策则开始转向解决中低收入阶层的住房问题。目前，美国的住房问题则主要是解决少数族裔，特别是黑人和西班牙族裔低收入者的居住问题。

欧洲各主要市场经济国家的中低收入家庭住房政策大多源于"二战"后住房普遍短缺，但在随后的政策调整中，问题则源于给定住房供给条件下，住房供给充足而住房需求者支付能力不足的矛盾，以及贫民窟和无家可归流浪者的住房问题。

而发展中国家，比如埃及的中低收入家庭住房政策则是由于城镇化发展带来的住房危机。埃及城市现有半数住房年久失修，许多人无家可归，违章建筑到处都是。有鉴于此，埃及政府不得不开始制定相关的住房政策。

2. 建立针对中低收入群体的金融支持体系

明确中低收入群体融资的限制条件是发达国家的经验。从发达国家的经验看，建立有效的中低收入群体的金融支持政策需要明确中低收入群体融资的限制条件。发达国家在解决中低收入群体住房问题上，往往在居住面积、居住年限、家庭人口、家庭收入等方面提出了一系列的限制条件，如表8-5所示。

表8-5　各国对公有住房融资对象的限制

国家	公共制度	融资条件	对融资对象的限制	还款限制条件
美国	证券化的民间住房融资	—	—	还款负担率为28%~30%
英国	自购公营住房出售融资	—	居住满2年以上	融资限制为年收入的2.5倍
德国	公共补助住房	设定住房面积的上下限	按家庭人数的年收入设限	
法国	0%融资	设定建筑单价上限	按家庭人数的年收入设限	—
	社会性住房购买融资	设定建筑单价上限	按家庭人数的年收入设限	—
	私有住房购置补助融资	设定建设费用上限，按照家庭人数，设定住房面积的上下限	按家庭人数的年收入设限	—
日本	住宅金融公库	设定了住宅建筑面积，建设费用标准等	—	还款负担率在20%以下

数据来源：中国住宅金融报告 [M].北京：中信出版社，2003.

解决中低收入群体的住房问题需要建立与福利性住宅金融联动的各种金融制度。欧美主要国家，根据其各自取得住房的能力，提供与政策性住宅金融联动的各种制度。美国比较重视税制上的优待措施，除了设定"扣除住房贷款利息所得"外，还采取了一系列的优待措施。另外，政府机构对部分人群可提供保险、担保，同时联邦抵押机构还为办理住房贷款的金融机构提供流动性支持。英国则实施了"住房贷款贴息制度"（MIRAS），以购买住房为目的的居民从金融机构接受融资时，政府可替住户缴纳一部分应缴利息。德国在1996年实施了"购房补助金制度"和以购房为目的的储蓄优待制度，同时还有面向中低收入者的低利息融资的社会住房制度。在法国，由于国家的参与，融资制度发挥了重要的作用，国家和金融机构达成协议，房价20%的融资金额实行零利率制度。

　　中低收入群体的住房问题是一个社会性很强的问题，大多数国家在解决该问题时往往依靠财政部门和金融部门的共同作用。总体而言，国家对居民个人购建住房，提供长期优惠利率贷款；对个人购建住房给予税收优惠；对中低收入阶层的居民购建或租房给予补助。

第九章

/

求同:

中德住房市场比较

中国住房市场最显性的矛盾在于住房价格过快上涨,但最本质的原因是供求失衡。如何理解这种过快上涨?原因来自供给层面还是需求层面?政策层面在这其中发挥了怎样的作用?如何借鉴德国保持长期房价低波动的经验?工业化、城镇化的浪潮席卷了全球经济,也深刻地影响着中国的房地产业。除了一般性的因素之外,笔者也关注中国特有的城镇化和人口变动因素对中国房价的独特影响。本章结合德国住房市场研究经验,分析中国住房市场的问题症结与对策。

第一节 / **中国城镇化的基本特征**

改革开放 30 多年来，中国城镇化获得了长足的进展，现在已步入一个新的发展阶段。尤其是进入 21 世纪以来，出现了一些新的变化和特点，主要表现在以下几个方面：

一、城镇化进程进一步加快

中国经济发展的动力结构、机制和模式的优化，加快了城镇化进程。在计划经济时期，中国的城镇人口平均每年增加量不足 500 万人。改革开放之后，中国城镇化步伐显著加快。20 世纪 80 年代，中国城镇人口平均每年增加 1000 万人以上，到 90 年代又增长到 1500 万人以上。进入 21 世纪，中国城镇人口平均每年增长接近 2000 万人，规模进一步扩大。同时，在 90 年代（1990~2000 年），中国城市建成区面积平均每年扩大 938 平方公里，进入 21 世纪后（2000~2007 年）则平均每年扩大 1861 平方公里，几乎加快了一倍。

二、城镇化质量显著改进

改革开放后，我国城镇化进程之所以加速推进，主要是由市场经济推动的。在初级阶段，市场经济活动的主体主要是一些小企业，甚至是个体户。由于个体私营企业规模小，从业人员素质不高，经营不规范，主要从事一些简单的生产经营活动，因而我国早期的城镇化比较粗放，存在着大量的半城镇化现象，而且带来了环境污染和生态压力。

即使到了 20 世纪 90 年代，由于大规模的旧城改造和新城建设，各个城市也几乎成了建设工地。进入 21 世纪后，我国旧城改造接近尾声，过去那种大拆大建式的城镇化开始降温，内在素质的提升已成为新型城镇化的主要内涵。尤其是近年来，在科学发展观指导下，各地积极探索新型工业化道路，加强了科技创新，信息化和现代化进程加快，竞争力增强，城镇化质量有了大的飞跃。例如，反映城市现代化水平的各项公用事业指标在进入 21 世纪后均上了一个大台阶。尤其是园林绿地面积，在 2000 年之后的建设进度比前一个时段快了两倍多，如表 9-1 所示。

表 9–1　中国城市公用事业的基本情况

项目	年份 1990	1995	2000	2010	2011
城市建设					
城区面积（平方公里）	1165970	1171698	878015	178691.73	183618.02
建成区面积（平方公里）	12856	19264	22439	40058	43603
城市建设用地面积（平方公里）	11608	22064	22114	39758	41861
城市人口密度（人/平方公里）	279	322	442	2209	2228
城市供水、燃气及集中供热					
全年供水总量（亿立方米）	382.3	481.6	469.0	507.9	513.4
#生活用水	100.1	158.1	200.0	238.8	247.7
人均生活用水（吨）	67.9	71.3	95.5	62.6	62.4
用水普及率（%）	48.0	58.7	63.9	96.7	97.0
人工煤气供气量（亿立方米）	174.7	126.7	152.4	279.9	84.7
#家庭用量	27.4	45.7	63.1	26.9	23.9
天然气供气量（亿立方米）	64.2	67.3	82.1	487.6	678.8
#家庭用量	11.6	16.4	24.8	117.2	130.1
液化石油气供气量（万吨）	219.0	488.7	1053.7	1268.0	1165.8
#家庭用量	142.8	370.2	532.3	633.9	632.9
供气管道长度（万公里）	2.4	4.4	8.9	30.9	34.9
燃气普及率（%）	19.1	34.3	45.4	92.0	92.4
集中供热面积（亿平方米）	2.1	6.5	11.1	43.6	47.4
城市市政设施					
年末实有道路长度（万公里）	9.5	13.0	16.0	29.4	30.9
每万人拥有道路长度（公里）	3.1	3.8	4.1	7.5	7.6
年末实有道路面积（亿平方米）	10.2	16.5	23.8	52.1	56.3
人均拥有道路面积（平方米）	3.1	4.4	6.1	13.2	13.8
城市排水管道长度（万公里）	5.8	11.0	14.2	37.0	41.4
城市排水管道密度（公里/平方公里）	4.5	5.7	6.3	9.0	9.5
城市公共交通					
年末公共交通车辆运营数（万辆）	6.2	13.7	22.6	38.3	41.3
每万人拥有公交车辆（标台）	2.2	3.6	5.3	11.2	11.8
出租汽车数（万辆）	11.1	50.4	82.5	98.6	100.2
城市绿化和园林					
城市绿地面积（万公顷）	47.5	67.8	86.5	213.4	224.3
人均公园绿地面积（平方米）	1.8	2.5	3.7	11.2	11.8
公园个数（个）	1970	3619	4455	9955	10780
公园面积（万公顷）	3.9	7.3	8.2	25.8	28.6

续表

项目 \ 年份	1990	1995	2000	2010	2011
城市环境卫生					
生活垃圾清运量（万吨）	6767	10671	11819	15805	16395
粪便清运量（万吨）	2385	3066	2829	1951	1963
每万人拥有公厕（座）	3.0	3.0	2.7	3.0	2.9

注：①2006 年以前年份"城区面积"为"城市面积"。②2006 年以前年份人均和普及率指标均按城市人口计算。2006 年起修改为按城区人口计算。③人口与城区暂住人口之和计算，以公安部门的户籍统计和暂住人口统计为准。

数据来源：《中国城市年鉴》（2012）。

三、大城市发展优势明显增强

计划经济时期，我国走的是由政府主导的重工业化道路，大城市发展较快。改革开放后，随着市场经济的发展，小城镇快速崛起，大城市风光不再。中国的市场经济是从计划经济体制比较薄弱的外围起步的，如农村和小城市，尤其是在东南沿海地区。这样，小城镇和小城市最先得益于市场经济的推动，活力展现。然而，大城市由于受体制的拖累，负担过重，步履维艰。不过，到了 20 世纪 90 年代后期，随着中国市场经济体制的逐步建立，打破了原来的计划经济体制，随着经济结构的调整和升级，尤其是第三产业的快速发展，大城市的活力开始得以恢复和发展。尤其是进入 21 世纪以来，市场经济体制趋于完善，市场配置资源的基础性作用逐步增强，大城市，特别是区域性中心城市，如上海、南京、武汉、广州、北京等，发展优势更加突出。2000~2005 年，中国城市建成区面积显示出城市规模越大，年均增长率越高的趋势。

首先，从城市建成区面积的增速看（见表 9-2），特大、超大型城市的建成区面积在 2000~2005 年年均增速是 10% 以上，而中小城市的建成区面积增速最低，这其实也反映了人口的流向问题，即中国的城镇化发展，速度最快、质量最高的城镇化其实发生在特大、超大城市，特大、超大城市成为从农村以及中小城市吸引人口流程的重力场。

表 9-2　城市建成区面积统计

单位：平方公里，%

城市规模	2000 年	2005 年	2000~2005 年平均递增率
超大	3833.27	6322.86	10.53

续表

城市规模	2000 年	2005 年	2000~2005 年平均递增率
特大	2854.54	4640.09	10.20
大	3710.26	5927.11	9.80
中	5723.16	6744.54	3.338
小	6318.05	8886.12	7.059
全国总计	22349.28	32520.72	7.700

数据来源：《中国城市建设统计年报》（2000，2005）。

其次，城市建设扩展速度异常惊人。1999 年，我国城市建设用地面积为21524.54 平方公里，到了 2008 年就增加到 37180.97 平方公里，年均增速高达6.2%。影响城市扩张速度的主要因素：一是经济层面的人口、投资、GDP 增长是工业阶段推动建设用地扩张的基本经济因素；二是城市人口数量的快速增长；三是产业结构调整，比如工业用地逐步从原来的城区外迁，并改变为商业和居住用地。

四、城镇化的地域差异已经形成

中国城镇化大体可以分为两种类型：一类是传统模式，即从计划经济时期一直延续下来的计划模式；另一类是新兴模式，包括前面提到的市场模式和外向模式两种形式。传统模式至今仍在发挥着作用，以政府为主导因素，主要通过行政力量来配置资源，促进经济发展，推动城镇化进程。尤其在中西部地区，这种城镇化模式目前仍占主体地位，甚至是唯一的模式。新兴模式是在改革开放后出现的，以资本为主导因素，由市场来配置资源，通过发展经济，推动城镇化进程。新兴模式主要存在于东部沿海，尤其集中在长江三角洲和珠江三角洲地区。

改革开放后，东部沿海地区城镇化步伐之所以显著加快，主要得益于新兴模式。这一模式以新兴工业化（尤其表现为农村工业化，主要从事简单的加工和装配活动）为动力，城镇化的地域扩张快，占地范围广，为离散型城镇化。经过30 多年的发展，这一工业化模式已经走到了尽头（市场空间基本上开发完备），目前正在进行转型和升级。尤其在当前全球金融危机的冲击下，迫使其转型和升级过程不得不加快步伐，向着技术创新型工业发展。而且，这些地区的土地空间基本上被开发完备，不得不向着土地集约型的经济活动转变。

同时，经过 30 多年的发展，这些地区已积累了雄厚的经济基础（成为中国的经济发达地区），也在转型和升级，向着服务业发展：一方面是商业贸易，另一方面是生产性服务业。这样，该地区的城镇化就在原来初级工业化基础上开始进行再城镇化过程，即商业化过程。根据中国的实践经验，城镇化有三个阶段：工业化—商业化—都市化。当然，这样的城镇化主要是集中型城镇化，地区中心城市将得到优先发展，如广州、深圳、温州、苏州、上海等。

东南沿海地区经济的转型和升级，促使当地产业向中西部和东北地区扩散，这其中包括东南沿海发达地区向欠发达地区的产业转移与扩散，如珠江三角洲向东边的惠州、北边的河源及西边的阳江等地进行投资，从而从东南沿海到西北内陆在产业上开始形成纵向关联，经济发展和城镇化的梯级差异态势正在形成，并向纵深发展。这样，中部地区的新型工业化过程正在大规模推进，其重点在靠近东部沿海的省份，如安徽、江西、河北等省，在承接产业转移方面具有更大的优势。而西部地区，只有少数几个条件适宜的地方有限地展开了新型工业化进程，如四川盆地、关中平原等地，总体上规模不大。

经过 30 多年改革开放的发展，原来计划经济时期比较均衡的城镇化格局彻底改变了，中国城镇化发展水平在地域上已经形成了梯度差异。

从表 9-3 可以看到，在中国房地产高速扩张的 10 年中，城市建设用地年均增速东部达 7.27%，高于西部的 5.19% 和中部的 4.69%。东部地区的年均增长率远高于中部和西部地区。

表 9-3　1999~2008 年中国城市建设用地扩张情况

项目		全国	东部	中部	西部
建设用地 （平方公里）	1999 年	21524.54	11854.03	5570.52	4099.99
	2008 年	37180.97	22300.11	8416.54	6464.32
年均增长率（%）	1999~2008 年	6.26	7.27	4.69	5.19
	1999~2004 年	7.15	8.72	4.63	5.71
	2004~2008 年	5.16	5.49	4.77	4.54

注：东部地区包括北京、天津、河北、辽宁、吉林、黑龙江、上海、江苏、浙江、福建、山东、广东、海南等省（市）；中部地区包括山西、内蒙古、安徽、江西、河南、湖北、湖南等省（市、自治区）；西部地区包括重庆、四川、贵州、西藏、云南、陕西、甘肃、青海、宁夏、新疆、广西等省（市、自治区）。

数据来源：赵可，张安录，李平. 城市建设用地扩张的驱动力——基于省际面板数据的分析 [J]. 自然资源学报，2011（8）.

五、城镇化增长重心开始内移

改革开放后，东南沿海地区经济的快速崛起使新兴城镇化进程得以启动，从而使得中国城镇化重心逐渐东移。进入 21 世纪后，随着西部大开发和中部崛起战略的实施，投资重点开始西移，从而使得经济发展和城镇化增长重心出现了由

沿海向内地移动的趋势。近年来，中国东部地区的 GDP 和进出口额均出现了微弱的相对下降趋势，而中西部地区则有所上升（但东北地区几乎没有变化）。尤其是在固定资产投资方面，中西部地区的增长幅度明显提高。从城市建成区面积来看（见表 9-4），虽然中西部地区的增长速度仍然赶不上东部地区，但差距在逐步缩小（只有 2005~2006 年中部地区的增长速度有异常）。

表 9-4　区域城市建成面积增长率的变化

单位：%

时间	2000~2004 年	2004~2005 年	2005~2006 年	2006~2007 年
全国	7.890	6.9543	3.5025	5.3770
东部	12.419	8.0076	5.8989	6.2520
中部	4.490	5.8582	−0.2120	4.8399
西部	6.490	7.3373	2.1661	4.9954
东北	2.525	4.4386	2.8712	3.5696

注：中部地区城市建成区面积 2006 年比 2005 年有所减少，估计为行政区划调整所致。
数据来源：《中国城市建设统计年鉴》（2007），第 54 页；《中国城市建设统计年鉴》（2006），第 50 页；《中国城市建设统计年报》（2005），第 48 页；《中国城市建设统计年报》（2004），第 48 页；《中国城市建设统计年报》（2000），第 165 页。

六、农村隐性城镇化进展加快

　　随着新农村建设的推进，中国广大农村地区的村庄建设步伐加快，村容面貌显著改观。楼房的出现，突破了传统上平坦的村落格局。街道路面的硬化，照明设施的建设，以及公共服务设施的普及或改善，如电视、电话、电力、供水、交通等，显著缩小了农村与城市之间的距离。虽然这并不是统计意义上的城镇化，但在内涵上与城镇化是一致的。因而，可将当前的新农村建设称为隐性城镇化。

　　还有一种形式的城镇化，也是隐性的，但却是负效应。主要存在于中西部边远地区的农村、山区或牧区，大批青壮年劳动力外出去城镇打工，学生到附近城镇上学，富裕家庭也迁到生活条件较好的城市居住，从而使得农村人口逐渐减少，村庄不断萎缩，直至消失。在当地，由于农村人口减少，相应地使得城镇化水平有所上升。负效应的农村隐性城镇化虽有出现，但并不普遍，更多的是随着新农村建设带来的正效应的隐性城镇化。这也应该是中国特色城镇化的一种表现。

七、中国城镇化发展趋势及相应的住房政策

综观上述动向和特点，可以作出这样的判断：

1. 目前中国城镇化已进入中期发展阶段

1978 年，中国的城镇人口比重只有 17.92%。到 1996 年，这一比重上升到了 30.48%。可以说，从此中国的城镇化开始进入快速发展时期。到 2006 年，中国城镇人口比重上升到 43.9%[①]。这 10 年间，城镇人口比重平均每年提升 1.34 个百分点，比 1978~1996 年平均每年提升 0.7 个百分点快了近 1 倍。至 2008 年底，全国城镇人口比重已上升到 45.68%。近两年城镇人口比重平均每年提升 0.9 个百分点，比前一时期有所回落，但仍处于高位区间。可以说，目前中国城镇化正处于加速发展时期，城镇人口持续快速扩张，是这一阶段的基本特征。

城镇化进入加速期，15 年间城镇人口累计新增 3.39 亿人，年均净增加 2119 万人，其中 2/3 是农村流动人口，1/3 是城镇人口的自然增长以及占比极低的海外移民所致。2011 年，我国人口城镇化率达到 51.27%，城市人口历史性地超过农村人口。随着工业化、城镇化的快速推进，我国也经历着人类历史上最大规模的人口流动。城市人口净流入必然带来巨大的住房需求。

从城镇化的发展过程来看，2009 年我国城镇化率为 46.6%，与日本在 20 世纪 50 年代初期和韩国在 70 年代中期的城镇化水平大致相当（见图 9-1）。"十二五"期间至 2020 年，我国仍处于城镇化快速发展阶段，按照"十一五"时期城镇化发展速度推算（年均增加约 1 个百分点），到 2020 年我国城镇化率将提高到 58%，相当于日本在 50 年代中后期、韩国在 80 年代初期的城镇化水平。美国和英国在 60 年代基本完成了快速城镇化的进程，美国在 1920 年城镇化率超过了 50%，而英国早在 1850 年左右城镇化率就超过了 50%[②]。

综合经济发展与城镇化水平指标，我国城镇化水平远远落后于同等经济水平下的美国、英国、日本和韩国。日本和韩国在我国目前经济发展水平时的城镇化率均超过 65%，在我国 2020 年经济发展水平时的城镇化率均超过了 75%。

发达国家城镇化发展历程表明：通常在高速发展的三四十年，城镇化率可从 25% 提高到 70%~80%。如果按照我国目前的城镇化速度（城镇化率每年上升

---

① 见《中国统计年鉴》（2007），第 105 页。
② 数据来源：王前福等. 世界城镇化发展趋势［J］. 经济要参，2002.

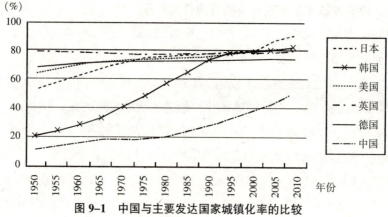

图 9-1 中国与主要发达国家城镇化率的比较

数据来源：世界银行。

1%)，到 2020 年我国城镇化率仅为 58%，2030 年城镇化率仅达到 70%。我国城镇化进程远远滞后于经济发展进程。

2. 城市发展走向以大城市为核心的集群化

借鉴欧、美、日等地区和国家都市经济圈的发展历程可以发现，全世界范围内，美国三大都会区（大纽约区、五大湖区、大洛杉矶区）的 GDP 占全美国的份额为 67%，日本三大都市圈 GDP 占全日本的份额则达到 70%，中国大陆三大经济圈占 GDP 总量的 38%。

欧洲是世界城镇化历史最为悠久的地区，也是最先出现都市经济圈的地区。伦敦 1800 年就形成了由中心城市和城市郊区所组成的都市经济圈，圈域半径约 13 公里，总面积 200 多平方公里，总人口达 260 万人；到 1971 年形成了由内伦敦、大伦敦、标准大城市劳务区和伦敦大都市经济圈 4 个圈层构成的圈域半径约 65 公里、总面积 1.1 万平方公里、总人口 1200 多万人的都市经济圈，是英国的经济核心地区。到 1990 年，巴黎都市经济圈面积扩展到 942 平方公里，人口 832 万人；如果把巴黎市和 7 个郊县看作巴黎大都市经济圈，则巴黎大都市经济圈占法国国土面积的 2.18%，容纳了法国全国人口的 18.8%，聚集了法国国内生产总值的 28%、就业人口的 21.6% 和对外贸易额的 25%。

美国是继欧洲工业革命开始后迅速推进工业化和城镇化的国家，形成了以纽约、洛杉矶、芝加哥为代表的三大都市经济圈。纽约大都市经济圈是以曼哈顿岛为中心，覆盖 1 万多平方公里，囊括 1800 多万人口的大都会地区，是美国甚至世界的经济中心之一。1990 年，洛杉矶大都市经济圈覆盖范围内人口达到 1300

200

多万人，其中心城市美国第二大城市洛杉矶人口达到 310 万人，是美国重要的军工基地和文化娱乐中心。到 1990 年美国第三大城市芝加哥拥有市区人口 298 万人，芝加哥大都市经济圈人口 810 多万人，是美国内地重要的金融、贸易、文化和重化工基地。

日本明治维新以后加速了工业化和城镇化进程，形成了以东京、大阪、名古屋为代表的三大都市经济圈。东京大都市经济圈是由内核区、中层区、外层区组成的半径 100 多公里、面积 3.7 万平方公里的城镇化地区。2000 年，东京大都市经济圈聚集了 4130 万人，占日本全国人口的 32%左右，是日本金融、贸易、制造业最集中的地区。大阪大都市经济圈圈域面积 2.7 万平方公里，占日本国土面积的 7.2%；人口 2000 多万，占日本总人口的 16.5%，是日本第二大工业基地和西日本经济中心。名古屋大都市经济圈是以名古屋市为中心，包括岐阜市、丰田市以及四日市等环状城市带共同构成的半径达 50~70 公里的城镇化地区。

我国在计划经济时期，政府主导着城镇化进程。由于受行政因素的影响，城市基本上各自为政，相互之间的经济联系比较薄弱。改革开放后，基于发展市场经济的需要，城市间的经济联系密切了，但竞争通常超过了合作，各个城市仍然是孤立发展的，经济腹地基本上局限于其行政辖区范围内，"诸侯经济"特征明显。

随着我国经济发展和经济规模的扩大，东部地区很多城市经济活动已经超出了其行政辖区。于是，从 21 世纪初开始，我国城市之间出现了协调发展的趋势。尤其在长江三角洲、珠江三角洲和京津冀等城市密集区，一体化进程加快。例如，京津之间城际高速列车的开通，长江三角洲城市联盟的建立，珠江三角洲城际公交网的发展等，都是在朝着一体化方向迈进。目前，许多城市已经认识到，地区经济是一体的，相互依赖，城市之间需要协作。因而，中东部地区的城市也出现了集群化趋势。

从"北上广深"等一线城市的人口增幅和增量来看（见表 9-5），2000~2010年，常住人口增幅均大幅增长，其中北京常住人口增长了 62%，其余城市均取得了 20%~48%的增长。

与此相对应的是，我国的大城镇化率在国际比较当中仍处于偏低水平（见图 9-2），其中重要的原因就是我们的一线城市偏少，二线省会城市发展不均，三、四线城市发展水平偏低。

表9-5　中国四大核心城市的人口增幅和增量

	2010年人口数（万人）			2000年人口数（万人）			10年变化率			
	常住	户籍	常住/户籍比（%）	常住	户籍	常住/户籍比（%）	常住人口增量（万人）	常住人口增幅（%）	户籍人口增幅（%）	常住/户籍比变化（%）
北京	2200	1262	174.33	1357	1114	121.81	843	62.12	13.29	52.51
上海	2005	1412	142.00	1641	1321	124.22	364	22.18	6.89	17.77
广州	1270	806	157.57	994	700	142.00	276	27.27	15.14	15.57
深圳	1037	251	413.15	701	125	560.80	336	47.93	100.80	-147.65

数据来源：国家统计局。

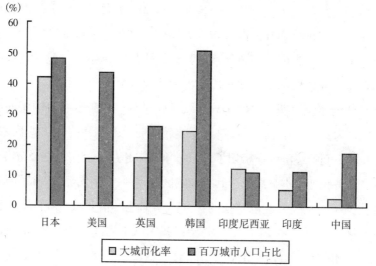

图9-2　中国与主要国家大城市化率水平比较
数据来源：根据公开资料整理。

目前，中国集群化主要有两种表现形式：一是城市群，即由若干个城市构成的城市集群，如长三角城市群、珠三角城市群、长株潭城市群、中原城市群等；二是城市圈，即以某一大城市为核心、由若干个城镇构成的城镇集群，如武汉城市圈等。事实上，两者的内涵是一样的，都是指城市之间的关系变得密切了，相互间建立起一种协作关系。这是地区经济发展到最新阶段的标志，也是城镇化的高级形式。

八、中国城镇化特性下的住房市场

"十二五"期间，我国城镇人口历史性超过农村人口，城镇化率超过50%，城乡人口格局正在发生根本性变化。目前，我国流动人口分布仍向沿海、沿江集中，新兴都市圈、中西部中心城市成为新的人口聚集区。流动人口举家迁移、长期居留趋势明显，成为改善民生的重点人群。未来 20 年，我国城镇化水平仍将快速推进，并将有 3 亿左右农村流动人口进入城镇（见表 9-6）。随着产业转移的加快、中西部城市群的发展，人口流动迁移呈现出新的特点，人口流向趋于多元化，对住宅建设和公共服务等带来了一系列挑战。

表 9-6　未来 20 年中国城镇住宅存量预测

年份	总人口（万人）	城镇人口（万人）	城镇住宅存量建筑面积（亿平方米）
2009	133474	62186	185.13
2010	134117	63727	195.58
2011	134732	65291	205.84
2015	136889	71764	249.08
2020	138886	80322	305.42
2025	140071	89353	365.64
2030	140421	98793	428.69
2011~2030 年平均增速（%）	0.2	2.2	4.0

数据来源：REICO 报告《未来 20 年我国城镇住宅建设发展空间》。

中国人多地少的国情，决定了我国城镇化空间格局必须是紧凑型的。近年来，我国强化了土地管理，从而使各地更加坚定了走集约型城镇化道路的决心。集群化，已成为中国城镇化的一个基本趋势。均衡的城市布局和城市圈发展必然会带来各城市住房价格趋于平均，会减少部分地区住房价格畸高的现象。

从德国等国家的经验看，人口必然流入大都市以获取更方便的就业机会和发展空间，因此这些地区的房价必然涨得更快，而人口净流出的农村或者小城市，房价可能涨幅不大甚至还会下跌，对于各地的住房价格政策不能实行简单的"一刀切"；另外，对于进入大都市生活就业的人群，特别是中低收入人群，必须考虑保障政策。在这方面，德国的租房政策对我国的借鉴意义也很大，详细的阐释在后面的章节进行。

第二节 / 中国人口变化与住房市场

人口结构转变影响各行各业的发展前景，从生产方面讲，劳动力是最重要的

生产要素之一；从消费层面讲，人口群体的年龄结构、收入结构、知识结构、城乡结构，使得消费行为产生了极大的差异。

中国的人口结构，特别是最重要的劳动力结构，正在发生一系列重大变化：一是适龄劳动人口持续增长，20~60 岁人口较 2005 年净增加了 6800 万人，总规模达到了 8.4 亿人；二是劳动人口的年轻化，新增劳动力当中 90% 以上来自于 20~29 岁的新生劳动者；三是劳动人口的受教育年限普遍提升，与他们的父辈不同，当前 20~29 岁人口享受到了中国推行免费 9 年义务教育以及高校扩招的教育机会增加的福利；四是年轻人口的生产生活方式更体现为城镇化与现代化，这群人成长于中国快速城镇化、快速互联网的新消费时代。

一、人口及就业情况

国家统计局发布数据，2013 年末，中国大陆总人口（包括 31 个省、自治区、直辖市和中国人民解放军现役军人，不包括香港、澳门特别行政区和台湾地区以及海外华侨人数）136072 万人，比 2012 年末增加 668 万人。

出生人口 1640 万人，人口出生率为 12.08‰，死亡人口 972 万人，人口死亡率为 7.16‰，人口自然增长率为 4.92‰。从性别结构看，男性人口 69728 万人，女性人口 66344 万人，总人口性别比为 105.10（以女性为 100），出生人口性别比为 117.60。

从年龄构成看，16 周岁以上至 60 周岁以下（不含 60 周岁）的劳动年龄人口 91954 万人，比 2012 年末减少 244 万人，占总人口的比重为 67.6%，60 周岁及以上人口 20243 万人，占总人口的 14.9%，65 周岁及以上人口 13161 万人，占总人口的 9.7%。

从城乡结构看，城镇常住人口 73111 万人，比 2012 年末增加 1929 万人，乡村常住人口 62961 万人，减少 1261 万人，城镇人口占总人口比重为 53.73%。全国居住地和户口登记地不在同一个乡镇街道且离开户口登记地半年以上的人口（即人户分离人口）2.89 亿人，比 2012 年末增加 959 万人，其中流动人口为 2.45 亿人，比 2012 年末增加 812 万人。

2013 年末全国就业人员 76977 万人，比 2012 年末增加 273 万人，其中城镇就业人员 38240 万人，比 2012 年末增加 1138 万人。

从我国人口户籍分布看，我国的城镇化水平仍然偏低。《2013 年中国城乡建设统计公报》数据显示（见表 9-7），2013 年末，我国城市共有 658 座，市区户籍人口 3.77 亿人；县城 1613 座，县城户籍人口 1.37 亿人；乡镇 33600 座，乡镇区户籍人口 1.86 亿人；村庄 265 万座，户籍人口 7.62 亿人。可见，我国户籍城镇化的任务仍然十分艰巨，换个角度看，我国城镇化仍然蕴藏了深厚的潜力。

表 9-7　2013 年中国城乡建设基本情况

城乡类型	数量（座）	建成区面积	户籍人口（亿人）
城市	658	4.70 万平方公里	3.77
县城	1613	1.90 万平方公里	1.37
乡镇	33600	453.4 万公顷	1.86
村庄	2650000	1394.4 万公顷	7.62

注：城市、县、建制镇、乡、村庄年末实有数均来自民政部，人口数据由各地区公安部门的人口数据汇总，部分地区如北京、上海等为统计部门提供的常住人口数，故总和数略有重复统计。
数据来源：《中国城乡建设统计公报》（2013）。

二、人口结构变化特征及其对住房市场的影响

（1）从人口存量看，中国的劳动力大军得到进一步充实，20~59 岁总人口达 8.4 亿人，较 2005 年增加了 6865 万人，增幅为 8.91%；占总人口比重达到 62.65%，较 2005 年上升了 3.71%（见表 9-8）。

笔者认为，联合国 15~64 岁的劳动人口口径，其实是宽泛的潜在劳动力供给口径。实际的生产性劳动力口径范围要窄，笔者取值为 20~59 岁，这个口径其实是持续增长的。一是随着中国义务教育的普及、普通高中的普及以及职业教育和高等教育的普遍延长，15~20 岁人口当中进入劳动力市场的占比逐年下滑，基本处于技能培训和在校教育当中，受计划生育的影响，该年龄段的人口较 2005 年下降了 2300 万人，但是在校比例较之前更大，故而这部分最年轻的劳动力实际上并未形成生产性劳动力。二是 60~64 岁中的劳动力，其中绝大比例（80% 以上）是农村劳动力，很多老年人成为农村的留守主力，他们依然参加农间劳作。根据蔡昉等的研究，农村常年从事农业劳作人口的平均年龄是 55 岁也可以得到印证；在城镇职工当中，男性在 60 岁基本达到退休年龄，女性 55 岁就已达到退休年龄，故而并未形成城镇的生产性劳动人口。

（2）从年龄结构看，中国劳动力依然较为年轻，2012 年底 20~39 岁的人口达到 4.34 亿人；40~59 岁人口约为 4 亿人。从增量来看，20~29 岁的新生劳动力成为了绝对供给主力。20~29 岁的新增劳动力人口达到 6300 万人，在 6866 万新增劳动人口中占比为 91.97%。

20~29 岁劳动力大军规模达到 2.28 亿人，较 2005 年新增了 6314.6 万人，增幅高达 38.21%，他们是初步进入就业市场的、消费支出占收入比重最大的人群，20~29 岁青年的消费特点是追求时尚、享受和个性，同时，进入婚恋黄金期也将推动首次置业的"刚性需求"。

40~49 岁人口累计增加了 4400 万人，该年龄段是就业人口人力资本的黄金时期，是职业生涯收入的最高峰以及储蓄的最高峰，同时也是二次置业或者提前为子女置业的最大的融资支持者。

故而，两个正向因素的叠加，一是刚性需求人群进入婚恋期，二是中国的传统家庭融资方式，父辈为子女提供购房融资（常见的是支付首付），增强了年轻群体的置业支付能力，从而联合推升了置业需求。

（3）从婴幼抚育看，我国年均新增婴儿数在 1500 万人左右，虽然较 10 年前年均 2000 万人的水平有很大下降，但是否育有新生子女是加速新生育孩子家庭购买住房的因素。

（4）从城乡结构看，2013 年底，中国城镇化水平达到 53.73%，城镇常住人口达到 7.3 亿人。中国城镇化目前正处于农村人口持续向城镇转移的大进程中，在常住人口 7.3 亿人中，仍有接近 3 亿人为农民工，故而城镇住房需求仍存在巨大市场。

（5）从人口流向看，大城市人口增长迅猛。10 年间，北京人口累计净增加了 843 万人，增幅为 62%，而户籍人口仅增长 13%；上海、广州、深圳的常住人口分别净增长 22%、27% 和 47%，人口增幅在 300 万人左右。目前来看，中国一线城市与二、三线城市所拉开的发展差距越来越大，与四、五线城市的差距更大，人口的流向更加集中地向发展水平更好的一、二线城市聚集。这一进程，使得中国一、二线城市的土地供给和住房供给远远无法满足迅速涌入的人口需求，而三线城市由于供给过大，人口聚焦不足，出现相对过剩。这是中国不同城市之间住房市场发展不均衡的根本原因。

表 9-8　中国人口与年龄结构变化

年份 年龄段	2005 年		2012 年		变化	
	人数	占比（%）	人数	占比（%）	人数变化	占比变化（%）
0~4 岁	69823704	5.34	76230068	5.69	6406364	0.3500
5~9 岁	81591744	6.24	73014740	5.45	-8577004	-0.7900
10~14 岁	104212532	7.97	71273104	5.32	-32939428	-2.6500

续表

年龄段＼年份	2005 年		2012 年		变化	
	人数	占比（%）	人数	占比（%）	人数变化	占比变化（%）
15~19 岁	111142600	8.50	88019604	6.57	−23122996	−1.9300
20~24 岁	79761160	6.10	121244660	9.05	41483500	2.9500
25~29 岁	85514424	6.54	107177600	8.00	21663176	1.4600
30~34 岁	111273356	8.51	99541196	7.43	−11732160	−1.0800
35~39 岁	127094832	9.72	106105824	7.92	−20989008	−1.8000
40~44 岁	113626964	8.69	128077232	9.56	14450268	0.8700
45~49 岁	88391056	6.76	118297276	8.83	29906220	2.0700
50~54 岁	95190368	7.28	73818572	5.51	−21371796	−1.7700
55~59 岁	69823704	5.34	85072220	6.35	15248516	1.0100
60~64 岁	51387108	3.93	66048196	4.93	14661088	1.0000
65~69 岁	43410992	3.32	44746648	3.34	1335656	0.0200
70~74 岁	35042608	2.68	33626972	2.51	−1415636	−0.1700
75~79 岁	22359276	1.71	25320708	1.89	2961432	0.1800
80~84 岁	12029552	0.92	14468976	1.08	2439424	0.1600
85~89 岁	4314948	0.33	5626824	0.42	1311876	0.0900
90 岁以上	1176804	0.09	2143552	0.16	966748	0.0700
总人口	1307560000	100.00	1339720000	100.00	32160000	2.4595

数据来源：《中国统计年鉴》、中国统计局。

三、人口结构未来 5~10 年变动对住房市场的影响

中国未来 5 年仍处于首次置业高峰中。未来 5~10 年，25~34 岁的首次置业人口总量将呈现快速增长态势，其在人口中的占比从 12% 上升到 16%，小面积的刚需房有较大的市场容量；而 40~50 岁二次置业人口总量将持续萎缩至 2020 年，其在人口中的占比从 22% 下降到 12%，显示改善性的高档住宅的需求持续下降。两个年龄段的总人口占比在未来 5 年总体平稳，但在 2015 年之后将会显著下降。这意味着 2015 年前房地产业的增长有较好的刚性需求支撑，合计人数在 2015 年后将有所下降（见图 9-3、图 9-4 和图 9-5）。

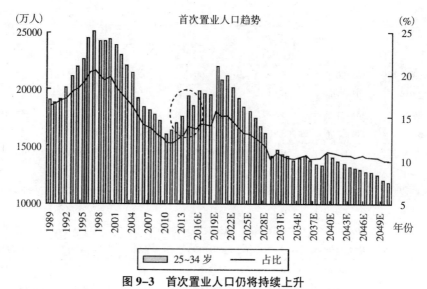

图9-3 首次置业人口仍将持续上升

注："E"表示预测比。

数据来源：CEIC，华泰联合证券研究所。

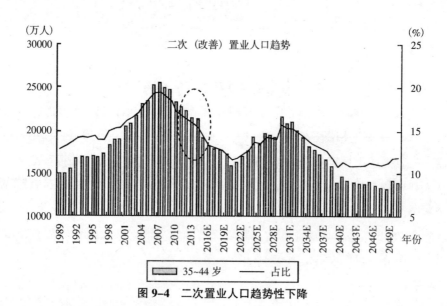

图9-4 二次置业人口趋势性下降

注："E"表示预测比。

数据来源：CEIC，华泰联合证券研究所。

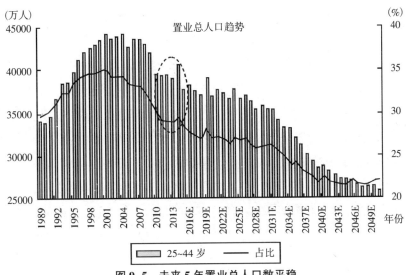

图 9-5 未来 5 年置业总人口数平稳

注："E"表示预测比。

数据来源：CEIC，华泰联合证券研究所。

第三节 / 中国土地制度与住房改革的转变

一、我国土地出让制度

我国城市土地出让制度自改革开放以来进行了一系列改革。改革的线索有两条：

第一，20 世纪 80 年代改革的线索是土地使用权的"无偿、无期限"演变为土地使用权的"有偿、有期限"的使用制度。土地使用权的有偿使用，首先由外资企业开始，此后逐渐扩展到当时的国营企业以及其他企事业单位。1988 年我国公布实施的《宪法》修正案第二条规定"土地的使用权可以依照法律的规定转让"，这就从法律上确定了土地使用权有偿出让问题，使土地交易市场的形成有了法律依据。

第二，城市土地使用权的出让方式，由划拨、协议为主，逐步演变为以招标、挂牌、拍卖（招拍挂）为主。2007 年开始实施的《物权法》第 137 条规定："工业、商业、旅游、娱乐和商品住宅等经营性用地以及同一土地有两个以上意向用地者的，应当采取招标、拍卖等公开竞价的方式出让。"公开出让土地的范

围进一步扩大，土地使用权"招拍挂"出让方式由国家政策上升到法律规定。

经过 30 多年的改革，我国逐步形成了土地出让政府垄断、以"招拍挂"方式为主、一次性收取土地出让金的城市土地出让制度：

（1）我国城市的土地全部归国家所有，由各级政府代行所有者职权。在实践中，各级城市政府成为当地城市土地的实际所有者，并成为城市建设用地的唯一垄断供给者。政府通过征收农民集体土地等方式获得城市新增建设用地，并通过土地一级交易市场将土地使用权出卖给相关单位和个人。

（2）政府出让城市土地的方式，按照市场参与程度的不同可以分为划拨、协议、挂牌、招标和拍卖。图 9-6 描绘了 5 种土地出让方式市场参与程度的差别。划拨几乎没有市场因素；协议属于作为供方的政府与需方之间的谈判定价形式；挂牌、招标和拍卖则属于市场参与度较高的出让方式，符合条件的多个需求者通过市场竞价获得土地使用权。

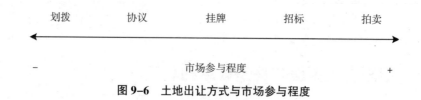

图 9-6　土地出让方式与市场参与程度

（3）从缴纳土地出让金的方式看，我国城市土地出让实行土地的"批租制"。所谓"批租制"，是指开发商或土地使用者向政府一次性缴纳未来若干年的土地使用权出让金。与批租制不同的是"年租制"，指开发商或土地使用者在未来若干年内每年分别缴纳土地使用权出让金①。

专题 9-1　我国城市土地出让方式

划拨出让方式是政府以行政划拨方式进行的土地出让。划拨的土地仅缴

---

① 土地出让金不同于房地产税收和房地产开发过程中的各种费用。土地出让金是政府作为土地所有者出让土地使用权获得租金和土地前期开发的费用，是政府作为土地所有者获得的所有者权益；房地产税收，如城市土地占用税、耕地占用税、房地产税等，是政府作为公共管理者收取的税费；房地产开发过程中的各种费用，如测量费等，是公共事业部门提供相应服务的收费。在政府财政收支中，土地出让金纳入政府型基金处理，房地产税收归入地方一般预算收入处理。

纳土地征用补偿、安置等费用，或者无偿使用，而且没有使用期限的限制。在计划经济时期，城镇土地一般都是通过划拨进行配置的。

协议出让方式的供方（政府）和需方（开发商）在议定条款时，特别是在确定土地使用费方面有较大的灵活性。因此，这种协议方式一般用于以公益事业或福利事业为目的的用地的出让。相比于划拨出让，协议出让已经有市场参与的因素，土地价格的确定经过了土地供给方和土地需求方双方的谈判，并确定了土地出让后的使用途径。

招标、挂牌和拍卖都是市场参与程度较高的出让方式。挂牌出让的方式综合了招标、拍卖和协议方式的优点，具有交易便捷、成本低廉、公开性强的特点。从市场参与程度上看，挂牌既保证了较高的市场参与程度，又给了需求方充分的时间分析和考虑挂牌条件。挂牌出让的方式综合了招标、拍卖和协议方式的优点，具有交易便捷、成本低廉、公开性强的特点。

招标是指代表国家出让土地使用权的土地管理部门向不特定的多数人发出要约邀请，招引他人投标，然后根据一定的要求从投标者中择优确定土地使用权受让人的出让方式。以招标方式订立土地使用权出让合同，引进了市场竞争机制，有助于选择合适的受让人。这种方式一般适用于开发性或有较高技术性要求的建设性用地。

拍卖也叫"拍让"，是指土地所有者代表在指定的时间、地点组织符合条件的土地使用权有意受让人到场，就某一土地的使用权公开叫价竞买，按价高者得的原则确定土地使用权受让人的一种出让方式。以拍卖方式订立土地使用出让合同，国家可以获得较高的土地使用费，因此这种方式适用于已经开发成熟的商业性用地使用权的出让。

根据前面的分析，土地成本构成了房屋成本的主要部分：

首先来看房屋价格中土地价格所占的比例。房屋价格（每平方米单价）表示了开发商能够从购房者那里拿到的收入；这些收入的去向，一是成本补偿，包括土地成本、建安成本、管理成本、房地产税费[①] 等，二是开发商的利润。土地价

---

① 房地产税费不同于土地出让金，房地产税费是政府作为公共管理者收取的税收和提供其他服务得到的费用；土地出让金，即我们所称的土地价格，是政府作为土地所有者获得的土地租金和前期开发成本。从财政角度，房地产税费进入政府税收和政府一般性预算收入；而土地出让金则进入基金性收入。

格（每平方米单价）表示政府能够从开发商那里拿到的收入。这样，房屋价格（单价）可以分成两部分：一部分是土地成本（政府所得）；另一部分则包括开发商利润、其他成本和房地产税费。土地价格/房屋价格基本上可以表示政府通过土地价格从房屋价格中获得的比例，换言之，土地价格占房屋价格的比例可以表示政府从房屋销售中获得的土地收益比例。

房屋价格我们使用中国指数研究院 2010 年 6 月的百城住宅价格指数[①]，按照房价从高到低选择前 30 个城市；住宅土地交易价格来自国土资源部国土利用管理司的"中国城市地价动态监测"给出的各城市住宅土地交易价格水平[②]。考虑到住宅开发的时滞效应，当年出售住宅使用的土地往往是过去年份购买的，笔者使用的地价是 2005~2009 年的平均地价。

图 9-7 给出了我国 30 个城市房屋价格和土地价格的情况。房屋价格和土地价格基本呈正相关：土地价格越高，则房屋价格越高。虽然不同城市土地价格的波动比较大，但是从趋势上看，土地价格与房屋价格是同方向变动的。从土地价格占房屋价格的比例来看，30 个城市平均的土地价格占房屋价格的比例为 42.4%，也就是说，在这 30 个城市中，开发商每卖出 1 平方米的房屋，获得的 100 元收入中，需要扣除的土地成本为 42.4 元。这还仅是政府征收的土地出让金，如果再加上政府征收的房地产业税费，那么房屋收入中大约有一半为政府所获得。

从不同城市房屋价格和土地价格的关系看，土地价格越高的城市，房屋价格越高。土地价格占房屋价格比例最高的是厦门，其土地价格为房屋价格的 135.8%，土地价格超出了房屋价格。比例最低的是嘉兴，其土地价格占房屋价格的 13.2%。其他大部分城市都在 20%~60%。四个一线城市土地价格占房屋价格的比例分别为，上海 58.1%，北京 39.1%，深圳 50.2%，广州 31.5%。30 个城市土地价格占房屋价格的平均比例为 42.4%。

这个比例与 2008 年 REICO 工作室在北京、上海和广州的抽样调查数据结果大致相似（见图 9-8）。在 2008 年的调查中，包括土地出让金和房地产税费在内，政府从房地产开发项目中获得收入的比例在 37.4%左右。其中，上海最高，为 61.8%，北京为 42.4%，广州为 30.1%。

[①] http://www.soufun.com/news/zt/201007/bcjgzs.html；因为有些城市的土地价格没有数据，因此这 30 个城市实际上是有土地价格的住宅价格前 30 位的城市。

[②] http://www.landvalue.com.cn/.

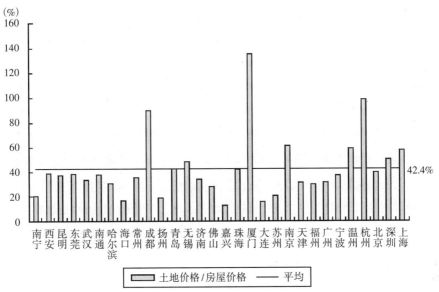

图9-7　土地价格占房屋价格的比例

数据来源：房屋价格来源于中国指数研究院"百城住宅价格指数2010年6月"；土地价格来源于中国地价网"中国城市地价动态监测"。房屋价格为2010年6月的房屋价格；土地价格为2005~2009年的平均土地价格。

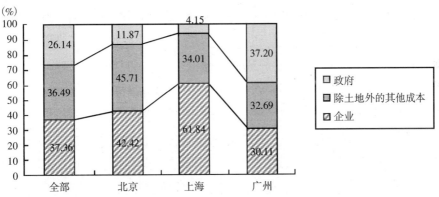

图9-8　北京、上海、广州房地产开发项目销售收入的分配（2008年）

数据来源：REICO工作室2008年房地产开发项目抽样调查。

二、国际经验对我国当前土地制度的启示

近年来，针对房屋价格的快速上涨，我国政府出台了一系列措施，一是控制房地产业的"银根"，紧缩房地产信贷；二是对房屋需求进行数量控制。但是，调控并没有涉及土地出让制度这一层面。我国城市土地出让制度的特征，以及快速城镇化带来的对城市住房的大量需求和地方政府对土地财政的依赖，导致了城

市土地价格的快速上涨，而土地价格的上涨推升了房屋价格的上涨，这是我国房屋价格近年来快速上涨的一个基本原因。因此，要想从根本上控制房屋价格的过快上涨，促进房地产业的稳定、健康发展，需要对我国城市土地出让制度进行改革。改革的路径，应该着眼于土地出让制度的四个制度性特征。

（一）加大城市建设用地供给

为适应我国快速城镇化的发展趋势，在保证耕地面积的前提下，应加大城市建设用地供给。未来我国仍面临着大量农村人口城镇化的挑战，对城市住宅的需求仍然强大。在这种条件下，要保证房屋价格平稳，最根本的还是要扩大城市土地的供给。但是，我国又是一个土地资源，特别是耕地资源稀缺的国家，因此扩大城市住宅用地供给还需要保证耕地面积。从当前的情况看，在保证耕地面积不减少的情况下扩大城市住宅用地供给，需要按照统筹城乡发展的原则，尊重农民意愿，将农村住宅用地转变为城市住宅用地。

在这方面，已有一些地区开始试点，但是问题在于是否尊重农民意愿。当前农村土地征用的最大问题是不尊重农民意愿的"强拆"。"强拆"有两种表现形式：一是强制性地征用农民土地，将农村土地，特别是一些耕地置换为城市建设用地；二是一些地区的农村集体住宅自愿转换为城市住宅，成为所谓的"小产权房"，但是却被政府"强拆"。政府的这种"强拆"所导致的负面影响已经成为农村住宅用地转换为城市住宅用地的最大障碍。

根据德国经验，土地征收的补偿范围主要有实体损失补偿、其他财产损失补偿与负担损失补偿。实体损失补偿指的是被征收土地以及其他征收的"标的的价值"的补偿。其他损失补偿指的是实体补偿之后，财产权人仍有的损失补偿。负担补偿主要是指因征收而解除的租赁契约，或是该契约的解除是因为该房屋即将被整建或强制更新，以致无人承租或闲置，这将使财产权人短暂失去租金收入，应给予补偿。这些补偿充分考虑了财产权人的现实损失和潜在损失，最大限度地保护了财产人的利益。我国扩大城市住宅用地供给，政府需要做的不是"强制拆迁"，而是在保证耕地面积的前提下，尊重农民意愿，放开对农村住宅用地的市场交易管制，即推动农村土地流转制度变革。

（二）实行对社会住房的土地优惠政策

不同地区针对中低收入人群的社会住宅建设都有较多的土地出让优惠政策。例如香港地区，在土地批租制度下，香港地区的地价分为完全市场价格、下调地价和名义地价（只相当于完全市场价格很少一部分）三种类型。盈利性的工商业用地和商品住宅用地一律按完全市场价格批地，而负责向香港地区低收入群体提供廉租房的中国香港房屋署就有资格申请按名义地价和下调地价批地。新加坡《土地征用法规》强化了政府机构的职能，可以强行征用私人土地用于自身发展，以比私人开发商低得多的土地价格使得大规模建造公共住宅成为可能。参考不同地区的经验，可进一步改革和完善我国对低收入人群住宅的土地供给制度。

（三）改革以"招拍挂"为主的土地出让方式

对招标、挂牌、拍卖出让方式的改革，并不是重新回到以划拨和协议出让为主的时代，因为协议和划拨方式不能真实反映土地的市场价格，而且容易暗箱操作，导致腐败等问题。但是，当前的城市土地出让"招拍挂"的出让方式，以土地价格为竞争标的。在土地垄断供给的条件下，其逻辑结果就是抬高土地价格。而土地价格的上涨又传导到房屋价格上，导致房屋价格的快速上涨。因此，招标、挂牌、拍卖方式也要进行改革和完善。

首先，需要改变政府供给土地的目标。改变政府出让土地获得最大化土地收入的目标。政府对城市土地的供给，应该以适应不断增长的城市人口对住宅的需求为目标。

其次，要实现上述目标，在操作上也没有困难，只要改变"招拍挂"的标的即可：以提供价格合理的住宅为竞拍标的，而不是以土地价格的高低为标的。这方面的改革，没有技术上的困难，困难在于政府是否愿意和能够放弃对"土地财政"的依赖。

（四）以房产税出台为契机，改革土地批租制

1. 将土地年租与征收房产税合并

土地批租制的好处：一是政府可以一次性获得可供支配的大额资金；二是征收方便。土地批租制的缺点：一是寅吃卯粮，政府透支了未来收入；二是一次性缴纳未来若干年的土地出让金，增加了开发商的资金负担，容易积累金融风险。开发商一次性缴纳的土地出让金需要在房屋出售中一次性获得补偿。这样，一次性缴纳的土地出让金将全部进入房屋成本中，从而抬高了房屋销售价格。

2. 土地批租制改革的一个方向是土地年租制

土地年租制与土地批租制相比较，主要特征在于：一是按年收租，土地年

租制不是在土地出让初期一次性收取出让期限内的全部土地租金，而是按年度分别收取土地租金。二是每年根据当年的土地价值对租金进行调整。在土地年租制下，从政府方面考虑，虽然政府减少了当前的一次性收入，但是却可以在未来期限内获得稳定的收入来源。从房屋购买者方面考虑，则可以减轻在购房阶段需要一次性支付的土地出让金，从而减轻支出负担。从房地产开发企业方面考虑，可以有效减轻开发阶段的资金负担，降低在土地批租制下所面临的金融风险。

实行土地年租制面临的一个主要困难是，土地年租制下的租金确定机制和租金的收缴成本。在土地批租制下，对于土地出让金的征缴，政府仅需要同少数房地产开发企业交涉就可以了；但是在土地年租制下，对于年租金的收缴，政府需要同大量的房屋所有者进行交涉，交易成本和管理成本要远高于土地批租制下的成本。对于这个问题，可以考虑将年租金同保有环节的房地产税收结合起来征收，在征缴保有环节的房地产税收时捆绑缴纳土地年租金，或者将二者合并征收统一的房产税或物业税。虽然土地租金（出让金）与房产税的性质不同：前者是政府作为土地所有者获得土地租金，而后者是政府作为公共管理者征收的税负，但是在我国城市土地归政府所有的条件下，政府的土地所有者身份和公共管理者身份也是统一的。从简化税种、提高征缴效率来看，合并征收也是一种选择。

我国大陆实行与香港地区大体相同的土地公有制和土地批租制度，但在具体方案制定过程中，选择了与香港地区1985年以前相同的土地批租制而不是年租制或混合体制。

试行土地年租制和土地批租制的混合体制，可有效降低土地价格，进而降低房价。

专题9-2　香港地区土地混合租金制度

土地出让制度以土地政府所有制为前提。通过对新加坡和中国香港地区的土地出让制度发展过程研究可以看出，新加坡的土地出让制度包括无偿划拨、有偿招投标、有偿租赁等，中国香港则实行土地年租制与土地批租制的混合体制。在土地租金征收方式中，中国香港地区的混合体制具有明显的优势。一方面，土地"价"的部分体现为土地出让时一次性收取的出让金，是由土地市场供求关系决定的土地使用权价格；另一方面，土地"租"的部分是按年收取的土地租金，是土地所有者出让土地使用权的报偿，是土地所有者与使用者分配土地收益的方式，是真正意义上的地租。实行混合体制后，土地的初始出让价格会下降，因为一部分地租会从初始地价转变为年租金，初始价格下降多少，则由年租金的租率决定。在土地价值的评估方式确定以后，年租金的租率可以作为有效的政策杠杆，调节土地所有者和土地使用者之间的利益关系。混合体制如果设计得当，将表现出如下优点：①为地方政府建立合理的激励机制；②向土地市场传递相对准确的价格信号；③调节土地资源的合理分配与集约化使用；④减少土地价格的波动幅度，降低金融系统风险。

第四节 / 中国住房市场发展与展望

一、中国经济发展回顾

自 1978 年以来中国经济持续保持双位数增长，彻底改变了中国欠发达国家的形象，民众的生活水平普遍提升。至 2013 年末，中国经济总量达 56.8 万亿元，人均收入达 7000 美元。改革开放 30 多年来，中国社会经济获得了长足的发展，总体水平有了大幅度提升，主要有以下特征。

1. 中国经济实力显著增强

经过改革开放 30 多年的快速发展，中国经济总量已有了大规模扩张，2013 年末跃居世界第二位，仅次于美国。与改革开放前相比，中国经济跃上了一个大台阶。事实上，20 世纪 70 年代末相对于新中国成立前或成立初期来讲，中国经济也是一大飞跃，而且是质的飞跃，在旧中国一穷二白的基础上，初步建立起独立完整的国民经济体系。但是，不管是 20 世纪 70 年代末还是现在，一个共同的问题就是普通民众生活仍然多处于较低水平。在计划经济时期，工业是国民经济的主体，但工业创造的财富主要用于发展工业经济自身和国防建设，并没有真正

惠及百姓生活（这是由当时的国际环境和中国的发展阶段所决定的）。改革开放后，通过推行市场经济，使经济发展建立在民生福利的基础上，从而使得国民经济水平与人民生活水平大体上得到了同步的提高。当前，人民生活总体上迈进了小康。然而财富分配不均，大多数民众生活水平仍然偏低，中国整体上属于发展中国家的特征并没有改变。与改革开放前不同的是，当时全国人民都不富裕，是均贫穷，而今天则有一部分人先富裕起来了，是发展不均衡状态下的相对贫穷。

2. 生产力水平有了大幅度的跃升

经过 30 多年的发展，中国的工业生产能力有了大规模提升，目前已成为"世界工厂"：从打火机到汽车、飞机，中国都能生产，多项产品的产量居世界第一，可以供应全球消费。这与改革开放前国内商品严重短缺的局面不可同日而语。但是，伴随着结构调整，中国工业正在进行升级改造，向着重化工业方向发展。然而，重化工业是资金—技术密集型产业，对劳动力的需求有限。虽然近年来中国工业仍在突飞猛进，但却出现了日益严重的劳动力闲置现象，大量毕业生找不到工作，失业问题突出。尤其当前受到全球金融危机的冲击，就业压力骤然上升。这与 20 世纪 70 年代末的形势非常相似。当时，中国工业经过 20 多年的发展，已经形成了比较完整的工业生产体系（除了轻工业较薄弱外，其他基本上都可以满足自身发展的需要），且正在进行技术改造和升级，向着电子和石化工业发展。这些产业的投资规模大，技术含量高，但同样是吸纳劳动力有限。这样，一方面是大量新生代人口进入了劳动力大军，另一方面是大批下乡知青和劳改干部陆续返城，从而造成城镇就业形势非常紧张。事实上，最初的改革开放和发展市场经济，就是在这种矛盾和困难压力下的无奈选择。改革开放 30 多年后的今天，我们重新遇到了这一困难。就业和饭碗，仍然是当前最紧迫的现实问题。

3. 市场经济运行模式基本成熟

改革开放后，随着市场经济的发展，中国打破了原来运行 20 多年的计划经济管理体制，逐步建立起与市场经济相适应的管理体制。到目前为止，市场经济运行机制渐趋完善。但是，今天的经济运行特征与改革开放前又出现了某些相似之处。改革开放后，中国经济体制改革的大趋势是放权搞活，从而使经济发展越来越充满活力。然而，从 20 世纪 90 年代中期开始，政府加强了宏观调控，行政管束力不断增强。同时，随着市场经济的发展，竞争越来越激烈。尤其是中国加入世界贸易组织之后，随着国外大资本的进入，国内市场竞争加剧。在激烈的竞争下，资本的作用得以提升，大企业、大财团左右市场的能力增强，而小企业、小资本（尤其是个体户）则被大量挤出市场。这虽然是市场经济发展的一种趋势，是市场升级的表现，但速度过快，也会带来问题。这样，政府的宏观调控与大资本的市场垄断相结合，就使得中国经济运行逐渐趋于平稳而有序，像 20 世纪 80 年代后期和 90 年代前期那样大起大落的局面基本上没有了。但同时，经济活力有所下降。改革开放 30 年后的今天，虽然市场取代了计划，但市场一旦走向垄断，同样是没有生命力的。不管是 20 世纪 70 年代末还是现在，共同特征都是垄断。不同的是，当时是政府一家垄断（管制），现在是政府与大资本联合垄断。结果却非常相似，市场失去活力，经济发展受阻。所谓的内需不振，其根源就在这里。

4. 社会结构趋于稳定

改革开放后，随着市场经济的发展，中国的社会结构发生了剧烈变动，原来的工人和农民这两大群体出现了重大分化和改组。经过 30 多年的演变，一个新的社会结构基本形成。这一新的社会结构是：官员及资本所有者、企业主和社会精英居于上层，城市居民处于中层，底层是农民和农民工。这一结构与改革开放前基本一致。当时的社会结构是：干部居于顶层，享有许多特权；中间是工人和知识分子，也有相对较好的福利；农民居于底层，只能在集体内部享受到最基本的生活保障。然而，社会结构一旦稳定下来，就会产生惰性，从而阻碍生产力的进一步发展。

总之，改革开放 30 多年来，中国城镇化进程大体上完成了一个轮回。计划经济后期，国有经济一家独大，城镇化也就以大、中城市为发展主体，小城市和小城镇受到了抑制。由于体制原因，总体的社会生产力受到束缚，城镇化进展缓慢。改革开放后，通过发展市场经济，调动了广大民众（尤其是农民和体制外市民）发展经济的积极性，使小城镇和小城市获得了发展动力，活力增强，从而加快了城镇化进程。到了 20 世纪 90 年代，随着社会主义市场经济体制的逐步确立，城市经济体制改革步伐加快，民营经济在城市中也得到了迅猛的发展和扩张，从而使大中城市活力开始增强。进入 21 世纪，中国加入了世界贸易组织，随着外国大公司的涌入，国内市场竞争日趋激烈。为了应对竞争，民营企业纷纷

走向联合，组成大企业、大集团。为了争夺市场，尤其是高端市场，这些大企业和大集团大举进军大城市，尤其是区域性中心城市。这样，就推动了大城市的快速发展。然而，由于市场竞争加剧，中小企业的生存环境就变得越来越严酷了。尤其是乡镇企业，还遇到了环境、技术和市场等门槛，处境更加艰难。这样，小城镇和小城市的活力不再，只有大城市一枝独秀。这似乎又回到了改革开放前。以广州为例，1978 年，在珠江三角洲地区，广州是当之无愧的首位城市，其GDP 在地区 GDP 中占 1/2 还要多。改革开放后，由于港澳地区资金的进入，以及乡镇企业的发展，农村工业化和城镇化进程得以启动。随着小城镇的兴起，广州的地位逐渐下降。到 20 世纪 90 年代初，广州的 GDP 在珠江三角洲地区仅占1/4，其人均收入水平甚至还低于珠海、佛山等地。不过，到 90 年代末，尤其是中国加入世界贸易组织之后，随着新一轮全球化浪潮的推进，日本和欧美大企业大量进入珠江三角洲地区。广州由于其良好的服务环境和基础设施，及其在华南地区的影响力，成为了吸引大企业落户的首选，如本田和丰田汽车就入驻广州。再加上政府主导的以广州为中心的区域性基础设施的建设，大规模拓展了城市发展空间，广州的发展速度明显加快，其在珠江三角洲地区及华南地区经济中的中心地位再次得以确立，并有了显著提升。

但是，中国目前的经济增速正在放缓，低于 8% 的年均增长速度成为更多经济学者的普遍预期；而中国的出口竞争力也正随着劳动力成本、土地成本、环保成本等快速上升变得相对脆弱。史无前例的人口基数和增量，长期割裂的城乡二元结构，以及较低的户籍城镇化水平，要完全实现"居者有其屋"的理想，可能是今后数十年乃至上百年才能完成的历史任务。解决住房市场矛盾的关键在于认清当前市场供需关系、顺应市场规律、制定务实且与中国实际情况相符的住房市场政策。

二、中国住房市场回顾

1998 年 7 月，国务院发布《关于进一步深化城镇住房制度改革加快住房建设的通知》，宣布从同年下半年开始全面停止住房实物分配，实行住房分配货币化，首次提出建立和完善以经济适用住房为主的多层次城镇住房供应体系。由此开启了中国住房市场发展的新纪元。

1998~2013 年，中国住房市场高速发展。从我国历年竣工房屋面积看（见图9-9），1998 年竣工量为 1.76 亿平方米，而 2013 年竣工量为 10.14 亿平方米，也就是说近 15 年的年均复合增速达到了 12.40%。住宅是中国房屋建设的核心类型，一般占到全年竣工量的 75%~80%。如图 9-10 所示，2012 年住宅竣工 764 万套，1999~2012 年的年均复合增速达到了 11.09%。

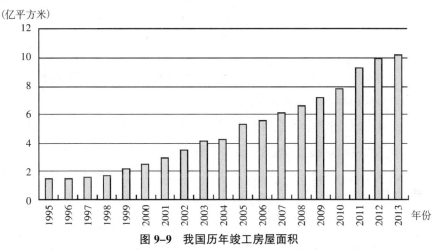

图 9-9　我国历年竣工房屋面积

数据来源：国家统计局。

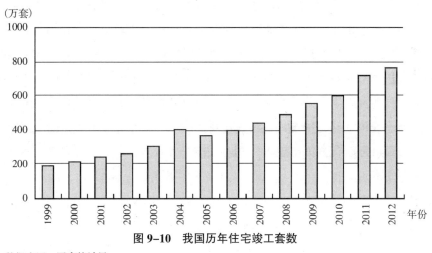

图 9-10　我国历年住宅竣工套数

数据来源：国家统计局。

持续火热 10 余年的中国房地产市场，一直是大众的新闻热点，主要原因就是住房问题与普通百姓的生活息息相关。中国房地产市场发展，一方面是通过大规模地向市场提供差异化的住宅产品，极大地改变了城市风貌和城市居民的居住

条件，1998 年城市人均居住面积① 是 18.66 平方米，2012 年已上升至 32.91 平方米；另一方面，由于 1998 年"房改"之后，相关市场制度不够完善，使得在住房市场发展中出现了一系列突出问题，最受关注的就是房价持续过快上涨，特别是在部分一线和二线大型城市，无论是住房绝对价格，还是房价收入比、房价租金比等相对价格，都已经接近或超过不少发达国家房价水平。未来住宅市场的走向令人关注。

前文研究了德国住房市场供需情况并回顾了其住房政策的演进路径后发现，中国与德国住房市场发展模式的最大差异在于：

第一，中国房地产市场发展与城镇化是高度同步的，而德国城镇化在"二战"后已经稳定在 70%左右的水平。根据国家统计局公布的数据，1998 年中国城镇化率为 33.35%，而 2013 年已上升至 53.73%。结合当年人口总数简单计算，1998 年中国城镇常住人口数为 4.16 亿人，而 2013 年已达到 7.31 亿人，城镇常住人口数净增加了 3.15 亿人，平均每年新增 2100 万人，该数值相当于德国 2013 年末人口总量的 1/4，这是中国最大的国情。

第二，人口增长与家庭结构发展的"同与不同"。与德国人口自然生育率持续为负不同，2013 年中国人口自然增长率为 4.92‰，而德国 1972 年就已经转入负增长。与德国相似的是，中国家庭规模也正向小型化发展，2010 年平均家庭规模为 3.1 人/户；人口老龄化已经到来，2013 年末，65 岁及以上人口比重达到了 9.7%。德国家庭规模小型化发展，2010 年平均家庭规模为 2.01 人/户，其中单身家庭数占比为 40%；德国人口老龄化严重，2013 年末，65 岁及以上人口比重超过了 20%。总体而言，中国人口仍将保持正增长，家庭小型化发展较德国仍有很大空间，人口老龄化发展也仍未达到德国的严重程度，这些因素构成了中国住房市场的坚实需求。

第三，中国的城市发展水平差异巨大。截至 2013 年末，中国有城市 658 座，县城 1613 座，乡镇 3.36 万座，村庄 265 万座。而即使是在这 658 座城市中，一线、二线和三线、四线城市发展水平差异也是十分悬殊的，这就决定了中国劳动人口的流动方向。而能够获得人口和人才流入的城市，其经济活力强、人

---

① 人均住宅建筑面积（平方米/人）= 住宅建筑面积 ÷ 居住人口（居住人口是指报告期末与住宅统计口径一致的、当地公安部门统计的户籍人口）。

才吸引力强、人口流入多，住房需求也就更加旺盛。这一现象德国也体现得较为明显。

第四，中国经济增速远高于德国经济增速。中国虽然已经结束了长达30余年的双位数增长奇迹，但仍保持在7%~8%较高速增长区间。2013年，德国经济增速为0.4%，中国为7.7%。中国经济持续快速增长，有利于增加居民收入和扩大就业人口，也有助于提升我国城镇化进程中居民的住房支付能力。

第五，中国的住房政策仍在持续完善中。针对住房价格过快上涨，国务院、相关部委以及地方政府都曾实施了多种"调控措施"抑制房价，而针对2014年住房需求不旺，价格下跌，政府又开始调整以前的限购限贷政策，以消化房地产的过剩供给。从德国经验看，住房短缺到住房平衡的过程中，也伴随了调控政策的"政策主导"到"市场驱动"的转型。这也对我国当前的住房市场问题解决具有十分重要的借鉴意义。

三、中国住房市场展望

住房市场发展有强劲的需求支撑。我国仍处于人口规模扩张和快速城镇化的历史进程当中，居民住房需求比较旺盛，对房地产业始终有较大的支撑力。中国人多地少的基本国情也决定了住房始终存在供求关系偏紧的状态。市场的本质是价格平衡供需关系，住房市场也不例外。借鉴德国经验，我们无论从人口增长还是从人口流动的分析来看，归根结底是人口流向决定了住房需求，进而影响房价波动。以下是影响我国房价的主要因素。

1. 人口规模扩张依然持续

尽管受计划生育的政策影响，我国人口自然增长率已经大幅下降，但依然稳定在4.7‰的水平，每年人口增量仍然维持在600万人的较高水平。

2. 城镇化进程远未结束

收入因素是农村劳动力转移的根本驱动力。城乡居民收入差距过大，城镇居民人均可支配收入与农村居民现金纯收入长期以来维持在2.5~3倍的水平，必然使得农村受过良好教育的新一代年轻人以及中青年适龄劳动人口到大中型城市寻找更高收入、更高技能实践和训练的就业机会。

2011年，中国城镇人口规模总量为6.9亿人，城镇化水平（常住6个月人口口径）达到51.27%，2013年这一数据进一步升至53.6%；而1996年中国城镇化水平仅为29.04%，16年累计升幅为22.23%，年均升幅为1.39%。

农村人口累计下降 2.03 亿人，年均净减少 1268 万人，由于农村人口自然增长率依然维持在较高水平，人口下降的直接原因就是农村人口向城镇大规模迁徙。

城镇人口累计新增 3.39 亿人，年均净增加 2119 万人，其中的 2/3 是农村流动人口，1/3 是城镇人口的自然增长以及占比极低的海外移民。

由于中国户籍制度的约束，我国的流动人口仍然难以纳入当地居民的范畴，从而形成中国特色的流动人口。2011 年城镇户籍人口 4.6 亿人，户籍城镇化水平仅为34.17%，低于城镇化率 17.1%，主要原因是城镇人口当中非城镇户籍人口迅猛增长，从 1996 年的 8200 万人增长至 2011 年的 2.31 亿人，其中绝大多数（70%~80%）为农民工群体。

3. 区域经济结构对人口流动的影响

中国的城镇化进程仍将受农村人口的城镇化迁移和城镇人口的自然增长合力推动，而且该进程将在未来数十年内长期延续。因此，大规模的城镇人口的实际住房需求仍将得到强力支撑。

未来 10 年之内，中国人口流动仍将体现为由农村向城市的大规模流动。2011 年，以"北上广深"为代表的"环渤海湾"、"长三角"和"珠三角"城市和地区，所吸引的外来流动人口占全部流动人口的比重超过 50%[1]，根本原因还是这些发达地区的工业发展水平与工资收入水平较中西部地区大幅领先，对流动人口具有很大的吸引力。对于中国未来的新型城镇化，如果不解决收入水平差距过大的问题，人口在这些发达地区集聚的态势很难自然消退。

因此，解决人口流动问题的关键，还是在于培育可吸纳流动人口的就业机会。从德国经验来看，还是需要走城市均衡化的发展之路，仅依靠"北上广深"一线城市及核心都市圈很难解决 2 亿流动人口与住房需求的矛盾。进一步培育一大批产业布局合理、人口就业吸收能力强的城市群（带）是唯一出路。

城镇化人口的均衡流动不仅是人口向大城市流动，而且应包括向中小城市和就近的中小城镇流动。然而，中国近年来人口流向本质上体现为向大城市流动。据显示，2000~2010 年，北京市常住人口累计净增长 62.12%，净增加 850 万人，

① 1982~2005 年，流动人口的分布中，广东省占比 22.37%；长三角区域的上海、江苏和浙江合计占比 20.58%；北京、天津、山东、辽宁合计占比 12.42%；三大经济圈合计吸引流动人口 55.37%。

户籍人口增长 13.29%；上海市常住人口累计净增长 22.18%，净增加近 600 万人，户籍人口增长 6.89%；广州、深圳的常住人口分别增长了 27.27% 和 47.93%。但是，同期全国城市新增人口平均水平仅为 5.8%，这也说明，尽管大城市的户口限制相对严格，表现为户籍人口的年均增速和年均增量较低，但依然吸引了成百上千万人流入。反过来看，人口有流入，必定有流出；观察农村地区和广大四线、五线城镇以及中西部落后地区，人口基本是净流出的，虽然很多中西部小城市房价低、进城门槛低，但是，由于没有就业和创收的相对吸引力，仍然不足以集聚和发展产业、汇聚商业和积聚人口。

　　乔润令[①]也认为，人口流向不均衡的主要原因是虽然小城市扩张，但其却没有相应的产业带动就业，没有教育、医疗等公共服务配套，而大城市具有就业机会多、收入高、基础设施好、优惠政策多、生活方便等向心力。因此，人口趋于向超大型城市、东南沿海城市移动。非均衡态势的流动会给一些大城市带来日趋严峻的人口膨胀压力，并由此引发生态环境危机和经济社会矛盾。其中，发展越快的特大城市，面临的矛盾也越大。如何缓解大城市人口流入，使城镇化朝着均衡、健康的方向发展？加大中小城市和农村的基础设施投资，消除城乡之间、城市之间的带有歧视性的非公平政策、促使基本公共服务均等化等都是比较可行的措施。

四、中国住房政策应与时俱进

　　与各国住宅市场发展相对应，各国住宅政策的演化都有明显的阶段性，与之相对应的是各种经济指标都呈现阶段性特征，如表 9-9 以及表 9-10 所示。

表 9-9　住房市场发展的三个阶段

发展阶段	住宅市场特点	住宅政策特点
数量型发展 （第一阶段）	解决住房困难	政府财政直接参与住房开发、建设和经营，大多数居民租用公房
增量与质量并重 （第二阶段）	增加住房数量和提高住房质量并存	政府由直接提供住房转变为参与住宅金融市场，形成以国有金融机构为主体的住宅金融体系，目的是提高住房建设和消费的支付能力
总体发展 （第三阶段）	提高住房质量，改善居住环境	政府间接参与住宅金融市场，着重在于宏观调控，保证金融市场的稳定

　　数据来源：谢伏瞻.住宅产业：发展战略与对策 [M].北京：中国发展出版社，2000.

---

　　① 国家发改委城市和小城镇改革发展中心副主任（2013）。

表 9-10　住房市场发展的三个阶段之国际比较

指标	美国	日本	德国
数量型发展阶段	1930~1960 年	1945~1960 年	1949~1960 年
人均 GDP	1871 （1950 年）	269 （1955 年）	487 （1950 年）
恩格尔系数	30.3 （1950 年）	42.2 （1959 年）	50.7 （1950 年）
人均居住面积（平方米）		5.8 （1948 年）	15 （1980 年）
增量与质量并重发展阶段	1960~1972 年	1960~1980 年	1960~1980 年
人均 GDP	4810（1970 年）	1758（1970）年	1609（1970 年）
恩格尔系数	23.8	30	27.9
人均居住面积（平方米）		7.1　（1960 年） 13　（1978 年）	24　（1968 年） 30　（1972 年）
全面发展阶段	1975~2002 年	1987~2002 年	1980~2002 年
人均 GDP	15390（1984 年）	11252（1985 年）	11130（1984 年）
恩格尔系数	21.3	24.1	25.7
人均居住面积（平方米）	59 （1991 年）	17 （1990 年）	33.2 （1982 年）

数据来源：谢伏瞻. 住宅产业：发展战略与对策.

　　参考国际经验，各国从 20 世纪 50 年代到 90 年代的 40 年里，政府住房政策的重心一直有所差别，因势利导，这对房地产业的发展和居民生活水平的提升都起到了关键作用。

　　我国经过 20 多年的改革开放和城镇住宅建设的快速发展，人均居住面积得到了较快提高，城镇居民在总体上告别了住房严重短缺时代，从数量型发展阶段进入了增量与质量并重发展阶段，2003 年我国人均 GDP 为 1090 美元，城镇居民人均住宅建筑面积仅为 23.7 平方米（折算为使用面积仅为 17.8 平方米，2004 年达到 18.4 平方米），恩格尔系数为 37.7，只处于第二阶段的初期。2013 年我国人均 GDP 为 6775 美元，而人均住房建筑面积已达到 32.9 平方米。过去 10 年中，随着我国居民收入水平的提高，消费结构逐步发生变化，在以"衣食"消费为主的温饱阶段后，我国居民逐渐进入了以"住行"为主的小康消费阶段，以住房、轿车和家用电器为代表的消费品成为了新的热点。房地产业作为"高额消费阶段"的支柱产业之一，成为了我国发展阶段不同地区经济，乃至整个国民经济的"产业领跑者"，其特点必然表现为繁荣时期长、区域接替性强、发展前景广阔，这已经在现实的经济生活中得到了充分的体现。

　　根据我国提出的 2020 年建设小康社会的中期目标，2050 年我国将达到中等
发达国家水平的中期目标规划，到 2020 年，我国人均 GDP 水平将接近发达国家
20 世纪 70 年代末的水平。对应的，我国城镇人口人均住宅预期将达到 35 平方
米/人的"小康水平"。从综合分析来看，2013 年我国人均城镇居住面积已为 33
平方米，已基本接近小康水平。因此，整体判断我国的住宅市场进入了第二阶段
(增量与质量并重发展阶段)的中后期，开始逐步向第三阶段过渡。我国住宅市
场特征正从增加住房数量和提高住房质量并存逐渐转变为提高住房质量，改善居
住环境的新的特征。与之相对应，在第二阶段，政府的功能是参与住宅金融市
场，形成以国有金融机构为主体的住宅金融体系，目的是提高住房建设和消费的
支付能力；而到了第三阶段，政府只是间接参与住宅金融市场，着重在于宏观调
控，保证金融市场的稳定，防范金融风险。在此大背景下，与时俱进地建立适应
环境变迁的住房政策体系是非常关键的。

第十章

借鉴：

德国经验的启示

    中德两国在经济发展阶段、城镇化水平、人口结构与家庭结构、人口流迁方向甚至社会基本制度方面都有较大差异，但德国房地产市场稳定发展的经验值得我们借鉴。

    本章是对全书主要观点的回顾，重点从人口增长与人口流动、经济增长与居民收入、城市体系格局、住房供应以及住房政策演变等多个维度，系统总结德国住房市场发展的特点和经验，并根据研究结论对德国住房市场进行了展望，总结出对中国的借鉴意义，提出保持房地产市场和价格稳定：必须从供需两个角度进行考量，必须从扩大廉租住房供给，解决局部结构短缺问题；优先发展房屋租赁市场，提倡"租房"文化；加强城镇化建设，培育均衡化城市群；保持稳健货币政策，防止价格飞涨；建立与时俱进的房地产政策。

第一节 / **主要研究结论**

与欧美主要工业化国家的住房价格迥然不同，德国住房价格表现出难以置信的长期稳定性。在 1970~2013 年的观察期间，德国实际房价累计下降 18%，而同期的英国、澳大利亚、加拿大、法国、意大利、美国的实际房价累计增幅分别为320%、231%、195%、151%、111%和 105%。德国住房价格与本国经济发展趋势和其他国家房价变动趋势显著背离。

一、德国住房市场价格表现

1. 名义房价阶梯爬升，实际房价负增长

1970~2013 年，德国名义住房价格指数呈阶梯上升态势。由于名义房价指数，累计升幅为 168%，但同期累计通货膨胀升幅为（用 GDP 平减指数衡量）225%，德国实际住房价格指数下降了 18%（指数计算，并非简单的相减关系）。由于统计时间跨度长达 44 年，实际房价累计负增长的事实，使得住房保值抗通货膨胀的传统认识在德国并不适用。

2. 德国房价低增长、低波动

从绝对价格上看，德国住房价格远低于其他欧盟国家。其公寓均价在 3300欧元/平方米左右，而在伦敦、巴黎、布鲁塞尔、圣彼得堡均价都在 10000 欧元/平方米以上。意大利与德国的均价相对较低。

从衡量房价合理性的角度上看，德国房价收入比指数自 1970 年以来持续下滑。其他国家，自 2000 年初以来均有不同程度的涨幅。2013 年德国房价收入比指数值仅相当于 1970 年的 42%，在经济合作组织国家中排名最后。

20 世纪 90 年代后期启动的新一轮全球房地产集体繁荣周期当中，德国未曾参与其中。而 2008 年的经济危机和其后的债务危机来临之时，经济脆弱国家的居民部门开始加速去杠杆，使得住房市场几近崩溃，而德国房地产表现一枝独秀，甚至因国际资本的流入开始快速温和上涨。

3. 德国房价波动的周期划分

笔者从城镇化进程、经济增长及人口发展情况进行考察。根据波动特点，可将德国名义房价指数划分为五个阶段（见表 10-1）。

表 10-1　德国房价波动周期

时间	名义住房价格	城镇化	经济增长	人口发展	核心驱动力
1970~1982 年	上升 97%	上升	扩张	持续扩张	人口增长
1982~1988 年	持平	下降	放缓	平衡	无
1989~1995 年	上升 16%	上升	扩张	移民增加	移民增长
1996~2007 年	持平	下降	扩张	平衡	无
2008~2011 年	上升 10%	上升	率先扩张	移民增加	地产投资

数据来源：笔者整理。

第一阶段（1970~1982 年），德国住房价格升幅约 50%。西德逐步从 1974~1975 年出现的结构性大规模经济危机中走出来；其后，经历了经济快速增长、人口扩张及城镇化提升，三个核心条件形成了较高的住房需求，推高了房价指数。

第二阶段（1982~1988 年），房价基本维持在稳定水平，德国经济低迷，同时，由于人口扩张见顶（1978 年）的滞后效应，城镇化阶段性告一段落，使得德国房价丧失进一步增长的动力。

第三阶段（1989~1995 年），两德合并带动了人口的内部迁移以及大量的外来移民，德国政府加大了对民主德国的住房补贴，民主德国住房需求的释放以及统一后的经济景气助推了房价的上涨。

第四阶段（1996~2007 年），这一时期，德国东西部整合基本完成，经济快速增长，但是人口持续负增长，套户比在 1 以上，城镇化、移民都基本停滞，即使经济高增长，也无力拉动住房需求的快速上升。

第五阶段（2008~2011 年），金融危机的爆发，德国经济一枝独秀，并于 2010 年取得了 3.6% 的强劲增长，住房市场基本没有受到金融危机的打击，其稳定性吸引了大量国际投资基金的关注。2008 年以来，德国住房价格整体升幅为 15%。

二、德国房价的供需分析

市场机制的核心内涵就是价格取决于市场供需力量的平衡。对于德国住房价格迥异的波动特质，我们有必要考察 1975 年以来的供需结构及其演变路径。

从需求层面看，住房主要是解决居民居住问题，人口因素是决定住房需求的核心变量。与人口因素有关的是：人口规模和人口增长、家庭结构及居住方式演变、城镇化进程及城市体系、经济增长及居民住房购买力。

从供给层面看，考察住房需求的时候，我们有必要考察德国住房的供给状况，包括开发商行为、政府行为以及居民购买或租赁住房行为对供给的影响。

1. 住房需求

人口因素决定住房需求，主要从两方面来看：一是人口总量的变化，取决于人口自然增长和净移民情况。二是人口流动的结构变化，取决于人口从哪里来、往哪里去。由于德国已经完成城镇化进程，人口的流动不再体现为大规模地从农村流往城市，而是从小城镇向大城镇流动、从城市郊区向核心城区流动，本质上体现为向就业水平、工资收入、居住体验更好的目标地区流动，具体表现为东德地区人口流往西德地区、由中小城镇往大中城镇流动，但流动的速度很有限。

（1）人口规模的总量变化。笔者对比德国人口增长与住房价格的曲线，清晰地发现德国人口增长经历了两轮显著的扩张期，住房价格指数也经历了三轮扩张期，但第三轮扩张与人口增长无显著关系，主要是 2008 年后国际资本对德国房地产的投资引起的，如图 10-1 所示。

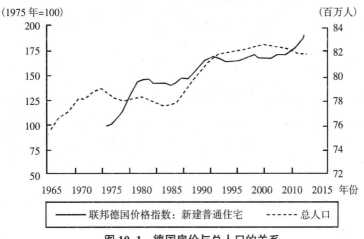

图 10-1　德国房价与总人口的关系

数据来源：BIS、欧盟统计局。

1960~1975 年为第一轮上升期，德国人口增长了 586 万人，其中净移民 331.12 万人，人口自然增长贡献 254.88 万人。德国移民和人口自然增长的叠加

效应及需求滞后效应，使得其住房价格的上涨持续到 1982 年。

1988~1996 年为第二轮上升期，德国人口增长了 389 万人，而净移民合计达 492 万人。其人口增长主要由移民推动，同期住房价格指数净升幅达 25%。

从平衡期也可以看出，1982~1988 年的人口收缩期（幅度不大）和 1996~2008 年的人口平衡期，都对应了房价平稳期。而 2008 年以来的第三轮房价上升期与人口增长无关，与国际投资者寻求风险港湾，重新进行资产配置所产生的投资需求有关。

两大因素决定人口增长速度：人口自然增长和净移民：

1) 生育率水平决定人口自然增长速度。总生育率[①] 下降导致人口自然增长率[②] 持续负增长。德国"二战"后的"婴儿潮"一直持续到 1968 年，该年总生育率达到 5.6 的顶峰，此后迅速滑落到 1973 年的 1.4，并一直维持在该长期均衡水平。1972 年德国自然人口出生率开始转为负增长并持续至今，此后虽略有回升，但始终未能回转为正。

2) 净移民流入成为人口增长的主要力量。2011 年末，德国移民人口约为 720 万人，占总人口的 8.8%。其中，受惠于 1990 年两德统一的移民政策松动，1988~1996 年，外来净移民迅速扩张，总计净移民流入近 492 万人。虽然期间德国人口自然负增长，但总人口依然增加了 300 万人，净增幅为 3.85%。

由于人口自然增长率持续为负，1975~1988 年，移民流入活动放缓，使得德国人口累计下降近 100 万人。

相对而言，德国虽然一直在推进高端人才的移民力度，但受制于德语文化的影响，除 1990 年前后两德统一的影响外，其近年的移民情况远逊于美国、英国和法国。

综上所述，德国人口因素的主要特征是：①极低的总生育率导致人口自然增长率长期为负，使得人口规模正增长的唯一动力来自净移民流入。受制于移民政策、语言及文化环境，德国移民进展放缓，年均移民规模远小于美国、英国等英语体系国家。②1975 年以来德国的三轮房价上涨周期，前两轮受人口增长因素较为显著，第一次为移民与自然增长合力推动，第二轮为净移民推动，第三轮为

---

① 每名妇女生育孩子数。
② 自然增长率=粗出生率-粗死亡率。

海外投资推动。③人口因素将在房价表现上继续扮演关键角色。我们预计，人口自然负增长的格局将会延续，而净移民如果持续低迷，则很可能导致德国住房需求的进一步萎缩，住房价格上行的内生动力将减弱。

（2）人口流动的结构变化。

1）高水平的工业化和城镇化。历经 1864 年对丹麦战争、1866 年普奥战争和 1870 年普法战争后，德国于 1871 年实现了民族统一。统一后的德国，伴随第一次工业革命，直接步入工业化和城镇化发展的快车道，德国城镇化水平迅速提高，由 1871 年的 36.1% 增加到 1910 年的 60%。可见，第一次世界大战之前，德国就已经成为高水平的工业化和城镇化国家。在 1871~1910 年这 40 年的快速城镇化过程中，德国有大量农村人口向附近城市流动，造成城市住宅供应不足，刚刚进入城市的流动人口购买力低下，很少人能购买固定住房，大部分人只能依靠租赁房屋生活，使得租房市场也出现供需失衡。

从城镇化进程来看（见图 10-2），德国 1960 年城镇化率为 71.38%，2010 年上升至 73.94%，50 年间累计仅增加 2.56%，说明德国城镇化水平已经处于高水平均衡状态。

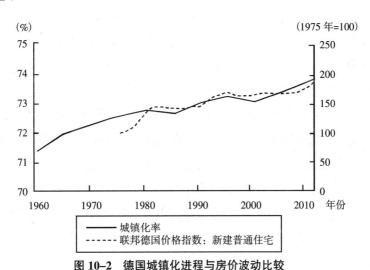

图 10-2　德国城镇化进程与房价波动比较

数据来源：BIS、世界银行。

从工业化进程看，在德国农业就业人口占总就业人口比重极低而且仍在持续下滑，这一数值从 1991 年的 4.2% 持续下滑到 2010 年的 1.60%。若从人口就业的角度理解，那么德国城镇化水平已经至少超过 95%。

城镇化带来新增城镇人口，是住房需求的决定力量。20世纪80年代初以来，德国房价指数与城镇化率水平的吻合度非常高。基于上一小节的分析，德国人口扩张的两阶段因素不同：第一阶段是70年代中期以前，由自然增长率驱动；第二阶段是由移民驱动。国际移民特别是投资移民通常会选择移民地的大中城市，所以德国城市化率的提高主要是基于外来移民增加了城市人口所导致。

1960年以来，德国乡村居住人口始终稳定在2080万~2200万人的狭窄区间，但农业就业人口已经不足2%，体现为"居住乡村化、就业非农化"的特征。

2）均衡的城市体系格局有效地分散了人口在大城市的过度集中。德国人口密度远高于意大利和法国，工业水平和经济实力远强于意大利和法国，但为什么德国房价相对这两个国家来说更便宜呢？

从城镇发展的均衡度考虑，德国城镇化的最大特点是城市发展的分散化和均衡化。德国第一大城市柏林城区人口约200万人，大区426万人，仅占其全国总人口的5.2%，远低于其他欧洲大国。就50万人口及以上的大中城市这一数据来说，德国与意大利分别为18个和17个，而英国与法国仅4~5个。这主要源于德国历史长期以来的城邦制格局，此外德国统一的时间发生在第一次工业革命开始之后，城邦之间经济竞争已经自发地形成了差异化的工业产业格局。

由于城镇体系相对分散，各个城市对居民的就业和居住都起到了分散化的作用。对房产的需求也不会出现巨大的区域差异。但城市分工和竞争力的不同，使得房价差异是可能存在的，但差异不大。

3）人口流动的结构变化。整体而言，德国人口流动表现为由乡村或较低密度城市区域向大都市圈核心城区以及大城市核心城区流动，并推动当地的住房价格上涨。

德国一线都市圈如慕尼黑、柏林、汉堡、法兰克福、斯图加特等知名大城市，均是由于人口正增长，住房需求持续增长，使得住房价格取得不小的增幅，这表明人口流入地的住房价格上涨较快。

（3）家庭结构变化对住房需求的影响。德国家庭结构的扩张呈现四个主要特点：

第一，德国人家庭扩张的速度远快于人口扩张速度。1961年，德国总人口为7315万人，家庭数为1946万户，家庭平均人口数为3.76人。到2011年，德国人口总数为8180万人，家庭数为4030万户，家族平均人数为2.03人。50年间，德国家庭数量扩张了107.09%，而人口规模仅上升了11.76%，家庭数扩张的主要原因在于家庭小型化发展。

第二，家庭小型化发展。"二战"后，德国家庭持续向小型化发展，主要原因：①随着医疗水平的进步，人口预期寿命延长，单身老龄人口增多；②"二战"后"婴儿潮"的下一代（80后、90后）开始独立生活，由于受教育年限普遍延长，以及结婚年龄延后，使得年轻单身家庭迅猛增长；③离异家庭增多，导致一个家庭分裂为两个家庭。小型化、年轻化的家庭通常选择租房解决居住问题。

第三，社会抚养比的结构变化。德国总体的社会抚养比接近50%，即两个成年人负担一个小孩或老人。由于人口出生率的持续下降，其幼年人口比重持续降低，使得幼年抚养比从1970年的36%降低至2010年的20%。而老年抚养比从1970年的21%降低至31%。这种格局的变化，可能意味着对住房需求的降低。

第四，老龄化程度加剧。德国老龄化程度列欧盟首位，1960年，德国老龄化水平（65岁及以上人口占比）为11.53%，2000年该比率上升至16.31%，40年累计上升4.77%；至2010年，已经迅速上升至20.38%，10年累计上升4.08%。可见老龄化的步伐数倍于此前的老化速度。

根据联合国人口研究报告预测，由于德国严重的低生育率，将使得其人口持续负增长，且老龄化速度将会加快。至2030年，德国老龄人口（65岁及以上）占比将达到29%，高龄人口（85岁及以上）将达到4%，德国将成为严重的老龄化社会。

家庭结构发生了巨大改变，哪些因素影响了家庭的住房购买行为？什么因素影响家庭的租房或购房行为？

从统计数据来看，影响住房拥有率的因素有：第一，家庭人口数。单身家庭中的72.3%会选择租房，而2人及3人家庭住房拥有率在50%以上。2010年，德国单身家庭占总家庭数的比重已经上升到39.74%。所以，尽管德国家庭的数量急剧扩张，但并未实际影响住房购买价格，因为未形成实际有效的住房购买需求。第二，家庭成员年龄。在德国30岁之前的家庭住房自有率不足10%。大多是30岁之后开始考虑购房，而老龄人口的住房拥有率较高。因此，德国人口老龄化并不会带来新增的住房购买需求。第三，家庭月净收入。大多数德国家庭月净收入低于1300欧元，购房支付能力不足，住房自有率较低。

综合来看，家庭人口数、年龄以及净收入水平与住房拥有率正相关。

综上所述，德国人口流动的主要特征如下：

第一，人口流动与房价正相关。由于存在建设周期，住房供给在短期供给刚性，短期住房价格就基本取决于住房需求，住房需求又取决于当地的人口流入规模和速度。通常，人口流入带动房价上行；而人口流出会使住房需求萎缩，使得房价下行压力较大。从本质上说，影响房价波动的直接因素不是人口增长，而是人口流动。如果人口增长主要发生在广大农村地区而且不向城镇流动，那么城镇的住房价格就不受该部分人口增长的影响。比如中国，在 2000 年以前，虽然人口也在持续增长，但房价基本没有变化，而房价加速上扬的根本原因就是农村人口快速城镇化的过程。

第二，新增移民的城镇化。基于上一节人口增长的分析，净移民成为德国人口增长的唯一动力。通常国际净移民一般选择大中型城镇作为居住区域。因此，新增移民人口的城镇化带动城镇化率的边际提升，进而推动了住房价格的波动上升。这与总人口增长对住房价格波动的影响一致，关键点在于净移民人口既是人口总量增长的边际因素，也是城镇化水平提升的边际因素。

第三，存量人口流动的再城镇化。由于德国城镇化水平已经高水平均衡，因此其人口的流动更多的表现为人口由中小城镇向大城市群流动、由城郊区向中心城区流动，这主要与新兴年轻人群向大城市寻求更好的就业机会、工资收入有关，也与德国大城市中心区代表传统贵族的阶级优越感有关，与美国中产阶级和上层阶级人口向郊区流动的模式存在很大差异。

第四，均衡化的城镇体系格局对房价波动具有缓释作用。德国是欧洲城镇化水平最为均衡的国家，使得房价的地区差异离散程序较小。如果一线城镇的房价显著偏离于全国的平均水平，则人口可以自发地向居住生活成本低的城镇流动。而其他欧洲国家城镇过于集中，使得人口很难分散到其他城镇发展水平较大的城市去。

第五，家庭结构的变化。在德国小型家庭对住房的需求表现为租房需求，其老龄化加剧更不会加剧对购房市场的需求冲击，所以家庭收入水平是住房需求的短期波动力量。德国整体年轻人群年龄的增长、小型家庭进入已经延后的婚龄期以及收入水平的提升，可能成为未来一段时间德国住房需求的支撑力量。但考虑到较为庞大的住房存量影响，未来德国房价快速上行的可能性不大。

2. 住房供给

（1）存量住房规模。第二次世界大战摧毁了德国近 40% 的住房，1949 年，联邦德国[①] 和民主德国家庭合计数约为 1800 万户，而住宅套数仅 1106 万套，住宅套数与家庭户数之比仅为 0.615，住房严重短缺。联邦政府在 1950 年颁布《住房建设促进法》，直接干预住房市场供应，对合作的住房企业以提供低价土地、无息贷款、税费减免等形式进行大规模资助，受资助的住房成为政府合约保障房，合约期为 20~30 年不等，在期限内以政府指导价或成本价向特定人群出租，期满后可转为自由市场出租。从现在的住房年龄结构来看，德国 46% 的住房是 1948~1978 年兴建的，而这其中约 2/3 受到过财政资助。

（2）存量住房的拥有者结构。德国的住房拥有率较低，绝大多数家庭采用租房解决居住需求。2010 年，德国 44% 的家庭有自有住房，52% 的家庭在市场上租房住，还有 5% 的家庭依靠社会住房。社会住房的房租远低于市场价，只面向符合条件的低收入阶层和困难群体提供。

从存量住房的持有结构来看，德国住房出租市场上有两大类机构。一是专业管理机构，如住房互助社、市政辖属住房公司、专业的物业投资经营机构（保险公司、信托投资基金）等，持有住房约 916.7 万套。二是私营小型机构，如私人小型物业企业和个人房东，合计持有住房约 1417.7 万套。

确保这么大规模租房市场良好运转的机制就是有严格与体系化的协调处理措施。德国 1976 年颁布《租户法》，对出租人、承租人、租赁合同、房租价格等方面进行了详细约定，既充分保障了出租人的物业经营权利，也约束了出租人对物业经营所面临的一些行为，如不得随意涨价，3 年累计房屋涨幅不得超过可比物业价格基准的 20% 等，以保障承租人的居住权利。

租房市场是住房需求的风向标，住房需求最先反映到住房租赁市场，如果租房市场价格持续大范围上涨，则可会自动触发房地产企业的住房投资建设行为，进而带动住房供应。

（3）增量住房建设情况。"二战"后德国在"欧洲复兴计划"以及德国政府的一系列住房政策支持下开始大规模兴建住房，1949 年之后的 30 年，累计兴建了约 1830 万套住房，即年均建设 61 万套，使得住房存量达到 2936 万套，套户

[①] 1946 年，西德地区家庭数为 1370 万户、住房数为 820 万套，套户比仅为 0.6；住房缺口为 550 万套。

比达到 1.21，从总量上实现了平衡。此后，由于人口城镇化进程基本结束，人口
增长持续为负，住房需求逐步下降，加上政府支持政策的退出，使得住房建设活
动逐渐减弱。2008~2010 年，德国年均住宅营建许可数仅 18 万套，竣工数仅
16.5 万套。目前，由于德国住房需求增长缓慢，住房投资金额的 3/4 投资于存量
房的修缮或现代化改造当中，新房建设的投资占比仅为 1/4。

（4）新建住房价格波动。德国新房的成本结构主要包括两部分：一是地价，
住宅用地价格持续上涨，近 10 年，住房用地价格指数累计升幅为 16.8%。二是
建筑成本，近 10 年德国总建筑成本受建材、劳动力和通货膨胀成本上涨推动，
累计升幅为 16.5%。保守估计，其住房的综合成本升落在 16.5%左右。从新房价
格指数来看，德国三类房产（公寓、普通住宅、连排房屋）的价格指数涨幅分别
为 19.1%、15.38%和 8.42%，基本能反映住房成本的上涨影响。

（5）房租价格水平。由于德国的房屋租金水平并不低，整体来看约在 7.5 欧
元/平方米/月。以 80 平方米的两居室折算，月均房租成本约 600 欧元，对于净收
入水平在 2000 欧元以内的家庭人来说，负担还是比较重的，可能需要向政府申
请租房补助金。

三、德国住房政策的发展与评价

住房价格的稳定性取决于供需关系的合理平衡。从联邦德国市场来看，1961
年废止了"二战"盟军政府所推行的配给制经济，改为由政府促进供给、补贴社
会弱势群体与自由市场调节并行的住房市场政策。20 世纪 70 年代以来，随着住
房市场供需关系的持续改善（1978 年套户比达到 1.21），德国政府积极推进住房
市场化政策，开创性地建立和完善了租房市场的法律规范，使得德国住房市场在
动态平衡中不断向前发展，并在价格低波动中解决了广大居民的居住问题，同时
法律的完善使得德国具有欧洲最发达和最规范的租房市场，有利于住房供需矛盾
的化解。

德国住房政策经历住房统制经济、国家大规模供给、市场需求调节和市场行
为规范几大阶段，体现了"从住房政策到住房市场政策"演进的过程。"二战"
后盟军政府实行住房管制的办法，该办法持续到 1960 年。联邦德国政府成立后，
陆续实施了《住房建设法》（1950 年、1956 年）、《住房补助金法》（1965 年、1970
年）、《住房租赁法》（1971 年、1974 年）和《私有住房补助金法》（1995 年）四部
联邦法律，分别为社会保障住房供给、中低收入阶层的房租补助、市场租赁行为

规范和私有住房促进提供法律框架，成为德国住房政策的"四大支柱"①。

从"四大支柱"的演变进程看，《住房建设法》由于历史使命的完成，于2001年废止，由《社会居住空间法》替代。《私有住房补助金法》旨在鼓励和促进私人购买和自建房屋，其出台本身具有一定争议性，后经2003年修订，降低了对受资助的最高收入上限的规定，但最终还是于2006年被废止。《住房补助金法》和《住房租赁法》经过不断的修订和完善，继续成为德国住房市场政策的基石。

历史地看，德国政府的法律制定务实而有效，及时解决了其历史时期最为紧要的住房供需矛盾问题，并成功实现了从住房政策向住房市场政策的转型。从发展阶段看，一是1945~1960年的住房短缺时期，通过实施管制措施并持续进行大规模住房供给，解决了整个社会的住房短缺问题。二是20世纪六七十年代。通过向市场经济方向过渡，实施住房补助金制度和租赁法制度，规范市场行为并解决中低收入阶层的居住需求问题，该制度成为现在住房市场制度的典范。三是1995~2006年，通过实施私有住房促进法，以补贴形式鼓励私人自建或购买自有住房。当然，随着住房市场的格局变化，该政策退出了历史舞台。可以说，德国住房政策的适时性和务实性值得我国借鉴。

表10-2展示了中国与欧美主要发达国家的差异。

表10-2 中国与发达国家住房市场政策的差异

住房层次	项目	德国	美国	日本	中国
购房市场	对购房者的补贴	房屋折旧和小部分按揭利息可从税收中扣除，有子女的家庭可获得额外的税收优惠	按揭利息和房产税可从收入税中扣除	按揭利息补贴，小额税收优惠	部分城市限购、限贷，抑制投机需求
租户市场	对房东的补贴	加速折旧，资本利得免税，税务损失可完全转移	非加速折旧，资本利得课税，有限的税收损失转移	无	无
	对房客的补贴	对符合条件的社会弱势群体发放住房补助	类现金补贴	无	无
	房租的法律控制	联邦法律管辖，对签约租客的房租只能在限额以内上涨	地方法律管辖	法律	无
社会住房	公共与社会住房	非营利机构提供，廉租	政府提供，廉租	政府提供，廉租	政府提供，廉租

数据来源：根据公开资料整理。

---

① 两德统一后，出现了"社会城市"和"东部城市再造"两个提法，也是其住房政策的重要内容，旨在支持市中心的容量增强、空置场地、旧城改造，但是没有以联邦法律的形式确定下来，只通过联邦与各州的行政协议框架实现。

第二节 / 德国住房市场展望

在全球主要发达国家和新兴经济体中,房地产行业都具有举足轻重的地位,德国也不例外。虽然2000年以来德国年均新建房屋数量已经下降至20万套的较低水平,仅为1949~1978年住房建设高峰时期的1/3,但是其存量住房的现代化改造、维护与修缮以及物业管理等房地产相关活动仍然占据了经济活动中的相当比例。

受2008年全球金融危机的影响,德国住房市场遭受了2009年经济衰退的严重影响,但很快就已经恢复至危机前水平(见图10-3)。德国公寓价格在2011年平均上涨了2.5%,2012年更是取得了5.8%的强劲增长,2013平均涨幅超过了10%。

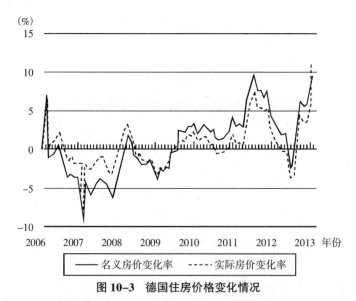

图 10-3　德国住房价格变化情况

数据来源:环指地产指南网。

多种因素促成了德国房地产市场从2010年起的迅速回暖。

一是德国经济是欧盟经济的"引擎",近几年德国经济表现持续优于其他欧盟国家。根据欧盟统计局公布数据,2013年德国经济增长0.4%,而欧盟区经济下降了0.4%。

二是德国私人消费和消费者信心指数受到收入持续增加和就业预期稳定的支持。

三是大量移民支持了住房需求。根据德国统计局数据，2013 年德国净移民流入人口为 437303 人，较 2000~2007 年均值的 128747 人显著放大。

四是相对而言，德国贷款利率较低以及信贷支持环境较为宽松。

五是德国房地产市场对国际投资者的吸引力在增强。由于其他国家仍未走出全球金融危机的影响，资产价格波动风险在不断加大，而德国经济基本面表现优异，且住房市场保持平稳运行多年，相对而言，德国房地产已经成为国际住房市场上的"估值洼地"，对国际投资人而言极具吸引力。

六是供给相对偏紧。2013 年批准营建的房屋数量为 27 万套，比 1994 年峰值的 70 万套要低 60%。由于 1995~2008 年德国房地产价格持续下降，近几年的房价持续上涨应当视为回归正常水平，与泡沫化发展相去甚远。

专题　金融危机以来的各国住房市场表现

在 2008 年金融危机的冲击之下，全球各主要国家的房地产市场结构分化、表现各异。德国住房市场沉寂 10 余年，金融危机之后强势崛起。美国、英国房地产市场复苏势头良好，已经恢复了一半"失地"。日本房价水平已经恢复至危机前水平，但仍未恢复至 1991 年的鼎盛水平。而法国、加拿大、澳大利亚等国的房价受危机的冲击较小，已经超越了危机前的水平。

一、全球金融危机激活德国房地产市场

自 2007 年夏天起，由美国次级按揭贷款危机引发的金融海啸迅速波及全球，并从 2008 年下半年开始重创全球经济，导致全球主要工业国家以及新兴市场国家的经济出现不同程度的衰退。德国经济也经历了"二战"结束以来最严重的经济衰退，但 2010 年起德国开始走出衰退的阴影，当年经济增长 4.0%，2011 年又强劲增长 3.30%，使得德国成为风雨飘摇的欧盟经济的中流砥柱。

金融危机意外地将德国住房市场"重新激活"。实际上，自 1995 年开始，德国住房市场名义价格就已经进入零增长，这一情况一直持续到 2007 年。2008 年全球金融危机重创了很多国家的房地产市场，却打破了德国住房

市场长达 10 余年的沉寂，2008~2014 年德国住房名义价格整体上升了 20%（见图 10-4）。

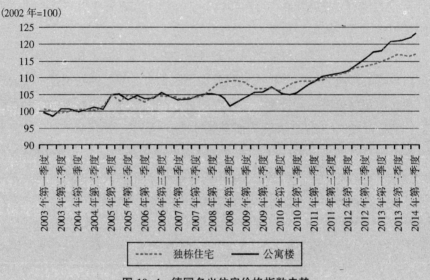

(2002 年=100)

独栋住宅　　公寓楼

图 10-4　德国名义住房价格指数走势

数据来源：德国 VDP 银行协会房地产交易数据库，http://www.pfandbrief.org/cms/internet.nsf/tindex/en.htm。

整体来看，金融危机使得德国住房的供需关系悄然改变，驱动了住房市场的重新活跃，也使得住房投资成为拉动德国内需增长的重要力量。

关于德国房地产市场是否存在泡沫的争论，笔者认为仍为时过早。一是其整体累积涨幅并不大。2009 年以来年均涨幅只有 4%~5%，累积涨幅不过20%，而此前德国经历了 10 年房价平稳期。二是德国仍然是欧盟区经济最为坚挺、最有前景的经济体。稳定的就业与收入预期以及移民和资本的持续流入成为住房需求的重要动力。三是房价的市场调控机制。随着新批准营建和竣工房屋的交付，德国住房供给市场和存量市场的扩大，市场的供需将达到新的平衡。

二、美英：走在复苏过半的路上

与德国住房市场迥然不同，2008 年危机之前，美国房地产市场已经持续繁荣十余年。自 1996 年开始，美国房价上涨幅度逐年加快，至 2006 年一季度其名义房价同比增长突破 10%。整体而言，美国房价指数在 2007 年较

1995 年上涨了 225%，各主要大型城市房价平均上涨接近一倍。比如，纽约房价上涨了 173.10%，芝加哥上涨了 100%，洛杉矶上涨了 268%，旧金山上涨了 227.80%（见表 10-3）。

然而，繁荣的泡沫一旦开始破灭，对经济和金融体系的影响是极为深刻的。美国房地产价格泡沫从 2007 年开始破灭，美国房价在 2006 年 4 月见顶，此后增幅逐季放缓，2007 年正式进入房价下跌阶段，直到 2012 年初才结束跌势。在整个下跌过程中，美国大型城市的房价下降幅度在 20%~50%（见表 10-3）。比如，纽约下跌了 24.8%，洛杉矶下跌了 40.6%，芝加哥下跌了 34.5%。

2012 年初，美国住房市场企稳复苏，全年涨幅 3% 左右。2013 年，美国平均住房价格①进一步上涨了 8.3%。2014 年以来，美国全国平均住房价格增速有所放缓，2014 年上半年同比上涨 4.1%，该指数而第一季度同比上涨了 7.25%。

表 10-3　美国主要城市房价变化情况　　单位：%

美国城市	繁荣时期 （1996 年 1 月~ 2006 年 3 月）	崩溃、危机时期 （2006 年 4 月~ 2011 年 12 月）	2011 年 （较 2010 年变化）	2012 年 1~8 月 （较 2011 年变化）
纽约	173.10	−24.80	−3.20	−2.40
洛杉矶	268.10	−40.60	−5.20	2.20
芝加哥	99.40	−34.50	−6.40	−1.70
菲尼克斯	185.80	−55.50	−1.20	18.80
圣地亚哥	250.10	−39.90	−5.40	1.90
达拉斯	—	−7.10	−1.30	3.60
旧金山	227.80	−41.00	−5.30	5.30
底特律	73.70	−44.40	3.60	7.50
波士顿	154.70	−16.70	−2.60	1.70
西雅图	134.70	−23.80	−5.50	3.30
10 城综合指数	194.30	−34.00	−4.10	1.30
20 城综合指数	—	−33.80	−4.00	2.00

数据来源：标准普尔公司。

----

① 标普/凯斯·席勒住房价格指数是由 9 个美国调查处提供的住房价格指数的综合指数，数据源主要依据 20 个大中城市的单一家庭住房购买价格，该指数最早可追溯至 1987 年。

　　房地产市场的复苏体现在两个方面。一方面，房价持续回升，但截至2014年第二季度末，美国房价仍未回升到危机前的最高水平（见图10-5和图10-6），但较整个房价跌幅来看，已经恢复了近一半。另一方面，房地产建筑活动回暖，房地产开工数量从2009年的冰点50万套新开工水平，已经逐步回升至2013年的92.5万套水平，但较2005年200万套新开工峰值水平仍存在很大差距（见图10-7）。

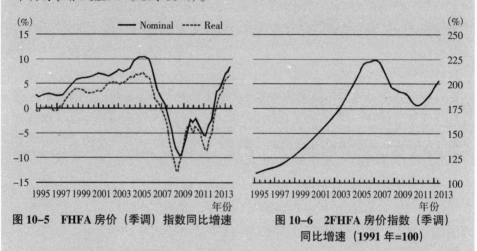

图10-5　FHFA房价（季调）指数同比增速　　　　图10-6　2FHFA房价指数（季调）同比增速（1991年=100）

　　注：美国联邦住房金融局发布季度和月度的家庭住房价格指数，所采用的数据来自房地美和房利美公司提供的传统住房按揭贷款交易数据。

　　数据来源：美国联邦住房金融局。

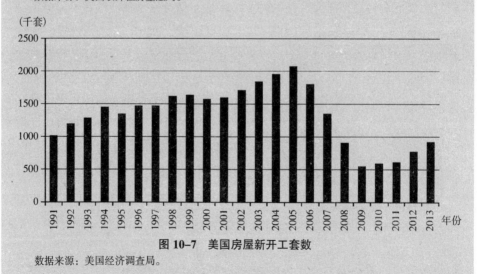

图10-7　美国房屋新开工套数

数据来源：美国经济调查局。

英国方面，2014年第二季度，英国全国平均住房价格同比上涨9.68%，而2013年第二季度同比下跌1.24%，数据显示英国的住房市场快速回暖（见图10-8）。从绝对价格水平看，英国房价虽然仍未达到危机前水平，但已经收复了近一半的跌幅（见图10-9）。

图 10-8　英国房价指数同比增速　　　　图 10-9　平均住房价格

数据来源：Nationwide①。

三、日本：恢复至危机前的水平

时至今日，日本地产仍未从20世纪80年代末期的楼市泡沫中走出来。1991年楼市崩溃给日本银行业留下了1万亿美元的不良贷款，将日本经济带入"失去的二十年"泥淖。无论是从6大城市还是全日本的城市住宅用地价格指数看，当前的价格水平仍不足1991年鼎盛时期的50%，当年的泡沫至今未能完全消化。而且，随着日本人口的严重老龄化以及日本经济增长的持续低迷，日本房价的需求的可持续性势必要打折扣。

从金融危机以来的日本住房市场表现来看（见图10-10）：2007~2008年增速由正转负，2009~2010年迅速反弹，2010~2011年小幅调整，2012~2014年上半年，继续反弹。从大东京城市圈的存量公寓价格看，2014年其价格水平已经与2007年危机前的水平基本相当（见图10-11）。

---

① Nationwide is arguably the most reliable source of British house price data. Various time-series can be sourced from this agency, such as regional house price series, quarterly and monthly indices. adjusted prices and prices by type of dwellings. The data stretch back to as early as 1952 basis and 1991 on a monthly basis.

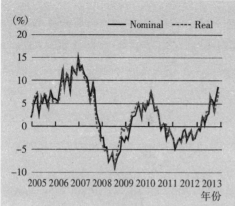

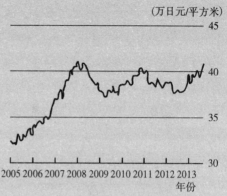

图 10-10　日本东京住房价格指数
同比增速

图 10-11　大东京都市圈存量公寓价格
平均售价

数据来源：日本土地研究院。

四、法、加：已超越危机前的水平

法国、加拿大的住房市场虽然也遭受了全球金融危机的冲击，但调整幅度并不大，2009 年最严重的跌幅没有超过 10%，而就绝对价格来看，在 2009 年各国央行竞争性宽松政策的推动下，法国、加拿大的房价迅速反弹并持续创出新高（见图 10-12 至图 10-15）。

加拿大宽松的移民政策吸引了全球特别是新兴市场国家的富裕家庭移民移入，推动住房市场需求的持续攀升。

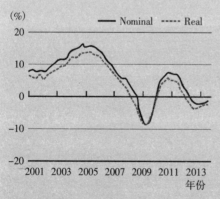

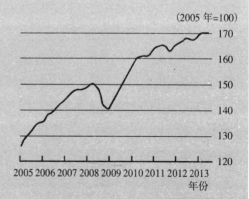

图 10-12　法国房价指数同比增速

图 10-13　法国二手房价格指数

数据来源：国家统计和经济研究院（National Institute for Statistical and Economic Studies,

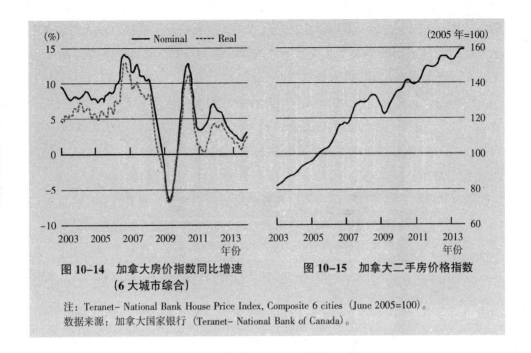

图 10-14　加拿大房价指数同比增速
（6 大城市综合）

图 10-15　加拿大二手房价格指数

注：Teranet- National Bank House Price Index, Composite 6 cities（June 2005=100）。
数据来源：加拿大国家银行（Teranet- National Bank of Canada）。

　　根据本书的研究结论，德国住房市场最大的变数并不在于经济基本面的波动，而在于人口规模、年龄结构与家庭结构的变化。第一，人口规模方面，德国维持长期的人口自然增长率为负的局面已经长达 40 年，人口自然增长基本停滞，唯一能促进人口规模增长的途径就是加大移民流入，而这正是本轮住房市场需求的重要推动力之一。第二，年龄结构方面，德国是欧盟国家中老龄化程度最严重的国家。分区域看，东部老龄化更严峻，原东德地区 65 岁及以上人口占比约为 22.1%~25%，原西德地区 65 岁及以上人口占比约为 19.4%~22.1%。随着高龄老年人口的逐步离世，德国家庭数量增长将会大大放缓。第三，家庭结构方面，20 世纪 80 年代以来单身家庭数量增长最快。由于单身家庭通常以年轻人为主，在接下来的 5~10 年中，这批人群将进入婚育阶段，德国总的家庭数量将有可能降低，取而代之的是两人家庭或者三人家庭的占比将有所提升，对于住房市场的影响是，单身公寓的需求可能受到抑制，而独户型房屋将受到青睐。

　　从区域发展差异看，德国东部地区与西部地区的收入差异虽然有所收窄，但差距仍然较大。根据德意志银行的研究，2011 年德国东西部公共部门的职员薪酬差距已经收窄到 10% 左右，但私人部门的职员薪酬差距仍然较大，1992 年的差距是 50%，目前只收窄到 30% 左右。所以，从人口的流动方向看，由于在经济

活力以及劳动收入方面，西部就业更具吸引力，这就决定了青年就业人口总体上由东部向西部流动的格局不会发生太大改变。而对于住房市场的影响则显而易见，人口流入的地方住房需求受到提振。

最近的权威机构估计，如图 10-16 所示，以目前的出生率水平，移民规模和速率，以及逐步延长的预期人口寿命，到 2050 年德国总人口将会从 8200 万下跌到 7400 万，降幅超过 10%。另一种预测显示，2030 年、2050 年，德国人口将分别递减至 7720.3 万和 6874.3 万人，仅相当于 2013 年人口规模的 94% 和 84%。人口的降速和降幅，将使德国陷入人口规模绝对短缺的境地，对其社会经济发展造成一系列严重的负面或消极影响。尽管笔者认为基于静态假设的预测可能并不一定成为现实，特别是将来欧洲大陆内部的人口流动性增强，区域集中度增加，以及人口老龄化带来的影响等，都有可能改变目前的预测轨迹。但总体来看，德国房价保持稳定的趋势仍将延续。

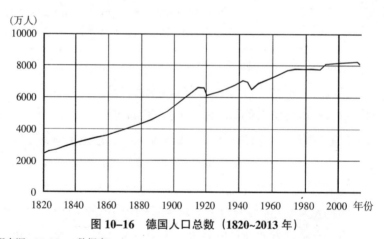

图 10-16　德国人口总数（1820~2013 年）

数据来源：Maddison 数据库。

第三节 / 德国经验及对中国的借鉴意义

德国住房市场发展历程不具有可复制性，但其在房价波动规律、解决住房供需矛盾的政策措施和法制理念，以及城镇化高水平均衡之后的住房市场的平稳发展路径方面有许多宝贵经验值得借鉴。

一、树立供需双向调节理念

供给政策和需求政策要双管齐下。

从德国经验来看，面对"二战"后住房短缺的解决办法，一是实施长时间的住房统制，同时旗帜鲜明地加大住房供给的政策支持力度。二是住房的短缺严重期缓解后，立即实施以市场经济为导向的需求调节政策。通过住房补助金制度和住房租赁制度着力解决中低收入阶层的住房需求问题和市场租赁行为，基本解决了大众的居住需求。需要强调的是，解决居住需求并不要求一定要买房，租房成为了德国居住需求的最现实选择。德国作为全球第四大经济体、欧盟第一大经济体，55%的家庭都是通过租房解决居住需求的。基于目前中国的人口增长态势和城镇化进程，住房需求仍将长期存在，每个家庭都拥有住房也是不现实的。

在住房政策还是住房市场政策方面，德国经验是住房市场政策必须建立在住房政策的基础上。也就是说，我们不能在供需矛盾十分尖锐的时候实行住房市场政策，那样很可能市场失灵。1998年的住房款货币化改革，直接将住房问题推向市场，市场并不能满足一个人口如此大规模增长且处于快速城镇化进程阶段国家的住房问题，结果就是房价的快速上涨。

具体的政策建议如下：

一是供给政策。我国目前的保障房建设其实与德国供给政策有些类似，但是德国政府本身并不直接持有这些保障房，而是通过与大型房企合作，以合约的形式向住房企业签订长期的"成本价"租房合约，而市场价与成本价的差价部分，体现为政策对住房的财政补贴及税费支持。而且，由于长达20~30年的合约期满后，物业依旧归属住房企业，所以住房企业的房屋建设质量都非常高。我们建议中国的供给政策也应该借鉴该合作开发模式。

二是需求政策。针对经济困难的住房群体，按照家庭收入水平、家庭人口数量、居住面积等因素，向政府申请住房补助金。该政策的执行有四个条件：

第一，住房总量供求宽平衡。如果没有供给政策的支持，仅靠民间自发的市场行为，很难达到总量平衡的目标。为此，有必要先实施住房政策、再实施住房市场政策，如果市场住房总体供求偏紧，租房市场肯定反映为价格快速上涨，那么即使中低收入阶层能够申领到政策的住房补助金，也无力支付过快上涨的房租。

第二，必须完善财产登记和收入及税收登记制度。德国政策能够依据居民家

庭的财产水平、收入水平来确认发放住房补助金金额的前提，是政府必须对居民的财产登记和收入来源有完备的核查程序。这几项基础制度的确失，正成为中国实施住房补助金制度的最大障碍。

第三，必须严格规范住房租赁市场。《住房租赁法》是德国住房市场运转良好的制度基石，成为用租房手段解决国民居住需求最成功的典范。由于我国地域辽阔、城市间发展极不均衡、人口规模巨大、人口流动频繁、收入差距过大，通过租房的方式解决住房需求将是一种可行的市场化、常态化的选择。有鉴于此，中国有必要出台该法律或相关制度。

第四，通过价格手段完善住房市场的调节。

德国房地产通过严格的交易税费来实施对住房的投机打击。同时，也允许专业的住房经营机构获取适当的盈利。

在德国住房交易税费中，过费 3%、评估费 5%、资本利得税 25%，综合来看，一个交易回合约 10%的水平。而持有的非自住房产需要缴纳土地税（相当于物业税），按房产总价值（含住宅土地）的 0.35%/年征收。

二、确立中国住房政策制定的具体方向

从德国住房市场的表现和住房政策的制定经验来看，中国的住房政策制定应在以下几方面展开：

一是持续增强住房供给支持力度。基于中国人口规模增长和人口城镇化转移、国民收入保持较快增长，使得我国居民住房需求相对强劲，应制定面向各收入阶层的住房需求解决方案及相关的配套政策措施。特别是针对人口流入较为集中的一、二线大城市住房相对供应不足的特点，应始终以加大住房供应为核心，增加住宅用地供应，加快商品房建设；同时，加快"公租房"建设，着力解决中低收入群体中无力支付合理房租人群的居住问题。

二是大力推动租房市场规范发展。从制度上严格约束承租双方的权利和义务并适当偏向承租人权益保障，建立有利于执行的配套措施，如根据区域地段、物业品质等参数建立区域房租指导价并定期更新，解决"房租"和"租房契约"以及"承租人权益增强"这一核心争议问题，使得"租房"成为解决居住问题的主要途径。转变传统社会观念，提倡"租房"文化的必须条件是提高承租人的安全感，从法律层面约束和惩处随意解约和驱逐、随意涨价等损害承租人权益的现象。

三是进一步加强城镇化建设，培育相对均衡化的城市群。增强城镇就业吸纳能力、居住承载能力，大力振兴相关产业和服务业，培育更多、更分散的可吸纳流动人口就业的城市群，改变当前人群向北、上、广、深等核心城市流动的单一形式，使城市群的每一个城市都具有更多的人口居住的吸引力和吸纳力。

四是德国历来重视稳健的货币政策，且严格实施通货膨胀目标制。从数据与历史经验看，1975~2011 年，德国 GDP 平减指数年均增速仅为 2.62%。因此，受益于稳健的货币政策与通货膨胀水平，稳定的货币政策和较低的通货膨胀预期有效降低了资产价格的波动性。德国房地产等资产价格的波动基本取决市场的供求关系。因此，保持我国货币政策的稳健，控制货币发行量的过快增长是控制房地产名义资产价格单边上涨的基本条件。

五是建立与时俱进的房地产政策。从住房政策层面看，德国实现了"从住房政策到住房市场政策"的成功转变。"二战"以来，德国住房政策经历了"住房统制经济"、"国家大规模供给支持"、"市场需求调节"和"市场行为规范"四大阶段，并在各个阶段制定了严格与可执行的法律配套体系，顺利实现了由"政府干预"到"市场调节"的住房市场经济。可以说，德国住房政策的适时性和务实性，值得我国借鉴。

参考文献

[1] 玛丽·弗尔布鲁克 [英]. 德国史 (1918~2008 年) (第三版) [M]. 卿文辉译. 上海：人民出版社，2011.

[2] 周弘，彼得·荣根，朱民. 德国马克与经济增长 [M]. 北京：社会科学文献出版社，2012.

[3] 朱秋霞. 德国财政制度 (修订本) [M]. 北京：中国财政经济出版社，2005.

[4] [美] 阿列克斯·施瓦兹. 美国住房政策 [M]. 黄英译. 北京：中信出版社，2008.

[5] 左婷，郑春荣. 德国住房政策：延续与转变 [J]. 德国研究，2011，26 (99)：14-23.

[6] 陈怡芳，骆晓强，高峰. 德国、瑞士住房制度管理及对我国的启示 [J]. 中国财政，2012(9)：19-20.

[7] 许兵，孟学礼，孔伟. 德国房地产市场保持平稳的经验 [J]. 中国货币市场，2011(4)：13-17.

[8] 薛德升，苏迪德，李俊夫，李志刚. 德国住房保障体系及其对我国的启示 [J]. 国际城市规划，2012，27 (4)：23-27.

[9] 李俊夫，李玮，李志刚，薛德升. 新加坡保障性住房政策研究及借鉴 [J]. 国际城市规划，2012，27 (4)：36-42.

[10] 梅琳，薛德升. 从"废都"到国际城市——波恩的城市转型与启示 [J]. 世界地理研究，2011，20 (4)：57-65.

[11] 薛德升，黄耿志，翁晓丽，林韬. 改革开放以来中国城市全球化的发展

过程 [J]. 地理学报，2010，65（10）：1155-1162.

[12] 毛蒋兴，薛德升. 世界城市化模式及其对珠江三角洲的启示 [J]. 规划师，2006，22（5）：76-79.

[13] 陈强，霍丹. 德国创新驱动发展的路径及特征分析 [J]. 德国研究，2013，28（108）：86-100.

[14] 韩冬涛，孔令兰萱. 德国就业"奇迹"的深层次原因及其隐患 [J]. 德国研究，2013，28（105）：12-26.

[15] 何芒，肖宗仁. 发展完善我国公告地价体系研究——国外经济的启示 [J]. 城市发展研究，2008，15（5）：116-120.

[16] 陈建，陈英楠. 近十年全球主要国家房价波动的特征及驱动因素——基于经济学文献的分析 [J]. 经济理论与经济管理，2009（10）：72-79.

[17] 陈建，陈英楠，刘仁和. 所有权成本、投资者预期与住宅价格波动：关于国内四大城市住宅市场的经验研究 [J]. 世界经济，2009（10）.

[18] 刘洪玉，杨帆. 中国主要城市住房供给价格弹性估计与比较研究 [J]. 社会科学辑刊，2012（6）：112-119.

[19] 张娟锋，刘洪玉. 住宅价格与土地价格的城市差异及其决定因素 [J]. 统计研究，2010，27（3）：37-44.

[20] 张娟锋，刘洪玉. 中国住房信贷政策对城市住房价格的影响 [J]. 清华大学学报（自然科学版），2010，50（3）：36-44.

[21] 张娟锋，刘洪玉. 中国房地产制度改革的内在逻辑及其发展趋势分析 [J]. 河北经贸大学学报，2009，30（6）：18-21.

[22] 张娟锋，刘洪玉. 香港城市土地价值获取机制分析 [J]. 国土资源科技管理，2009，26（3）：11-15.

[23] 王松涛，刘洪玉，李真. 韩国住房市场中的政府干预 [J]. 城市问题，2009（3）：82-89.

[24] 余南平. 金融危机下德国住房模式反思 [J]. 德国研究，2010，25（3）：11-18.

[25] 龙奋杰，沈悦，刘洪玉，郑思齐. 董黎明住宅市场与城市经济互动机理研究综述与展望 [J]. 城市问题，2006，129（1）：44-51.

[26] 张晓晶，孙涛. 中国房地产周期与金融稳定 [J]. 经济研究，2006（1）：

23–33.

[27] 刘琳，刘洪玉. 地价与房价关系的经济学分析［J］. 数量经济技术与经济研究，2003（7）：27–30.

[28] 德国统计年鉴（历年）.

[29] A. C. Goodman, T. G. Thibodeau. Where are the Speculative Bubbles in US Housing Markets? ［J］. Journal of Housing Economics, 2008.

[30] C. Otrok, M. E. Terrones. House Prices, Interest Rates and Macroeconomic Fluctuations: International Evidence ［J］. Unpublished Manuscript, 2005.

[31] C. Swan. Demography and the Demand for Housing: A Reinterpretation of the Mankiw–Weil Demand Variable ［J］. Regional Science and Urban Economics, 1995.

[32] C. Ai, J. Feinstein, D. L. McFadden. The Dynamics of Housing Demand by the Elderly: User Cost Effects ［J］. Issues in the Economics of Housing, 1990.

[33] D. L. McFadden. Demographics, the Housing Market, and the Welfare of the Elderly ［J］. Studies in the Economics of Aging, 1994.

[34] D. R. Capozza, P. J. Seguin. Expectations, Efficiency, and Euphoria in the Housing Market ［J］. Regional Science and Urban Economics, 1996.

[35] D. R. Capozza, P. H. Hendershott. An Anatomy of Price Dynamics in Illiquid Markets: Analysis and Evidence from Local Housing Markets ［J］. Real Estate, 2004.

[36] D. R. Capozza, P. J. Seguin. The Value of Liquidity ［J］. Real Estate, 2001.

[37] D. R. Capozza, P. H. Hendershott, C. Mack, C. J. Mayer.Determinants of Real House Price Dynamics ［J］. Regional Science and Urban Economics, 2002.

[38] F. Ohtake, M. Shintani. The Effect of Demographics on the Japanese Housing Market ［J］. Regional Science and Urban Economics, 1996.

[39] G. V. Engelhardt, J. M. Poterba. House Prices and Demographic Change: Canadian Evidence ［J］. Regional Science and Urban Economics, 1991.

[40] G. V. Engelhardt. House Prices and Home Owner Saving Behavior ［J］. Regional Science and Urban Economics, 1996.

〔41〕 G. Meen. The Time-series Behavior of House Prices: a Transatlantic Divide? 〔J〕. Journal of Housing Economics, 2002

〔42〕 H. Hirata, M. A. Kose, C. Otrok, M. E. Terrones. Global House Price Fluctuations: Synchronization and Determinants 〔J〕. Working Paper, 2012.

〔43〕 J. E. Stiglitz. Peer Monitoring and Credit Markets 〔J〕. The World Bank Economic Review, 1990.

〔44〕 J. M. Poterba, D. N. Weil, R. J. Shiller. House Price Dynamics: The Role of Tax Policy and Demography 〔J〕. Brookings Papers on Economic Activity, 1991.

〔45〕 J. M. Poterba. Tax Subsidies to Owner-occupied Housing: an Asset-market Approach 〔J〕. The Quarterly Journal of Economics, 1984.

〔46〕 J. Feinstein, D. McFadden. The Dynamics of Housing Demand by the Elderly: Wealth, Cash Flow, and Demographic Effects 〔J〕. The Economics of Aging, 1989.

〔47〕 J. R. Pitkin, D. Myers. The Specification of Demographic Effects on Housing Demand: Avoiding the Age-cohort Fallacy 〔J〕. Journal of Housing Economics, 1994.

〔48〕 J. M. Abraham, P. H. Hendershott. Patterns and Determinants of Metropolitan House Prices 〔J〕. NBER Working Paper, 1992.

〔49〕 K. Hoff, J. E. Stiglitz. Introduction: Imperfect Information and Rural Credit Markets: Puzzles and Policy Perspectives 〔J〕. The World Bank Economic Review, 1990.

〔50〕 K. E. Case, R. J. Shiller. Is There a Bubble in the Housing Market? 〔J〕. Brookings Papers on Economic Activity, 2003.

〔51〕 K. E. Case, R. J. Shiller. Forecasting Prices and Excess Returns in the Housing Market 〔J〕. Real Estate Economics, 1990.

〔52〕 K. J. Borowiecki. A Macro View of the Swiss Real Estate Market 〔J〕. An Empirical Study of the Housing Economy, 2008.

〔53〕 McCarthy, R. W. Peach. Are Home Prices the Next Bubble? 〔J〕. FRBNY Economic Policy Review, 2004.

［54］ M. Iacoviello. Consumption, House Prices, and Collateral Constraints: a Structural Econometric Analysis ［J］. Journal of Housing Economics, 2004.

［55］ M. Hoesli, J. Sun. A Simple Alternative House Price Index Method, SC Bourassa ［J］. Journal of Housing Economics, 2006.

［56］ N. G. Mankiw, D. N. Weil. The Baby Boom, the Baby Bust, and the Housing Market ［J］. Regional Science and Urban Economics, 1989.

［57］ Padmanabhan, K. R. Cho. Decision Specific Experience in Foreign Ownership and Establishment Strategies: Evidence from Japanese Firms ［J］. Journal of International Business Studies, 1999.

［58］ Padmanabhan, K. R. Cho. Ownership Strategy for a Foreign Affiliate: An Empirical Investigation of Japanese Firms ［J］. Management International Review, 1996.

［59］ P. Englund, Y. M. Ioannides. House Price Dynamics: an International Empirical Perspective ［J］. Journal of Housing Economics, 1997.

［60］ P. Englund, J. M. Quigley, C. L. Redfearn. Improved Price Indexes for Real Estate: Measuring the Course of Swedish Housing Prices ［J］. Journal of Urban Economics, 1998.

［61］ R. Green, P. H. Hendershott. Age, Housing Demand, and Real House Prices ［J］. Regional Science and Urban Economics, 1996.

［62］ R. Sec, P. Zeměik. The Impact of Mortgages, House Prices and Rents on Household Consumption in the Czech Republic ［D］. Discussion Paper, 2007.

［63］ S. Malpezzi. A Simple Error Correction Model of House Prices ［J］. Journal of Housing Economics, 1999.

［64］ S. Malpezzi, S. M. Wachter. The Role of Speculation in Real Estate Cycles ［J］. Journal of Real Estate Literature, 2005.

［65］ S. D. Campbell, M. A. Davis, J. Gallin, R. F. Martin. What Moves Housing Markets: A Variance Decomposition of the Rent-price Ratio ［J］. Journal of Urban Economics, 2009.

［66］ S. E. Woodward. Economists' Prejudices: Why the Mankiw-Weil Story is Not Credible? ［J］. Regional Science and Urban Economics, 1991.

［67］ S. Malpezzi，S. M. Wachter. The Role of Speculation in Real Estate Cycles ［J］. Journal of Real Estate Literature，2005.

［68］ T. Seslen. Housing Price Dynamics and Household Mobility Decisions ［J］. Working Paper，2004.

后　记

　　本书是在笔者主持的 2012~2013 年国家发展和改革委员会宏观经济研究院投资研究所委托课题"德国住房价格波动及其影响因素研究"最终成果的基础上修改而成的，是在分析、探索和整合中外最新文献、最新数据的基础上的一个阶段性总结。本书也是笔者对 10 年来从事房地产研究主要领域重要心得的全面回顾和梳理。

　　在本书付梓之际，衷心感谢国家发展和改革委员会宏观经济研究院投资研究所罗云毅研究员、程选研究员、汪文祥研究员、刘琳博士、岳国强博士、任荣荣博士。他们对课题的框架设计、论证逻辑提出了具有深邃洞察力和前瞻性的建议，并多次参与课题的研究方法和初始结论的讨论。以此向投资所的张汉亚、张长春、杨萍等各位老师和研究人员多年的关心和支持表示深深的感谢！

　　感谢在笔者从事房地产研究 10 年多时间中对我悉心指导的李扬老师、王国刚老师和汪丽娜老师，他们对房地产研究的宏大视角和深刻洞察每每让我受益匪浅，而他们沉稳治学的态度和深厚的学术功底更是我们效仿的榜样。

　　在本课题的研究过程中，笔者得到了聂梅生、任志强和中城联盟等房地产业前辈和专家的指点，他们数十年的从业经验和深刻思考给了我们宝贵的意见和建议，在此向他们表示诚挚的敬意。同时，感谢社科院金融所程炼博士、经济所王震博士，他们曾经对书中的主要观点和论证方法提出过很有见地的建议。

　　感谢北京第二外国语学院德语系的宋晓云硕士和首都经贸大学的王烨硕士，她们分别完成了德文和英文文献的梳理工作，也使本书中的数据和素材更为直接和准确。

　　最后，笔者要特别感谢家人的理解和关心，本书因资料浩繁而占用了大量休

息时间，家人无私的爱和体贴成为本书创作完成的重要力量。

本书的写作过程中，参阅了国内外许多文献，已经尽可能注明了出处，我们对这些作者的辛勤劳动致以深深的感谢！其中可能会有个别疏漏之处，在此谨向其作者表示深深的歉意！本书的研究还有许多不足之处，对于存在的缺点、疏漏和错误，恳请各位专家、读者斧正。

陈洪波　蔡喜洋

2014 年 12 月·北京